OEUVRES SOCIALES

DE

CHANNING

TRADUCTION FRANÇAISE

PRÉCÉDÉE D'UN

ESSAI SUR SA VIE ET SA DOCTRINE

D'UNE INTRODUCTION ET DE NOTICES

PAR

M. ÉDOUARD LABOULAYE

de l'Institut

De l'Éducation personnelle
De l'Élévation des classes ouvrières
De la Tempérance
Les Droits et les Devoirs des pauvres

PARIS

G. CHARPENTIER ET Cie, ÉDITEURS

13, RUE DE GRENELLE, 13

TABLE GÉNÉRALE

2734-84. — Corbeil. Typ. et stér. Crété.

OEUVRES SOCIALES

DE

CHANNING

CHANNING ET SA DOCTRINE

Channing est à peu près inconnu en France ; mais
aux États-Unis, sa patrie, il jouit d'une grande célébrité, et depuis sa mort, c'est-à-dire depuis dix ans,
son nom et ses idées ont considérablement grandi.
Aujourd'hui ces idées ont passé les mers, une traduction allemande les a fait entrer dans la science d'outre-
Rhin ; des éditions populaires les répandent à profu-
sion par toute l'Angleterre. Dire que Channing s'est
occupé surtout de religion, et que c'est à ce point de
vue qu'il a étudié ce qu'on nomme à présent les questions sociales, c'est à la fois donner le secret de sa
popularité chez nos voisins, et expliquer, mais non
justifier notre indifférence à son égard. Assurément ce
n'est pas un auteur ordinaire que cet Américain
dont on s'occupe en Europe dix ans après sa mort ;
nous ne manquons pas d'écrivains qui traitent des
intérêts de la religion ou de la société, mais il est rare
qu'on remue leurs cendres, et en général c'est de leur

a

vivant même qu'ils entrent dans cet éternel repos que
donne l'oubli.

La vie de Channing, que nous a racontée son neveu
avec cette ampleur familière aux Anglais et cette exactitude de détail qui rend intéressante à force de vérité
la plus insignifiante physionomie, n'est pas de nature
à plaire aux lecteurs avides d'émotions, qui cherchent
avant tout dans l'histoire la lutte de l'homme aux
prises avec les événements. C'est l'existence uniforme
et paisible d un sage qui n'eut jamais d'autre passion
que la justice et la vérité. Aussi peut-on l'écrire en
quelques lignes.

Né le 7 avril 1780, à Newport, dans cet Etat de
Rhode-Island que Roger Williams, son fondateur, con-
sacrait à la liberté religieuse en un temps où le nom
même de tolérance était inconnu en Europe, William
Ellery Channing, après des études brillantes à l'université de Cambridge en Massachusetts, résolut de se
vouer au saint ministère. Il avait à peine vingt-trois ans
quand une église de Boston lui offrit un établissement ;
on sait qu'en Amérique la plupart des communautés
sont indépendantes, et que ce sont les fidèles qui choi-
sissent leur pasteur. Cette église, dont le nom dit assez
ce qu'il y a de local dans la religion aux États-Unis,
c'était la *Société chrétienne de la rue de la Fédération*,
réunion où régnaient les doctrines unitaires, déjà fa-
vorites parmi les théologiens de Cambridge, et que le
jeune Channing avait embrassées avec une ardeur qui
ne s'affaiblit jamais. Depuis 1803 jusqu'à sa mort,
arrivée en 1842, Channing a été le ministre de cette
Église dissidente, et, malgré l'opposition décidée et
même la répulsion que rencontraient les unitaires

dans une ville qu'on pourrait nommer la Genève du nouveau monde et le sanctuaire du calvinisme, il leur a conquis une position considérable, que chaque jour a rendue plus forte et plus respectée. Durant ces quarante années, tout entier à ses devoirs, usant une santé délicate à répandre ses doctrines religieuses et sociales, Channing n'a connu d'autres événements que l'émotion causée par ses écrits, ceux surtout où, avec un courage et une éloquence admirables, il a poursuivi l'abolition de l'esclavage et demandé la liberté des noirs au nom de l'Évangile. En deux mots, sa vie est tout entière dans les idées qu'il a propagées et défendues.

Ce sont donc ces idées qu'il faut connaître. Mais pour nous, Français et catholiques, elles sont si nouvelles, si étranges, si hardies, qu'il faut un certain effort pour résister à un premier étonnement et se garder d'un dédain déplacé. Un peu de patience est d'autant plus nécessaire qu'il faut aborder un sujet qu'en France on ne regarde pas comme littéraire, et qui partout est fort délicat : la religion. En ce point, nous sommes tout à fait au dehors du courant d'idées qui emporte l'Allemagne, l'Angleterre et les États-Unis ; cependant, à voir le réveil religieux qui a lieu parmi nous, il est permis de croire que ces grandes questions ne nous laisseront pas toujours indifférents. Partout où l'homme porte son cœur, sa pensée l'accompagne ; c'est une loi de sa nature, qu'il finit toujours par raisonner ses sentiments. Ne craignons donc pas de suivre le mouvement religieux des États-Unis ; le monde est solidaire, et ce mouvement, fait pour surprendre et même pour effrayer, bientôt peut-être il éclatera chez nous.

Ce n'est pas que je veuille insister outre mesure sur
les doctrines religieuses de Channing. La théologie
est chose trop délicate pour qu'un laïque y touche
sans nécessité. C'est d'un point de vue purement his-
torique et philosophique que j'entends étudier ces
théories nouvelles, sans prendre parti pour elles, et
surtout sans vouloir blesser en rien aucune des Églises
chrétiennes, bornant mon rôle à celui d'un rappor-
teur qui raconte et ne juge pas. Dans l'histoire de
la religion, je crois l'unitarianisme destiné à prendre
une grande place, car il est le dernier terme du libre
examen, et, pour dire toute ma pensée, l'avenir du
protestantisme est à lui. Et quant aux hommes (le nombre en est grand) qui sentent le besoin d'une croyance
pour fixer la pensée, pour pacifier le cœur, et que
cependant effrayent les difficultés du dogme, il me
semble qu'il n'est pas sans intérêt pour eux de connaître un système qui entreprend de concilier la religion et la philosophie, non pas au moyen d'une mutuelle et dédaigneuse tolérance, mais en montrant que
le christianisme est l'achèvement de la philosophie, et
que la révélation est la perfection même de la raison.
Si une pareille doctrine nous arrivait d'Allemagne,
enveloppée dans de mystérieuses formules, déguisée
sous des mots étrangers, nous l'accueillerions avec respect, comme nous avons fait des théories de Schelling
et d'Hegel ; aurons-nous moins d'attention parce que
Channing n'est point resté dans le domaine de l'abstraction, qu'il a parlé simplement, pratiqué ses idées,
et fondé bien plus qu'une école, une Église à laquelle
appartiennent aujourd'hui les écrivains les plus in-
fluents, les esprits les plus élevés de la Nouvelle-An-

gleterre? Une doctrine nouvelle, et qui émeut les deux mondes, c'est là, selon moi, même quand cette doctrine est théologique, un sujet digne d'occuper quiconque ne professe pas une suprême indifférence pour toute étude sérieuse et qui force à réfléchir.

On sait quelle est la profonde distinction du catholicisme et du protestantisme; elle est moins encore dans le dogme que dans le principe même de la croyance, c'est ce qui explique comment tout espoir de concilier les deux communions est chimérique. Un catholique et un protestant qui auraient tous deux la même foi n'en resteraient pas moins séparés par un abîme ; car le premier croit, parce qu'une autorité supérieure, qui est l'Église, l'assure du mérite de sa croyance, et le second, au contraire, parce que la Bible, telle qu'il l'entend, lui donne directement la vérité. Le catholicisme, c'est le sacrifice de la raison individuelle en tout ce qui est de foi ; le protestantisme en est l'exaltation ; c'est, en fait de religion, le principe de la souveraineté de l'individu, ce qui, pour le dire en passant, explique comment la république américaine est naturellement sortie des mœurs et des idées puritaines, tandis que les peuples catholiques s'accommodent mieux en général d'un État plus fortement constitué.

Fonder une Église immuable sur le principe du libre examen, de la souveraineté individuelle, c'est un problème aussi impossible que d'établir sur le suffrage universel un gouvernement qui ne change pas. Aussi, tandis que les catholiques ont gardé le dogme, la hiérarchie, la discipline que suivaient leurs pères, chacune des Églises évangéliques n'a pu maintenir

l'union parmi ses membres qu'en apparence, par des
concessions sans nombre, par une tolérance chaque
jour plus large, et qui détruit l'unité même qu'on
veut acheter à ce prix. Aujourd'hui le seul lien vérita
ble est la croyance commune en certains dogmes considérés comme étant de l'essence du christianisme,
tels que la chute de l'homme et la divinité du Rédemp-
teur ; c'est ce qui explique le rapprochement des
Églises évangéliques. La diversité des confessions, la
différence de discipline les avaient longtemps éloignées, la simplification du dogme, l'indifférence à
l'endroit de tout ce qui est extérieur et d'institution
humaine devait naturellement les réunir.

Mais le point où sont restés les premiers réformateurs n'était pas la dernière étape du libre examen.
On ne devait s arrêter ni à Luther, ni à Calvin, ni même
à Arminius. Après des persécutions mutuelles, des
controverses sans nombre et cette tolérance qui suit
l'épuisement, on se trouva en face d'hommes qui
repoussaient les derniers mystères et déchiraient les
derniers voiles de la religion, demandant un christianisme où rien ne contrariât la raison. L'arme qu'ils
emploient contre les autres communions qui les re-
poussent comme des infidèles, c'est l'arme même dont
s'est servi la Réforme pour ébranler et diviser la chrétienté, c'est la souveraineté de la raison.

On a fait une généalogie aux unitaires comme à
tous les dissidents, et de fait, depuis Arius jusqu'à
nos jours, on a vu des chrétiens qui ont mis en doute
la divinité de Jésus-Christ, tout en reconnaissant en
lui le Messsie et le fils de Dieu, c'est-à-dire une créature privilégiée, envoyée de Dieu même pour porter

aux hommes la vérité et le salut. Sans parler des Socins et de l'Église polonaise et bohême, Milton, Locke, le grand Newton, Clarke, Priestley, Price, et une foule de protestants distingués, ont été en ce sens des unitaires ; mais si Channing n'était qu'un sectaire de plus dans la Babel religieuse, on n'aurait pas appelé sur lui l'attention. Ce qui fait la force et le danger de sa doctrine, c'est qu'elle a une portée bien autrement vaste que toutes les diversités protestantes, et ne s'enferme pas dans l'explication de quelques versets de l'Évangile. Son principe, emprunté du *Christianisme raisonnable* de Locke, et qui n'est autre chose que le principe fondamental de la Réforme dans sa dernière conséquence et sa plus nette expression, c'est que la révélation et la raison, données toutes deux à l'homme pour le conduire, sont nécessairement d'accord et ne peuvent jamais se contrarier ; toutes deux, suivant la comparaison de Channing, sont une même lumière, avec la différence de l'aurore au midi ; l'une est la perfection et non l'opposition de l'autre, elle l'achève et ne la renverse pas. D'où cette conséquence que là où l'Evangile et la raison ne semblent pas d'accord, c'est dans le sens naturel et raisonnable qu'il faut interpréter le livre divin. Le mystérieux et le surnaturel (Channing entend par là non point ce qui dépasse la raison de l'homme, nécessairement bornée, mais ce qui la contrarie) ne sont pas de l'Évangile, il les faut bannir de la religion. Tel est le principe de l'unitarianisme moderne ; ce qui le constitue, ce n'est pas seulement de rejeter des dogmes qui sont considérés comme le fondement du christianisme, c'est de ne reconnaître, même en matière de foi, d'autre autorité que la raison; Channing est un rationaliste chrétien.

« La révélation, dit-il, n'est pas notre premier maître. l'homme n'est pas né avec le seul pouvoir de lire la parole de Dieu, et on ne l'adresse pas tout d'abord à ce guide. Ses yeux s'ouvrent sur un autre livre, celui de la création. Bien avant qu'il puisse lire la Bible, il regarde la terre et les cieux qui l'environnent; il lit sur le visage de ceux qui l'aiment, il écoute et il comprend leur voix. Peu à peu il regarde aussi au dedans de lui-même et acquiert quelque idée de son âme. Ainsi sa première école est celle de la nature et de la raison, elle est nécessaire pour le préparer à une communication du ciel. La révélation ne trouve donc pas l'esprit à l'état de table rase, prêt à y recevoir tout ce qu'on y mettra; elle le trouve en possession de connaissances données par la nature et par l'expérience, et plus encore en possession de principes, de vérités fondamentales, d'idées morales tirées de lui-même, et qui sont le germe de tout perfectionnement. Cette dernière vue a une importance particulière. L'esprit ne reçoit pas tout du dehors. C'est en lui-même que naissent les grandes idées, c'est à cette lumière native qu'il lit et comprend les livres de la création et de la révélation. Nous parlons, il est vrai, de la nature et de la révélation comme nous faisant connaître une première cause intelligente; mais les idées d'intelligence et de cause, nous les avons tirées de notre propre fonds. Les éléments de l'idée de Dieu, nous les puisons en nous-mêmes. Puissance, sagesse, amour, vertu, beauté, bonheur, ces mots qui contiennent tout ce qu'il y a de glorieux dans l'univers et d'intéressant dans notre existence, expriment des attributs de l'esprit; nous ne les comprenons que parce que nous en avons la science intérieure. Il est vrai que ces idées — ou principes de la raison — sont souvent obscurcies par d'épais nuages et mêlées de déplorables et nombreuses erreurs. Cependant elles ne sont jamais anéanties. Le Christianisme les reconnaît, c'est sur elles qu'il est fondé, il en a besoin pour être compris.

« Prenons, par exemple, l'idée fondamentale de la religion, e veux dire l'idée de droit, de devoir. La tirons-nous originairement et entièrement des livres saints? Chaque homme, qu'il soit né en dedans ou en dehors des liens de la révélation, n'a-t-il pas le sentiment du juste et de l'injuste? N'a-t-il pas une voix plus ancienne que la révélation qui approuve ou condamne les hommes suivant leurs actions? Dans les siècles barbares, la conscience ne parle-t-elle pas? Son cri ne devient-il pas plus énergique avec le progrès de la société? Le christianisme ne crée donc pas l'idée de devoir, il la suppose et il en fait de même pour toutes nos autres grandes convictions. Ainsi la révélation n'est pas chose isolée, et elle ne s'adresse pas à un esprit vide et passif. Elle a été destinée à aider, en travaillant avec eux, d'autres maîtres : la nature, la Providence, la conscience, nos facultés, et puisque tous ces maîtres nous sont donnés par Dieu, ils ne peuvent différer l'un de l'autre. Dieu doit s'accorder avec lui-même. Il n'a qu'une voix. Ce sont les hommes qui parlent avec des voix discordantes. Bien que l'harmonie ne peut venir du créateur, par conséquent une religion qui se réclame de Dieu ne peut pas donner de preuve plus certaine de sa fausseté qu'en étant en contradiction avec les idées premières que Dieu nous enseigne par notre nature même. C'est la raison qui prépare à recevoir une communication divine, et qui nous fournit les idées et les matériaux dont se compose la révélation. C'est donc sur la raison qu'elle repose, elle se détruirait elle-même en la niant. »

Une doctrine aussi tranchée, qui rejetait toute autorité de l'Église et de la tradition, qui, au nom de la liberté spirituelle, attaquait dans sa base ce reste de dogme, dernier rempart des confessions évangéliques, excita naturellement une très-vive émotion. De toutes parts on mit les unitaires en dehors du christianisme. Ce sont, disait-on, des philosophes restés à mi-chemin entre la religion et le déisme. Coleridge, dans une de ses boutades, définissait l'unitarianisme la pire espèce d'athéisme jointe à la pire espèce de calvinisme, comme deux ânes attachés ensemble par la queue. On peut trouver les protestants bien sévères pour des hommes dont le plus grand crime est d'être

restés conséquents avec les principes de la Réforme,
et qui me paraissent les fils très-légitimes de l'Église
qui ne veut pas les reconnaître. Dès qu'on repousse
toute autorité extérieure, et qu'on s'en remet à la
raison pour interpréter l'Écriture, il est naturel qu'on
aille jusqu'au bout ; toute limite est inconséquence
et tyrannie. Rien ne sert de dire que l'unitarianisme
se met en dehors de l'Évangile et n'est qu'une philosophie, car la prétention des unitaires, comme de
toutes les sectes, est d'être plus fidèles à l'Évangile
que leurs adversaires, et personne n'a mieux indiqué
que Channing la barrière insurmontable qui séparera
toujours une communion chrétienne d'une école de
philosophie.

C'est là un des traits originaux du caractère de
Channing. D'ordinaire, quand on exalte la raison,
et qu'on veut tout soumettre à sa loi, c'est dans
une intention peu religieuse, et, en quelque façon,
au profit de la philosophie ; Channing, tout au contraire, est vraiment pieux, il a pour l'Évangile une
vénération profonde ; pour la sagesse humaine, un
respect modéré. C'est au nom de la raison qu'il proclame la supériorité du christianisme sur la philosophie. Suivant lui, la philosophie est une science
incomplète, car, sur l'immortalité de l'âme, sur l'a-
venir de l'homme, elle n'a que des doutes ; et même,
quand elle est spiritualiste, elle a grand'peine à ne
pas se perdre dans le panthéisme. En outre, elle
ne tient pas compte de l'histoire, c'est-à-dire de la
vie même de l'humanité Ce grand événement du
christianisme lui échappe, et pourtant cette explosion d'une doctrine nouvelle, en contradiction avec

toutes les idées et tous les intérêts du monde païen,
ce renversement de l'ancienne morale, cette régénération du genre humain par la parole d'un homme,
c'est un fait immense, sans précédent, et qui, s'il
étonne la raison, cependant ne la dépasse point. Elle
l'admet sans abdiquer, et il faut bien qu'elle l'admette, sous peine de renverser le fondement même
de la certitude.

Qu'est-ce maintenant qu'une science de l'esprit humain, qui reste aveugle en face d'un tel flambeau,
qui ne sait si elle admet ou rejette les vérités, que,
depuis dix-huit cents ans, les sociétés civilisées ont
reçues volontairement comme base de croyance et
comme loi morale? Évidemment elle ne satisfait pas
la raison, elle est insuffisante, elle demande un complément. C'est la religion qui achève la philosophie,
non pas en apportant des solutions auxquelles
l'homme ne peut atteindre, mais en nous éclairant
intérieurement d'une lumière divine que la raison
reconnaît, et qui, loin d'éclipser les vérités que nous
apprennent la nature et l'expérience, les éclaire d'un
jour plus pur. Le christianisme est par excellence la
religion raisonnable. Dans deux petits traités, intitu-
lés : *Preuves du Christianisme* (*Evidences of Christia-
nity*) [1], qui s'adressent aux fidèles de toute communion, Channing a réuni avec une rare précision et
un sens exquis les preuves naturelles de la religion,
les arguments que la raison ne peut rejeter sans se
nier elle-même. En les lisant, on sentira bien vite
que l'Évangile, quelle que soit la croyance de celui

---

1. Channing, *Traités religieux*, Paris, 1857, p. 87.

qui s'y soumet, distinguera toujours un chrétien
d'un philosophe. Tant qu'un homme fera de ce livre
inspiré la règle de sa foi et de sa vie, il y aura une
religion.

Y aura-t-il une Église? Ceci est plus douteux. Unité
de croyance et liberté d'opinions sont deux termes
difficilement conciliables. Mais cette question, qui a
si cruellement tourmenté les premiers protestants, le
triomphe de Bossuet, quand, dans sa logique impitoyable, il place ses adversaires entre la soumission
absolue et ce système qui leur fait horreur, où il y
aurait autant d'Églises que de têtes, cette question
n'en est pas une pour Channing; il raisonne comme
l'évêque de Meaux, sans s'effrayer de la conclusion.
« Ce qui caractérise par-dessus tout l'unitarianisme,
écrivait il en 1831 à M. de Gérando, c'est l'esprit de
liberté et d'individualisme. Nous n'avons ni credo,
ni symbole établi. Chacun y pense par soi-même, et
diffère d'autrui, si bien que mes écrits vous donneront mes opinions plutôt que les dogmes d'une
secte. » L'opinion de Channing choque au premier
abord; en y réfléchissant, on voit qu'elle est logique.
Bossuet et Channing, placés aux deux pôles opposés, raisonnent tous deux de façon invincible. Pour
le premier, la vérité religieuse est au-dessus de la
raison humaine, car c'est la vérité absolue que Dieu
a portée sur la terre; l'Église en a le dépôt; qui
n'est pas avec l'Église est nécessairement dans l'erreur. Channing, au contraire, a vu (et cette vue profonde a échappé à plus d'un protestant) que, dès
qu'on admet le jugement individuel, la vérité religieuse change de caractère et rentre dans la classe

de toutes les vérités humaines. Elle n'est plus extérieure, indépendante ; tout au contraire, elle devient propre à chaque individu, suivant le degré et l'effort de son esprit. Sans doute ce n'est pas la raison qui crée la vérité, mais c'est elle qui la découvre ; là vérité n'existe pour chacun de nous que dans l mesure de cette découverte. L'unité de croyance supposerait l'uniformité des intelligences, qui n'a jamais existé. Il ne faut donc pas poursuivre l'impossible. En religion comme en science, l'absolu nous échappe ; notre mission, notre devoir, c'est de poursuivre la vérité suprême dans la mesure de nos forces, c'est de nous en approcher sans cesse ; mais nous ne la posséderons que dans le ciel, car elle est Dieu même ; des yeux mortels n'en pourraient supporter l'éclat.

On voit combien Channing est à l'aise avec ce grand problème de l'Eglise. La religion pour lui n'est pas un nom, une formule, un symbole, une secte, c'est l'esprit de vérité qui opère sous toutes les formes et dans toutes les communions. L'Église est universelle, c'est la réunion de tous ceux qui étudient et pratiquent l'Évangile.

« Il y a, dit-il avec sa chaleur ordinaire, il y a une Église plus grande que toutes les Églises particulières quelle que soit leur étendue, c'est l'Église catholique ou universelle qui s'épand sur toute la terre et ne fait qu'un avec l'Église céleste. Tous ceux qui suivent le Christ ne forment qu'un corps et qu'un troupeau ; c'est ce que Jésus nous enseigne dans le Nouveau Testament. Vous vous rappelez la ferveur de sa dernière prière : *Que tous ne fassent qu'un comme lui et son père ne font qu'un.* Dans cette Église sont admis tous ceux qui participent à l'esprit du Christ. On ne vous demande pas : Qui vous a baptisés ? Quelle marque portez-vous ? Si vous êtes baptisés par le Saint-Esprit, les larges

portes de cette Église vous sont ouvertes. Là sont réunis ceux
que des noms divers ont séparés ou séparent encore. On n'y entend pas parler d'Église grecque, romaine, anglicane, mais seulement de l'Église du Christ. Mes amis, ce n'est pas une union
imaginaire. Quand l'Église parle ainsi, ce n'est pas une vaine
rhétorique, c'est la vérité pure. Tous ceux qui ont part à la vertu
du Christ sont essentiellement unis. Dans l'esprit qui les anime il
y a une puissance d'union plus forte que tous les liens du monde.
Séparés par les mers, il y a entre eux des sympathies énergiques
et indestructibles. La voix nette et puissante d'un chrétien inspiré
vole par toute la terre, et va dans un autre hémisphère faire
vibrer les cordes d'un cœur ami. La parole d'un Fénelon, par
exemple, touche des millions d'hommes épars dans le monde ;
toutes ces âmes ne sont-elles pas d'une même Église? Je tressaille
de joie au nom des saints qui ont vécu il y a des siècles. Le
temps ne nous sépare pas. Je les vénère davantage à cause de
leur ancienneté. Ne sommes-nous pas du même corps? Cette
union n'est-elle pas quelque chose de réel? Venir ensemble dans
un même édifice n'est pas ce qui fait une Église? Me voici dans
un temple, je suis assez près d'un de mes semblables pour le toucher ; mais il n'y a entre nous nul sentiment commun ; cette vérité qui m'émeut intérieurement, il s'en rit comme d'un rêve et
d'une chimère ; le désintéressement que j'honore, il l'appelle faiblesse ou folie. Que nous sommes loin l'un de l'autre, quoiqu'en
apparence si voisins! Nous appartenons chacun à un monde différent. Que je suis plus près de quelque homme généreux et pur
qui vit sur l'autre continent, mais dont la parole a pénétré mon
cœur, dont les vertus m'ont enflammé d'émulation, dont les saintes pensées s'offrent à mon esprit, pendant que je suis dans la
maison de prière ! C'est celui-là qui est de mon Église!

« Ne me dites pas que je m'abandonne à un rêve de l'imagination quand je dis que des chrétiens séparés par la distance,
que tous les chrétiens et-moi-même nous ne formons qu'un
corps et qu'une Église, aussi longtemps qu'un même amour,
qu'une même piété possède nos cœurs. Rien de plus réel que
cette union spirituelle. Il y a une grande Église qui embrasse
tout; chrétien, j'appartiens à cette Église, personne ne m'en
peut faire sortir. Vous pouvez bien m'exclure de votre Église
romaine, de votre Église calviniste, de votre Église épisco-

pale à cause des défauts prétendus de mon symbole ou de ma
secte, et je suis content de cette exclusion; mais je ne veux pas
être détaché du grand corps du Christ. Qui donc me séparera
d'hommes tels que Fénelon, et Pascal, et Borromée, de l'archevêque Leighton, de Jeremy Taylor, de John Howard? Qui
rompra le lien spirituel qui m'unit à ces hommes? Est-ce
que je ne les chéris pas? L'esprit qui s'exhale de leurs livres et
de leur vie n'a-t-il pas pénétré mon âme? Ne sont-ils pas une
portion de mon être? Ne suis-je pas différent de ce que
j'aurais été si ces grands esprits n'avaient agi sur moi? Est-il
au pouvoir d'un synode ou d'un conclave de m'en séparer? Je
tiens à eux par la pensée et l'affection; est-ce qu'on supprime
la pensée et l'amour par la bulle d'un pape ou l'excommuni-
cation d'un concile? L'âme brise dédaigneusement ces barrières, elle déchire ces toiles d'araignées, et se joint aux grands
et aux bons. Si elle possède leur esprit, est-ce que les grands
et les bons, vivants ou morts, la rejetteront parce qu'elle ne
s'est pas enrôlée dans telle ou telle secte? Une âme pure a
droit de cité dans l'univers entier. Elle appartient à l'Église,
à la famille des âmes pures de tous les mondes. La vertu
n'est pas chose locale. Elle n'est pas respectable parce qu'on
est né dans telle ou telle communauté, mais parce que sa
beauté propre est absolue et immortelle. Voilà le lien de
l'Église universelle. Personne ne peut être excommunié que
par lui-même en tuant la piété de son cœur. Toutes sentences
d'exclusion sont vaines si nous ne brisons nous-mêmes ce lien de
pureté qui nous unit à toutes les saintes âmes[1]! »

Telles sont les doctrines de Channing; elles se ré-
duisent à un principe : souveraineté absolue de la raison en fait de religion comme en tout le reste. Mais
nous ne possédons encore que la moitié de l'homme;
il nous reste à étudier le principe de sa morale et
l'application qu'il en a faite aux questions sociales.
Là il nous sera plus facile d'apprécier les grandes qua-

[1] Channing, *Traités religieux*, *l'Église*, p. 61.

lités de Channing, car nous ne trouverons plus de problème irritant. A l'esprit du plus hardi calviniste nous le verrons joindre toute la tendresse de cœur de Fénelon, son modèle ; ce double caractère nous donne le secret de sa force et de son originalité.

Nous avons vu quelle est la théologie de Channing ; tout y aboutit à la suprématie du jugement humain. Le docteur ne croit pas que l'homme en soit réduit à choisir entre l'indifférence de Montaigne et le désespoir de Pascal, jetant au pied de la croix la raison humiliée et vaincue. Pour lui, cette force dédaignée des dévots et des sceptiques est le don le plus grand que Dieu nous ait fait, c'est l'œuvre divine par excellence, c'est le secret de la création. S'il l'honore, ce n'est donc pas par orgueil, mais par piété ; c'est qu'il est convaincu que la vérité est la fin de notre être ; et qu'une seule route y mène : celle où nous guident, comme deux sœurs, la raison et la révélation. Toute doctrine qui attaque l'intelligence attaque Dieu et le christianisme : Dieu, qui nous a créés à son image, c'est-à-dire qui nous a fait raisonnables ; le christianisme qui n'a plus de base dès qu'au nom de la religion on condamne l'esprit humain à une incertitude invincible, et qu'on abandonne aux incrédules la seule clarté qui nous permet ici-bas de deviner le ciel. « Je me glorifie d'être chrétien, dit-il, parce que le christianisme agrandit, fortifie, exalte ma raison. Si je ne pouvais être chrétien qu'en renonçant à mon jugement, je n'hésiterais pas dans mon choix. Je suis prêt à sacrifier pour la religion mes biens, mon honneur et ma vie. Mais je ne dois pas immoler à une croyance, quelle qu'elle soit, ce qui m'élève au-dessus de la brute et

me fait homme. Renoncer à la plus haute faculté que
Dieu nous ait accordée, c'est commettre un sacrilége,
c'est faire violence à ce qu'il y a en nous de divin.
Non, le christianisme ne déclare pas la guerre à la
rai on ; il est un avec elle, et lui a été donné comme
un guide et comme un ami. »

Quel sera le lien de tous ces esprits divers qui cherchent la vérité par des voies particulières et ne vont
pas toujours du même pas? Qui constituera cette Église
universelle où l'on entre de tous côtés? Qui réunira
ces chrétiens que la croyance ne rapproche pas? C'est
en ce point que les idées de Channing sont dignes
d'attention ; car on voit reparaître ce besoin d'unité
qui est du fonds même de la nature humaine, et dont
personne ne peut s'affranchir. L'unité, suivant Channing, n'est pas et ne peut pas être dans le dogme,
puisque tous les hommes ne saisissent pas la vérité
au même degré ; l'adoption d'un symbole commun
couvre mais n'efface pas des différences insurmontables, les confessions n'ont jamais empêché le schisme,
parce qu'il est de l'essence de l'esprit humain d'être
toujours en action et de ne point connaître de limites.
Ce n'est donc point dans la possession de la vérité
qu'il faut chercher l'unité, car nous n'en pouvons atteindre ici-bas cette vue entière qui seule serait la
même pour tous. Dieu a mis le principe d'union, non
dans l'esprit, mais dans le cœur de l'homme, c'est là
seulement qu'on le trouvera. Ce principe est celui qui,
suivant Jésus-Christ, résume la loi et les prophètes ;
c'est l'amour de Dieu et du prochain. Aimer c'est
notre œuvre commune. Le seul lien, la seule religion
universelle, c'est l'amour. Quiconque est pénétré de

la morale de l'Évangile et en fait la règle de sa vie,
celui-là accomplit la loi, celui-là est un membre de la
grande société chrétienne.

Ainsi l'homme a été créé pour rechercher la vérité,
qu'il ne connaîtra toute entière que dans un monde
meilleur, c'est pour cela qu'il a reçu une intelligence
que rien n'arrête et que rien ne lasse. Mais en outre,
Dieu a fait l'homme sociable ; et comme il a voulu que
toutes les créatures, s'appuyant l'une sur l'autre, se
servissent mutuellement de soutien, il a mis dans nos
âmes cette force de sympathie qui tient unie la société, malgré la différence des vues, l'opposition des
intérêts et l'égoïsme des passions. Ce principe de la
société humaine, l'amour, est aussi le principe de
l'Église, qui n'est qu'une société plus parfaite, où nos
sentiments naturels trouvent une plus complète satisfaction. En ces deux sociétés, ce qui réunit, ce n'est
point l'unité de doctrine, unité impossible (en politique
du moins, nous en avons fait la cruelle expérience),
c'est la sympathie, c'est l'amour mutuel. En religion
pas plus qu'en tout le reste, il ne faut donc pas
exiger qu'on pense et qu'on raisonne de même ; la
diversité des esprits est sans doute dans les desseins de
la Providence, mais il faut demander à tous les hommes
d'aimer Dieu et leurs semblables, puisqu'une main
divine a gravé ce sentiment dans tous les cœurs. Là,
et là seulement est le principe d'union si vainement
cherché ailleurs. En somme, liberté absolue de la
pensée, et charité inépuisable, ce sont les deux besoins
suprêmes de l'homme et du chrétien. La perfection,
c'est de donner pleine carrière à notre raison et d'aimer
Dieu et nos frères d'une tendresse infinie. Tel est le

ystème complet de Channing, système qui, à ne l'envisager que comme philosophie, ne manque certes ni
de simplicité ni de grandeur.

Channing, on ne peut lui refuser cette justice, à
été toute sa vie le parfait modèle des doctrines qu'il
a défendues ; en lui rien d'un sectaire, point d'orgueil,
point de fiel, rien de ce dédain superbe qui, à bout
de raisonnement, maudit et damne ses adversaires ;
s'il ne comprend pas toutes les opinions, du moins il
les excuse toutes, et il est chrétien jusqu'à ce point
d'aimer ceux mêmes qui ne pensent pas comme lui.
Chose singulière, c'est surtout à l'endroit des catholiques que perce sa sympathie. Tandis que les communautés évangéliques, parmi leurs divisions, sont
toujours d'accord pour traiter en ennemi commun
cette Église dont la durée semble un démenti et commé
un défi constant jeté à la Réforme, Channing n'a pas
assez d'éloges pour cette puissante communion dont
il repousse le symbole, mais dont il ne peut trop admirer la prodigieuse charité. Son idéal, c'est Fénelon,
auquel on l'a souvent et heureusement comparé. De
l'archevêque de Cambrai il ferait volontiers un unitaire, comme les quakers en ont voulu faire un des
leurs, et il est remarquable que ce sont les deux
Églises les plus éloignées du catholicisme par le dogme,
l'une donnant tout à l'illumination intérieure, l'autre
soumettant tout à la raison, qui toutes deux ont fait
de la charité la seule base d'union, et sur ce terrain
ont tendu aux catholiques une main amie, que le
calvinisme leur a toujours dédaigneusement refusée.

Les lignes suivantes, écrites à propos d'une traduction de Fénelon, et qui ont pour la France un intérêt

particulier, frapperont certainement quiconque sait
comment en Amérique et en Angleterre des pasteurs
éclairés et quelquefois même des hommes d'État considérables parlent de la Babylone moderne et de la
grande prostituée. Pour venir d'un Samaritain et
presque d'un infidèle, la leçon n'en est pas moins
belle, et mériterait de n'être pas perdue.

« Ce livre est pour nous le bienvenu, puisqu'il est l'œuvre
d'une âme si pure et si heureusement douée. Ajoutons que
nous ne l'en aimons pas moins parce qu'il vient d'un catholique. Peut-être l'en estimons-nous davantage, car nous voudrions que le protestantisme devînt plus sage et plus tolérant,
et nous ne connaissons pas de meilleure leçon que l'exemple
de Fénelon : il suffit d'un tel homme pour que notre charité
embrasse le corps tout entier auquel il appartient. Sa vertu
est assez grande pour défendre toute son Église contre cette
réprobation sans mesure et sans distinction dont le zèle protestant l'a trop souvent frappée. Quand on pense que l'Église
catholique compte dans ses rangs plus de cent millions d'â-
mes, c'est-à-dire plus, probablement, que l'ensemble de toutes les
autres communions chrétiennes, on doit trembler à l'idée de
la proscription qui a été souvent prononcée contre cette immense portion de l'humanité. Il est temps que meilleure
justice soit faite à cette antique communauté, si largement
répandue sur la terre. L'Église catholique a produit quelques-
uns des plus grands et des plus excellents hommes qui aient
jamais vécu, c'est une preuve suffisante qu'elle possède tous
les moyens de salut. A entendre le ton de mépris dont on en
parle quelquefois, qui soupçonnerait que Charlemagne, Alfred,
Michel-Ange, Raphaël, le Tasse, Bossuet, Pascal, Descartes étaient
des catholiques? Quelques-uns des plus grands noms dans les arts
et dans la guerre, sur le trône ou dans la chaire, ont été portés
par des catholiques.

« Pour ne parler que de notre temps, est-ce que la métropole de la Nouvelle-Angleterre n'a pas vu un sublime modèle
de vertu chrétienne dans un évêque catholique? Qui, parmi
nos maîtres en religion, oserait se comparer au pieux Cheve-

rus? Cet homme de bien, que ses vertus et ses talents ont
porté à de hautes dignités dans l'Église et dans l'État, et qui
a reçu dans sa patrie le double honneur de l'archiépiscopat et
de la pairie, il a vécu au milieu de nous, dévouant ses jours,
ses nuits et tout son cœur au service d'une communauté pauvre
et sans éducation. Nous l'avons vu décliner la société des gens
éclairés et polis pour rester l'ami des ignorants et de ceux qui
n'avaient pas d'amis; laissant pour les plus misérables cabanes
les cercles de la vie élégante qu'il eût embellis, portant avec
la tendresse d'un père les peines et les maux de sa nombreuse
famille, se chargeant tout ensemble de ses intérêts temporels
et spirituels, sans jamais montrer, même par le plus faible
indice, qu'il sentit sa belle âme dégradée par ces fonctions si
humbles en apparence. Cet excellent homme, tout entier à son
œuvre de miséricorde, nous l'avons vu dans nos rues, par le
soleil le plus brûlant de l'été ou parmi les plus rudes assauts
de l'hiver, marchant comme si la force de la charité l'armait
contre les éléments. Il nous a laissés, mais nous ne l'oublions
pas. Il jouit parmi nous de ce qui, pour un tel homme, est
plus cher que la renommée : son nom est béni là où les
grands du monde sont inconnus. On ne parle de lui qu'avec des
bénédictions et des larmes, on soupire après son retour dans
plus d'un séjour de douleur et de besoin; comment pouvons-nous fermer nos cœurs à cette preuve de la puissance
qu'a la religion catholique de former de grands hommes et des
hommes de bien ? »

   Maintenant qu'en Channing nous connaissons le
théologien, il nous sera facile de comprendre ses idées
politiques et sociales ; elles sortent toutes des deux
vérités religieuses qu'il a proclamées. Channing n'est
pas de ceux qui séparent la religion de la politique, ni
de ceux qui placent les intérêts du monde et les intérêts
du ciel, les vérités divines et les vérités humaines sur
deux lignes parallèles qui ne se rencontrent jamais ;
la religion n'étant pour lui que la perfection de la
raison et du sentiment, cette raison plus achevée, cette

sympathie plus ardente et mieux dirigée, embrasse tous les rapports humains. Le christianisme prend l'homme tout entier ; il n'est pas une pensée, pas une action qui ne doive être chrétienne. Tous les grands problèmes du jour : éducation, perfectionnement moral, élévation des classes laborieuses, tempérance, paix universelle, abolition de l'esclavage, droits politiques, meilleure forme de gouvernement, tout, pour Channing, se ramène à ces deux principes : amour religieux des hommes, respect religieux de leur liberté. Aussi dans cette étude porte-t-il une chaleur extrême ; ce n'est pas un sage qui examine froidement un théorème indifférent, c'est un missionnaire qui remplit une œuvre sainte, et que dévore la plus noble et la plus ardente des passions.

Dans son amour de l'humanité, Channing est bien de son siècle. Il en a toute la générosité et peut-être aussi les illusions. Qu'on dise ce qu'on voudra de notre temps, et que, suivant l'usage, on nous écrase avec la vertu, la piété, l'esprit de nos ancêtres, il n'en est pas moins vrai qu'au travers de toutes nos agitations et de toutes nos erreurs, au fond même des événements les plus déplorables, il y a un sentiment qui jamais n'a paru sur la terre avec autant de vivacité. Ce sentiment, qui est celui de la chrétienté tout entière, c'est la philanthropie, l'amour de tout ce qui souffre et de tout ce qui est opprimé, la protection de l'enfance, de la vieillesse, de la misère, de la faiblesse, et même du repentir, un désir sincère d'élever la condition du pauvre et de l'ignorant. Philanthropie, c'est la devise et ce sera l'honneur de notre âge. Pour Channing, la philanthropie est une passion, mais avec un caractère

particulier qui la rend tout à la fois plus grande et
plus respectable. Chez lui ce n'est pas entraînement,
sympathie involontaire, sensibilité physique, c'est
l'accomplissement d'un devoir imposé par Dieu même,
et qui est une des fins de la création. En un mot, son
amour des hommes, c'est la charité de l'Évangile.

Channing est aussi chrétien en un point où notre
siècle s'est séparé de la pensée chrétienne pour re-
tourner aux idées de l'antiquité, par un égarement
fatal à la liberté. Il pousse au plus haut degré le respect
de l'individu ; ce n'est pas l'humanité, c'est-à-dire une
abstraction, c'est l'homme qu'il aime, et dont il rappelle sans cesse la valeur et la dignité méconnues. Trop
souvent, et c'est l'erreur constante des socialistes et
des despotes, on imagine un intérêt général qu'on obtient par le sacrifice des droits particuliers ; Channing
répète sans se lasser que l'homme n'est pas fait pour
la société ni le citoyen pour l'État, mais que tout au
contraire État et société n'existent que pour la garantie
des droits de l'individu. L'homme n'est pas un ressort
de machine qui n'a de valeur que par sa place et sa
fonction dans l'ensemble ; ce n'est pas un moyen, mais
un but. Sa fin est en lui-même et non pas dans la société. Ce n'est pas la première fois sans doute qu'on
a proclamé ces saines idées et défendu les droits naturels, mais je ne sais si jamais personne a été aussi loin
que Channing, car personne n'a eu, je crois, une conviction plus profonde de la grandeur originelle de
l'homme, un sentiment plus vif de ce qu'il y a en nous
de divin. Il ne faut pas s'y tromper : ce qui rend l'individu sacré pour le reste du monde, ce qui fait sa
liberté et son droit, c'est la pensée, c'est l'âme, c'est

cette essence supérieure qui donne au vase le plus fragile un prix infini. Pour respecter et aimer son semblable, il faut voir en lui un être immortel. Le matérialisme n'est pas seulement une erreur religieuse, c'est une erreur sociale, c'est la négation du droit. En même temps qu'il dégrade l'homme intérieur, il prépare son asservissement, et le livre sans défense, esclave à un maître, sujet à un tyran.

C'est surtout pour attaquer l'esclavage que Channing a usé avec puissance de cet invincible argument. On a combattu la servitude par des raisons de toute espèce, la misère du nègre, par exemple, et la cherté de son travail ; mais il a été facile de répondre qu'aux États-Unis l'esclave était mieux nourri, mieux vêtu, mieux soigné que le paysan irlandais, et que la cherté de la main-d'œuvre ne signifiait rien dans un pays comme la Caroline et la Louisiane, où le blanc meurt de la fièvre, tandis que le noir cultive avec une parfaite sécurité. C'est sur l'utilité qu'on avait fondé le droit de l'esclave; c'est au nom de l'utilité, de l'intérêt social, de la suprématie de l'État, grands mots qui couvrent tant d'excès, qu'on lui a contesté et refusé la liberté; mais ce qu'on n'a jamais touché, ce qu'on ne touchera jamais, c'est la base inébranlable sur laquelle Channing pose les droits naturels de l'individu ; c'est pour ainsi dire entre les mains de Dieu qu'il place la liberté de l'homme, et il y a dans ses paroles un tel enthousiasme pour la justice, une passion si vertueuse, une majesté si douce, qu'on se sent entraîné malgré soi par cette éloquence qui parle au cœur plus qu'à l'esprit; on aime l'orateur plus encore qu'on ne l'estime.

« Devant Dieu et devant la justice, l'homme ne peut pas

être une propriété, parce qu'il est un être raisonnable, moral, immortel, parce qu'il a été créé à l'image de Dieu, de Dieu dont il est l'enfant dans le sens le plus élevé du mot, parce qu'il a été créé pour développer des facultés divines, et pour se gouverner lui-même suivant une loi suprême, écrite dans son cœur et que la parole de Dieu a une seconde fois promulguée. Toute sa nature défend qu'on s'en saisisse comme d'une chose. C'est insulter le créateur, c'est porter un coup fatal à la société. Dans tout être humain Dieu a mis un souffle immortel, plus précieux que toute la création. Il n'y a pas de langage ni de la terre ni du ciel qui puisse exagérer la valeur d'un homme. Qu'importe l'obscurité de sa condition ! La pensée, la raison, la conscience, la vertu, la charité, une destinée immortelle, une liaison morale avec Dieu, voilà des attributs de notre commune humanité devant lesquels toute distinction extérieure est insignifiante, et qui rendent toute créature infiniment chère à son auteur. Qu'importe l'ignorance de l'individu? Sa perfectibilité l'allie aux plus instruits de son espèce, et met à sa portée la science et le bonheur des classes plus élevées. Tout homme a en soi le germe de la plus grande idée de l'univers, l'idée de Dieu, et développer cette idée est la fin de son existence. Tout homme a dans son cœur les éléments de cette loi divine, immortelle. à laquelle obéit toute la création; il a l'idée du devoir, et la vie lui a été donnée pour développer, respecter, pratiquer cette idée. Tout homme sait ce que signifie le mot : vérité ; c'est, il le voit quoiqu'à travers un nuage, le grand objet de l'intelligence divine comme de l'intelligence créée, et il est capable d'acquérir de la vérité une connaissance qui grandit chaque jour. Tout homme a des affections faites pour se purifier et s'étendre en un sublime amour. Tout homme a l'idée du bonheur, et une soif de félicité que rien ne peut étancher. Telle est notre nature. Partout où nous voyons un homme, nous voyons un possesseur de ces grandes facultés. Est-ce que Dieu a fait un être de cette espèce pour qu'un autre en dispose comme d'un arbre ou d'un animal? N'est-il pas évident que l'homme a été fait pour exercer, développer, améliorer son énergie, qu'il a été créé pour le bien, moral, pour le bien spirituel? Quelle injure pour lui, quelle offense au Créateur quand on le force, quand on le brise pour en faire un instrument des jouissances d'autrui !

b

« Quoi donc! posséder un être immortel créé pour connaître
et adorer Dieu, destiné à survivre au soleil et aux astres! Asservir à nos besoins les plus bas un être fait pour la vérité et
la vertu ! Convertir en un instrument brutal toute cette nature
intelligente, qu'illumine comme un rayon, l'idée du devoir, et
qui est une plus noble image de Dieu que le monde tout entier !
Non ; tout peut être possédé dans l'univers ; mais un être moral,
raisonnable ne peut jamais être une chose. Le soleil et les étoiles
peuvent être possédés, mais non pas la dernière des intelligences.
Touchez à tout hormis cela. Ne mettez pas la main sur cette créature à qui un père céleste a donné la raison. Le monde spirituel
tout entier vous crie : Arrêtez ! Les intelligences les plus élevées
reconnaissent leur propre nature et leur droit dans le plus humble
des hommes. Au nom de cet esprit inestimable, de cet esprit immortel qui demeure en lui, au nom de cette image de Dieu qu'il
porte en sa personne, ne l'écrasez pas dans la poussière, ne le
confondez pas avec la brute![1] »

On ne doit pas s'étonner qu'avec ce profond respect
de la nature humaine, ce sentiment de la grandeur
originelle de l'individu, Channing se soit occupé, toute
sa vie, de l'éducation et du perfectionnement des
classes ouvrières. Ses écrits les plus intéressants sont
peut-être les lectures publiques qu'il fit à Boston en
1838, et qui ont pour objet l'éducation qu'on se donne
à soi-même (*self culture*) et l'élévation des travailleurs.
Quand on lit ces discours, faits pour des ouvriers, et
dans lesquels la plus haute raison est jointe au plus
noble langage ; quand on sait que le succès en fut immense aux États-Unis et en Angleterre, et qu'encore
aujourd'hui c'est une lecture favorite dans plus d'un
atelier, on comprend alors ce qu'il y a de solide dans
la race saxonne, et on la juge tout autrement que les
voyageurs, qui n'en ont vu que la rude écorce. Qu'on

[1] Channing, *l'Esclavage*, Paris, 1853, p. 22-26.

ouvre, par exemple, la collection que vient de publier
M. Everett, et dans laquelle il a réuni les discours
qu'il a prononcés depuis quarante ans; quand on
aura vu avec quelle fermeté il parle aux moindres citoyens de leurs devoirs, du respect et des conditions
de la liberté, on sentira qu'il est quelque chose de
plus remarquable encore qu'une si noble éloquence,
c'est le peuple qui l'écoute et qui l'applaudit.

Channing veut relever les classes ouvrières, mais
c'est un réformateur chrétien, le chemin qu'il suit
n'est pas celui du socialisme, il ne promet pas
un labeur attrayant; suivant lui, c'est un effet de la
bonté divine de nous avoir placés dans un monde où
le travail seul nous conserve la vie. La sujétion aux
lois physiques, l'aiguillon du froid et de la faim, la
lutte incessante contre la nature, c'est ce qui fait la
grandeur de l'homme; un monde où les besoins seraient prévenus ferait une race méprisable. C'est la
résistance, c'est l'effort qui donne à l'individu la volonté sans quoi il n'est rien. Le travail est l'école du
caractère. Sans doute la souffrance et le besoin sont
de rudes professeurs, mais ces maîtres sévères font
une œuvre que jamais n'exécutera pour nous l'ami le
plus tendre et le plus indulgent. Le travail n'est pas
seulement l'outil puissant qui donne à la terre sa fé-
·condité et sa beauté, qui soumet l'Océan, qui asservit
à nos besoins la matière mille fois transformée; c'est
lui qui donne l'activité, le courage, la patience, la
persévérance, la volonté. Malheur à qui n'a point appris à travailler! C'est une pauvre créature qui ne se
connaît point; les jouissances mêmes dont elle s'at-
tribue le monopole lui échappent. Le plaisir et le re-

pos doivent tout leur charme à la peine, il n'y a pas
de fatigue plus grande que l'oisiveté de celui qui ne
sait pas user de son esprit.

Ce n'est donc pas en renonçant au travail que les
ouvriers s'élèveront ; ce n'est pas davantage en se
coalisant, en devenant un pouvoir politique, par exemple, en réunissant leurs votes de façon à triompher
des riches, à forcer le gouvernement de servir un intérêt particulier. Channing n'attend que des malheurs
certains pour l'individu et pour le pays de tout régime
où l'on sacrifie une classe de la société. D'ailleurs il
sait trop bien qu'en toutes ces agitations le peuple ne
fait jamais que servir des passions et des vues égoïstes,
toujours instrument et toujours dupe. En homme qui
voit de près la démocratie et qui aime sincèrement la
liberté, ce qui l'inquiète n'est pas de donner au peuple
le pouvoir, comme une arme qui éclatera dans ses
mains, c'est de l'instruire, d'éclairer son esprit, de
substituer la réflexion à la passion, de lui apprendre
à se respecter et à ne plus servir ces factieux qui
l'égarent et fondent leur pouvoir sur ses erreurs et ses
souffrances. Channing a, du reste, peu de foi dans
les constitutions, il attend beaucoup de cette vérité,
qui, dit-il, deviendra bientôt évidente : c'est qu'on a
singulièrement exagéré l'importance du gouvernement, et qu'il y a des moyens bien plus efficaces pour
procurer la prospérité des nations. Il n'est pas de
ceux qui déifient les institutions politiques ; ce n'est
ni d'un mécanisme ni d'un individu qu'il attend le
bonheur d'un pays. La source en est plus profonde et
plus sûre, c'est en soi-même que chacun la trouvera.

Ainsi ce n'est pas d'un changement de condition que Channing attend l'élévation des classes laborieuses ; ce n'est pas davantage d'une organisation qui les porte au premier rang dans l'État. Pour l'homme du peuple qui veut grandir, il n'est qu'un secret, le même pour toutes les conditions, le seul qui mène à la véritable égalité : c'est l'élévation morale. Dieu n'a pas mis la grandeur et la félicité dans des choses extérieures qui sont nécessairement le monopole du petit nombre, comme la richesse et les emplois ; c'est en soi-même que l'homme doit chercher la puissance et le bonheur ; qu'il les demande à l'amour du devoir, à l'énergie de la volonté, à la culture de l'esprit. Ces vertus, l'ouvrier le plus misérable y peut atteindre en fortifiant sa pensée par la réflexion et la lecture, en fortifiant son caractère par le goût du travail et la pratique du bien. Qu'il entre dans cette voie féconde, il y trouvera la paix de l'âme, le sentiment de sa force et de sa dignité, qui manque souvent au riche, et, avec son bien propre, celui de la société.

« Quand je considère, dit-il, la puissance de l'esprit, je ne me laisse pas décourager par cette objection que l'ouvrier, si on le pousse à user son temps et son énergie pour cultiver son intelligence, mourra de faim et appauvrira le pays. La plus grande force de l'univers, c'est l'esprit. C'est lui qui a créé les cieux et la terre ; c'est lui qui a changé le désert en un sol fécond, et qui a réuni les contrées les plus éloignées en servant leurs mutuels besoins. Ce n'est pas la force brutale, l'effort matériel qui fait la puissance de l'homme dans le monde, c'est l'art, l'habileté, l'énergie morale et intellectuelle. C'est l'esprit qui a conquis la matière. Craindre que développer l'intelligence d'un peuple soit l'appauvrir et l'affamer, c'est avoir peur d'une

b.

ombre. Je pense, au contraire, qu'avec l'accroissement de la puissance intellectuelle et morale d'un peuple sa puissance productive grandira, que l'industrie deviendra plus efficace, qu'une plus sage économie accroîtra la richesse, qu'on découvrira dans l'art et la nature des ressources qu'on n'a pas encore imaginées. Je crois que les moyens d'existence sont d'autant plus aisés qu'un peuple devient plus éclairé, plus résolu, plus juste, et qu'il se respecte davantage. On peut mesurer les forces de la nature et celles du corps, mais non pas prédire les résultats d'un accroissement dans l'énergie de l'esprit. Un peuple qui en serait là briserait des obstacles réputés invincibles et en ferait des instruments. C'est l'intérieur qui donne la forme aux choses extérieures. La puissance d'une nation est dans son esprit, et cet esprit, si on le fortifie, si on l'agrandit, mettra la nature en harmonie avec lui-même, et créera le monde qui lui convient. »

Il m'est impossible de suivre plus longtemps Channing dans le développement de ces idées, qui ont soutenu toute sa vie, et dont la vivacité fera peut-être sourire des gens moins confiants dans l'avenir de l'humanité; mais qu'on le lise, et je suis convaincu qu'on cédera, malgré soi, à l'influence pénétrante de cette âme pure, de ce cœur honnête, de cette raison hardie qu'aucun problème n'effraye, et qui les résout souvent avec tant de nouveauté et de bonheur. Ses écrits produisent un effet singulier. On sent qu'on a devant soi un homme qui ne fait pas métier d'écrire ou de prêcher, qui ne poursuit ni la gloire littéraire, ni l'influence religieuse, ni l'autorité politique, mais qui tient à se faire une idée juste de toutes choses, parce que chez lui la pensée est toujours le principe et la règle de l'action. On comprend alors la puissance de ses écrits, la force de son exemple, la grandeur morale de cette vie toute consacrée au culte de la vérité.

Du reste, jamais existence ne'fut plus belle ni plus douce, Channing a été la preuve vivante d'une doctrine qu'il a souvent défendue, c'est que le ciel est en nous, et que le plus sage est aussi le plus heureux. « Je trouve, écrivait-il en 1826, que la vie est un bienfait dont la valeur croît chaque jour. Je n'ai pas trouvé que ce fût une liqueur qui pétille et brille à la surface, mais qui devient insipide quand on la boit. De fait, je n'aime pas cette vieille comparaison. La vie n'est pas une coupe qu'on emplit au fleuve du temps. Elle est elle-même un fleuve ; et quoique à sa naissance elle jaillisse et murmure plus gaiement qu'elle ne fera plus tard, cependant elle est destinée, en avançant, à couler parmi des régions plus belles, à orner ses rives d'une verdure plus riche et d'une plus abondante moisson. Ne dites pas que ces espérances sont trompeuses. Je crois qu'il y a une foule d'individus qui n'ont pas trouvé leur enfance et leur jeunesse aussi heureuses que leurs dernières années. » Et, peu de temps avant sa mort, il écrivait les lignes suivantes, où se peint dans toute sa sérénité sa confiance en la raison et en Dieu : « La vie est réellement une bénédiction pour nous. Quel monde serait le nôtre si je pouvais voir les autres aussi heureux que nous! Oui, malgré l'obscurité qui l'enveloppe, ce monde est bon. *Plus je vis, et plus je vois la lumière qui perce au travers des nuages. Je suis sûr que le soleil est là-haut!* »

Ai-je eu tort d'appeler l'attention sur cette belle et bonne nature, et de croire qu'en France on éprouverait pour Channing quelque chose de la sympathie qui lui a conquis tant de partisans dans les deux

mondes? Je ne sais, mais je crois n'avoir point cédé
à un entraînement irréfléchi quand je vois qu'un ennemi déclaré des unitaires, un esprit chagrin, revenu
dans sa vieillesse de l'enthousiasme et de l'admiration, Coleridge, n'avait pu se défendre de l'influence
de Channing. « C'est, disait-il, un philosophe dans
toutes les acceptions possibles du mot. Il a l'amour de
la science et la science de l'amour, » jeu de mots
plus profond que bizarre, et qui rend avec netteté la
douce et vive physionomie de cet homme de bien,
qui, toute sa vie, consumé d'un même sentiment et
d'une même idée, chercha la justice et la vérité de
toutes les forces de son esprit, et aima Dieu et
l'homme de toutes les forces de son cœur.

Juillet 1852.

INTRODUCTION

AUX ŒUVRES SOCIALES DE CHANNING

———

Il n'y a pas longtemps que le hasard fit tomber dans mes mains les écrits de Channing. En lisant l'œuvre d'un homme mort il y a déjà douze ans, et dont le nom même m'était inconnu, je fus étonné et confus d'y trouver l'examen et la solution des terribles problèmes qui, sous le nom de socialisme, ont remué toute l'Europe, et qui restent encore à l'horizon comme une menace pour l'avenir. Les deux articles que je consacrai à Channing dans le *Journal des Debats*, et qui sont reproduits en tête de ce volume, eurent assez d'écho pour me prouver que je ne m'étais pas trompé dans mon admiration. Ils ont eu en outre cet heureux effet de susciter un éditeur moins dévoué à son propre intérêt qu'aux idées de Channing, et qui n'a rien négligé pour faire connaître à la France et mettre à la portée de chacun les conseils de l'homme qui a le mieux compris les besoins du temps, et indiqué le seul remède capable de guérir la cruelle maladie dont est rongée la société.

En effet, à ne considérer dans Channing que le réformateur, et pourquoi ne pas dire le socialiste chrétien, on peut affirmer que jamais homme n'a été mieux doué pour entreprendre une pareille mission, et que personne ne l'a plus habilement et plus saintement accomplie. Son caractère et son éducation, ses idées philosophiques comme ses croyances religieuses, la générosité de ses pensées comme la tendresse de son cœur, tout le portait à ce dévouement infatigable et éclairé qui a rempli et usé sa vie. Sans ambition politique (il n'a jamais voulu être autre chose que le ministre de sa petite église), sans vanité littéraire, sans illusion sur ce qu'on nomme la popularité, il n'a jamais eu qu'une pensée : relever la condition du pauvre, soutenir ceux qui travaillent et qui souffrent, faire régner sur la terre la seule fraternité qui soit praticable, celle que nous a enseignée Jésus-Christ. C'est à l'Évangile que Channing a demandé un remède à des plaies que les sages du siècle jugent incurables ; c'est à cette fontaine de vie qu'il a puisé sa doctrine consolatrice. Il a compris que nos sociétés modernes, où l'on ne se propose qu'un but, la richesse, étaient hors des voies de la justice, et par cela même menacées de terribles révolutions. Il a senti en même temps que la liberté ne résolvait pas le problème, car s'il n'y a point un autre élément pour en contre-balancer l'effet, la liberté mène à l'extrême pauvreté comme à l'extrême richesse, c'est-à-dire à la division de la société. « La tendance de toutes les sociétés, écrivait-il en 1838 à miss Harriet Martineau, va à la dépression des masses, et la liberté ne promet point de remède ; car, abandonnez les hommes au libre usage de leurs facultés, et les différences de talent, d'intelligence, d'habileté, amèneront des co..trastes choquants. »

Que faire donc en présence de ce flot populaire qui monte tous les jours. Channing crie comme les disciples de Jésus-Christ : Seigneur, sauvez-nous, nous périssons. C'est dans la religion qu'il a confiance ; l'Évangile est tout son espoir, et j'oserai dire que personne n'a mieux lu ce qui convient

à notre siècle dans ce livre inspiré qui a des réponses pour
toutes les générations. Avec tout le respect qu'on doit à des
efforts généreux, il me semble qu'en Europe, et surtout en
France, on n'a pas tiré de l'Évangile tout le parti qu'on en
pouvait attendre pour combattre les doctrines qui menacent
la société. Tandis que les écoles communistes, matérialistes,
divisées sur tout le reste, s'accordent en ce point qu'elles
prêchent au peuple le bien-être et la jouissance, tandis
qu'elles poussent le pauvre contre le riche, et font de la
propriété ou de l'héritage, un privilége et une usurpation,
que fait-on, que dit-on dans les églises catholiques et protestantes ? On recommande au pauvre la patience et la résignation ; on essaye de lui arracher du cœur l'envie qui le
dévore, et cette âpre convoitise qui pousse aux révolutions.
On prêche au riche la bienveillance, la douceur, la charité.
Tout cela est dicté par une pensée vraiment chrétienne :
c'est la morale de tous les temps, c'est la parole même de
Jésus-Christ ; mais ce n'est pas assez pour notre siècle ; la
condition de la société moderne demande une application
nouvelle de ces principes universels. Le pauvre (je ne dis
pas le mendiant) ne dépend plus du riche, il n'en attend
plus ni bien ni mal. Loin d'avoir besoin de sa protection, il
est souvent plus puissant que lui. L'ouvrier veut, lui aussi,
conquérir la richesse ; la résignation ne lui va pas ; il a une
activité fiévreuse, il veut arriver. En même temps la société
s'associe à ses instincts bons et mauvais ; elle lui promet
l'égalité et une part de bien-être ; et enfin la démocratie,
nivelant tous les rangs, et armant chaque citoyen d'un bul-
letin, remet la souveraineté au nombre et donne au peuple
la responsabilité de son avenir. Telle est la situation, ce
n'est plus la hiérarchie du moyen âge, la dépendance d'une
société aristocratique ; les préceptes qui convenaient aux
siècles passés sont insuffisants aujourd'hui.

Est-ce que l'Évangile, est-ce que la religion n'ont rien à
faire dans cette position nouvelle et menaçante ? N'ont-ils

rien à répondre à cette société qui implore leur secours, ou
le christianisme est-il appelé encore une fois à sauver le
monde? Oui, dit Channing, c'est là et là seulement qu'est
le salut. Ce problème social qui fait pâlir les plus hardis, le
christianisme seul peut le résoudre. En élevant l'individu,
en chassant de son esprit l'ignorance et de son cœur
les passions mauvaises, la religion fera de chaque homme
un citoyen éclairé, juste et digne de sa position. Ce sera
une société nouvelle, et meilleure que les âges précédents,
parce qu'elle sera plus chrétienne. Aujourd'hui la société
est entachée de matérialisme, et le gouvernement, quelle
qu'en soit la forme, a tous les vices de la société. Tout s'y réduit au bien-être et, pour l'atteindre et le donner aux
masses, il n'est pas d'empereur, de roi ou de république
qui ne croie toute loi juste et toute mesure légitime. Nous
retournons aux idées païennes ; l'individu n'est rien, l'intérêt social est tout ; c'est la doctrine régnante depuis un
demi-siècle; son dernier mot, c'est le communisme. Channing,
au contraire, proclame l'idée chrétienne et la remet en pleine
lumière sous une forme vive et nouvelle ; pour lui c'est
l'individu qui est tout; l'intérêt social n'est rien devant le
droit éternel de celui que Dieu a fait à son image ; ou plutôt ce prétendu intérêt social qui sacrifie l'individu est une
déception, sinon un crime. La société est faite pour tous ses
membres; sa fin est de faciliter une vie qui ne s'achève
point ici-bas, mais non pas de sacrifier la minorité au plus
grand nombre, ou de remplacer la tyrannie d'un maître par
la tyrannie d'une multitude. Le grand devoir de la société,
c'est le ménagement, c'est la protection de l'individu ; la
perfection de l'État, c'est la perfection du citoyen.

Améliorer l'individu, l'instruire, le moraliser, lui apprendre à s'estimer ce qu'il vaut, ranimer en son âme le
sentiment de dignité et de noblesse personnelle que le Christ
a apporté aux hommes, lui rappeler sans cesse ses devoirs
envers lui-même et le respect qu'il se doit, considérer enfin

l'action individuelle comme le grand ressort de la société, telle a été la pensée constante de Channing, et, je le répète, c'est une pensée éminemment chrétienne. Au fond c'est le sentiment qui fit la grandeur des premiers fidèles, qui soutint les premiers martyrs et leur fit préférer la conscience et le devoir à tous les biens de la terre et à toutes les corruptions du temps. Ce fut le salut de l'ancien monde, ce doit être le salut du nouveau. Celui-là seul en effet peut résister aux tentations du vice, à l'envie, au désespoir, qui sait ce que vaut une âme immortelle et dont la pensée ne se termine pas ici-bas. Tous les systèmes socialistes sont impuissants, car ils s'imaginent qu'ils assouviront les besoins et les désirs du peuple ; c'est la plus vaine et la plus dangereuse des chimères. Pourraient-ils centupler les ressources matérielles et donner à tous les hommes le bien-être de quelques privilégiés, ils échoueraient encore, car le désir est insatiable et ne s'arrête pas. « Égaliser les richesses, disait déjà Aristote, c'est ne rien faire ; ce ne sont pas les propriétés, ce sont les passions qu'il faut égaliser, et cette égalité-là ne résulte que de l'éducation réglée par de bonnes lois [1]. » La question n'a pas changé, ou pour mieux dire, elle est plus grande que jamais, aujourd'hui que s'élèvent de toutes parts des démocraties démesurées, et telles que n'en a jamais connu l'antiquité. La solution du problème est pour nous et nos enfants une question de vie ou de mort. Dans un État où la souveraineté est dans les mains d'un seul homme, tout dépend de l'honnêteté et des lumières du chef de la nation ; il est assez puissant pour comprimer la passion populaire, et maintenir dans l'ordre les masses ignorantes ; mais où la souveraineté appartient à tous, le gouvernement n'est viable et bienfaisant que si la grande majorité des citoyens est honnête et éclairée ; autrement c'est le règne de la force brutale, un régime qui ne

[1] Arist., *Polit.*, liv. III, chap. v.

peut durer. Éclairer la multitude, la rendre sage, intelligente, modérée, étouffer ses mauvais instincts et les remplacer par de nobles sentiments, c'est, dira-t-on, un rêve philanthropique dont le moindre défaut est d'être impossible. Channing a pensé le contraire, il a montré comment l'Évangile pouvait accomplir ce prodige ; comment en éclairant l'esprit non moins qu'en apaisant le cœur, il rendait possible le règne de la démocratie et lui assurait un effet bienfaisant et une durée indéfinie.

Ainsi comprenons bien ce qui fait l'originalité de Channing. Il est de son siècle en ce qu'il accepte le grand mouvement qui emporte toutes les classes vers l'égalité ; il ne voit point de mal dans l'ambition du pauvre, pourvu que cette ambition soit raisonnable et bien dirigée ; il ne veut pas d'une résignation qui n'est trop souvent que l'abandon de soi-même et une cause de dépravation pour l'individu qui ne se respecte plus ; il sent que la charité du riche, bonne pour soulager d'incurables misères, ne fera pas que l'ouvrier se contente d'une position inférieure, et qu'il faut au peuple un remède, non pas externe, mais intérieur pour les besoins et les désirs qui le tourmentent. En ce sens c'est un socialiste, un homme qui s'occupe des penchants nouveaux, des idées et des inquiétudes du siècle ; mais ce qui le distingue des réformateurs ordinaires, c'est qu'en acceptant le problème, tel que le temps l'a posé, il lui donne une solution toute différente, et selon nous la seule véritable. Dans tous ses discours populaires, on trouvera la même idée sous les formes les plus diverses : *Education personnelle, Élévation des classes laborieuses, Tempérance*, etc., tout aboutit à cette sainte parole : *Sursum corda!* élevez votre âme, éclairez votre intelligence, soyez chrétiens non pas des lèvres, mais de cœur et d'esprit.

« Ce qui fait tache dans votre pays, écrivait-il en 1831 à miss Joanna Baillie, c'est la position de vos classes infé-

rieures, misérables et affamées. Ce mal peut être guéri par
une reprise du travail et du commerce, mais je crains que
ce ne soit pas un *accident* de votre système, mais bien un
effet nécessaire de l'état artificiel de votre société, et qu'il
ne reparaisse bientôt. S'il en est ainsi, il faut de grands
changements dans la société pour écarter le fléau. Commu
niquer aux dernières classes l'intelligence et les avantages
des classes supérieures, ce devrait être la fin et le résultat
assuré de toutes les institutions sociales, elles sont défec-
tueuses quand telle n'est pas leur action. Je suis un niveleur,
mais je voudrais accomplir ma mission en élevant ceux qui
sont au dernier rang, en tirant les travailleurs de l'indigence qui les dégrade et de l'ignorance qui les abrutit. Si je
comprends ce que signifient christianisme et philanthropie,
il n'y a pas de précepte plus clair que celui-là. »

Je trouve encore cette belle profession de foi en tête de la
troisième édition de ses œuvres, faite à Glasgow en 1839.

Ces volumes montreront combien l'auteur a la ferme conviction que notre civilisation imparfaite, où tout se rapporte
à la richesse, ne peut pas durer toujours. La masse des
hommes n'est point condamnée sans appel à rester malgré
tout dans la dégradation d'esprit et de cœur où elle est
tombée ; une notion nouvelle de la fin et de la dignité de
l'homme, réformera les institutions et les mœurs ; le christianisme et la nature humaine nous promettent quelque
chose de plus saint et de plus heureux que ce qui existe aujourd'hui. C'est un bonheur que de vivre dans cette foi,
c'est un bonheur que de la communiquer aux autres ; l'auteur
ne désespère pas de retrouver des forces pour des travaux
plus importants ; mais il compte que ces écrits, qui lui sur-
vivront quelque temps, attesteront sa sympathie pour ses
semblables et sa foi dans les grands desseins de Dieu sur
l'humanité. »

Channing a eu dans sa patrie un succès considérable et qui dure encore. Le peuple a aimé dès le premier jour l'homme qui lui parlait de ses devoirs avec tant de grandeur, car sous l'austérité du langage il a reconnu la voix d'un ami. Ce n'est pas un philanthrope qui fait au moins heureux l'aumône d'une dédaigneuse pitié ; c'est un frère qui veut relever ses frères, qui souffre de leurs peines, et qui jouit de leur bonheur. C'est une âme tendre et dévouée, un chrétien, un missionnaire des premiers jours. En Angleterre, ses lectures n'ont pas eu moins de retentissement ; répandues par milliers dans les districts ouvriers, on les a lues avec avidité, avec enthousiasme. Le peuple y retrouvait sa dignité perdue, et pour la première fois peut-être il comprenait que la fortune n'est pas tout, et qu'il y a plus d'un moyen de s'élever au-dessus du riche sans lui envier son or. De tous les points de l'Angleterre les ouvriers adressèrent à Channing des remercîments et des félicitations. « Rien, dit son biographe, ne lui donna dans sa vie une satisfaction plus complète et plus pure que l'accueil fait à ses lectures par ceux à qui il les avait destinées, et un jour qu'il avait reçu une adresse de l'Institut ouvrier de Slaithwaite dans le Yorkshire, on le vit s'écrier la figure animée et les yeux brillants : *C'est de l'honneur ceci, c'est de l'honneur.* Il y avait en ce moment sur sa table une lettre écrite par l'ordre d'un des plus grands monarques de l'Europe, qui le remerciait de son livre, mais la reconnaissance profondément sentie et simplement exprimée par la main d'un rude mineur le touchait bien davantage que les éloges des grands, l'admiration des sages, ou même la chaleur de ses amis. » C'était pour lui un bonheur inexprimable que de penser qu'il avait séché les larmes de l'ouvrier, adouci la misère du pauvre, porté dans leur âme un peu de consolation, dans leur esprit un rayon de lumière. Voici sa réponse aux mineurs de Slaithwaite, elle nous montre toute la force de ses convictions, toute la noblesse de ses sentiments.

A MM. JABES MEAL, — THOMAS SYKES, — JOHN FARLEY

A SLAITHWAITE, PRÈS HUDDERSFIELD (ANGLETERRE)

Boston, 1er mars 1841.

« Messieurs.

« J'ai reçu avec un grand plaisir la lettre qui me transmet
les résolutions prises par l'Institut ouvrier de Slaithwaite.
L'accueil fait à mes lectures par ceux à qui elles ont été
destinées est un grand encouragement. C'est pour moi, et
depuis longtemps, un article de foi que nous verrons enfin
se relever les classes laborieuses si longtemps abaissées. Les
signes de cet heureux changement se multiplient, et vous,
qui sans doute êtes plus jeunes que moi, vous vivrez pour
voir des temps meilleurs.

« C'est une grande consolation pour moi que d'apprendre
les progrès que fait chez vous la cause de la tempérance.
Les liqueurs fortes ont été la malédiction de l'ouvrier. C'est
en y renonçant complétement qu'il se sauvera et qu'il s'élèvera. Le premier pas vers la dignité de l'homme, c'est de
renoncer à ce qui de l'homme fait une brute. Si le respect
de soi-même ne peut conduire l'ouvrier jusqu'à ce point de
sévérité, j'ai peu d'espoir en lui. Le peuple doit apprendre à
s'abstenir et à se conduire, ou bien on le tiendra sous le
joug et on en usera comme d'un outil. Pour soumettre la
multitude à un assujettissement absolu, les gouvernements
trouvent des raisons, des prétextes, dans son ignorance, son
dérèglement, son abandon. Toute association d'ouvriers,
toute institution qui a pour fin d'élever le peuple doit ar-
borer le drapeau de la tempérance.

« J'ai été aussi bien heureux d'apprendre que vous con-
damniez de plus en plus la conduite des ouvriers qui der-

nièrement ont voulu maintenir leurs prétentions par la violence. Les passions et la force peuvent renverser un gouvernement, mais l'ouvrier sera enveloppé dans la ruine commune. Pour qu'on songe à vous il n'est besoin ni d'émeutes
ni de destructions. Votre véritable force est dans la culture
de l'intelligence, dans la droiture, dans le respect de vous-
même, dans la foi en Dieu, dans la confiance mutuelle qui
vous unira tous. Voilà ce qui ne peut manquer de vous
assurer votre juste part dans les avantages de la société.

« D'après ce qu'on m'apprend, j'espère que la cause des
classes ouvrières ne sera pas déshonorée et compromise par
l'esprit d'irréligion. On est confondu de voir des hommes
qui s'appellent vos amis se lever contre le christianisme,
une religion dont les premiers apôtres ont été des ouvriers,
qui ne fait acception de personne, qui ne connaît rien des
distinctions de la naissance et de la richesse, qui commande
au fort de secourir et de soutenir le faible, et qui, partout
où elle agit, donne à toutes les classes de la société un même
esprit et un même intérêt. C'est sous l'étendard de la Croix
que doit vaincre l'humanité.

« Un des moyens essentiels d'élever les classes laborieuses,
c'est un système d'éducation nationale ayant pour objet,
non pas d'asservir l'esprit de l'ouvrier, mais au contraire
de l'éclairer et de le rendre actif, prêt et disposé tout à la
fois à remplir sagement ses devoirs publics et privés. J'espère qu'on ne pourra bientôt plus reprocher à votre gouvernement de vous refuser un bien si nécessaire. Vous devez
le demander avec une importunité qui ne comporte pas de
refus.

« C'est du fond du cœur que je désire le succès de l'ouvrier
dans les efforts qu'il fait pour améliorer sa condition extérieure ; mais il ne doit pas se donner tout entier aux choses
du dehors. Un fort salaire n'est pas le bonheur ; un homme
peut gagner de l'argent et cependant mener une vie misérable. D'un autre côté dans la situation la plus précaire un

homme peut accomplir l'œuvre principale de la vie et s'en
assurer le plus grand bien. Les circonstances ne font pas
tout ; notre âme peut triompher de notre destinée. Dans un
état désavantageux nous pouvons souffrir et agir comme des
hommes et comme des chrétiens. Notre pensée peut nous
fournir les moyens ou l'occasion de signaler notre vertu, et
nous procurer ainsi une paix et des espérances que la fortune seule ne donne pas.

« Votre ami,

« W. E. CHANNING. »

Quelques personnes ont paru craindre que le langage de
Channing ne fût trop élevé pour les ouvriers, et que par
conséquent il n'arrivât pas jusqu'à ceux qu'il intéresse
davantage. Je suis d'une opinion tout opposée, j'estime que
si le peuple ne lit pas la plupart des écrits qui lui sont
adressés, c'est qu'il ne les trouve point assez sérieux ; il sent
qu'on le juge mal, et qu'on ne le connaît pas. On parle à
nos travailleurs comme à des enfants ; ce sont des hommes
instruits par l'expérience et la misère et qui, trop souvent,
grâce à cette rude école, en savent beaucoup plus que ceux
qui se font leurs instituteurs. D'ailleurs il répugne de croire
que l'ouvrier français soit moins intelligent que l'ouvrier
anglais ou américain, et que son éducation soit tellement
imparfaite qu'il ne puisse écouter une voix amie qui lui
parle de Dieu, de lui-même, de ce qui touche le plus dans
ce monde et dans l'autre. Pour moi qui ai passé dans un
atelier six années de ma vie, et non certes les moins utiles
ni les moins honorables, pour moi qui ai pratiqué les typo-
graphes de Paris, et vu de près ce qu'il y a chez eux d'intelligence et de cœur, j'ai toujours été convaincu que dans notre
temps les hommes qui désirent le plus sincèrement la lumière, et qui serviront la vérité avec le plus de dévouement

lorsqu'une fois ils l'auront connue, ce sont ces ouvriers qu'on juge trop légèrement. Je ne sais quel Anglais comparait la société de son pays à un tonneau de bière; au-dessus, disait-il, est la mousse, au fond est la lie, mais au milieu est une liqueur aussi pure que généreuse. J'en dis autant de la France: ce milieu, la force et l'espérance du pays, ce sont les travailleurs; et sous ce nom je comprends quiconque vit du labeur de ses bras ou de son esprit, depuis l'architecte jusqu'au maçon, depuis l'écrivain jusqu'au pressier. Ce sont eux qui décideront de l'avenir, c'est à eux qu'il appartient d'établir le règne de l'intelligence et de la moralité. C'est pour eux qu'a écrit Channing, et il n'eût demandé, je crois, ni d'autres juges, ni d'autres amis.

ÉDOUARD LABOULAYE

Paris. 15 décembre 1853.

DE

L'ÉDUCATION PERSONNELLE

OU

LA CULTURE DE SOI-MÊME

TABLE DES MATIÈRES

AVANT-PROPOS

Il y a dix-sept ans que, me promenant sur les quais, aux
environs de l'Hôtel-Dieu, j'avisai à l'étalage d'un libraire un
livre anglais que j'ouvris par hasard. C'étaient les œuvres
de William Ellery Channing. Le nom de l'auteur m'était
inconnu. Je feuilletais machinalement le volume, quand
tout à coup une page m'arrêta. J'y trouvais des idées si nouvelles, des réflexions si grandes et si justes que je me hâtai
d'acheter le livre, et que je me mis à descendre les quais,
jusqu'à la place de la Concorde, sans pouvoir détacher mes
yeux de ces lignes inspirées. Ce que je tenais dans les mains,
ce que je lisais avec la ferveur et la joie d'un homme qui
voit enfin la vérité, c'était le discours *sur l'éducation personnelle, ou la culture de soi-même,* qu'on trouvera à la
suite de cet avant-propos. Je ne crains pas de dire que ce
discours a été pour moi une révélation. Il a résolu pour moi
l'énigme qui trouble notre siècle, il m'a appris comment il
était en notre pouvoir de fonder une démocratie sage, heureuse, riche et pacifique. Le problème de la démocratie
n'est pas un problème politique, au sens vulgaire du mot ;
toutes les combinaisons, toutes les inventions constitution-
nelles, toutes les formes de gouvernement sont impuissantes
à le résoudre ; c'est un problème d'éducation. Il n'y a que
des écoles largement dotées, il n'y a qu'une éducation gé-

nérale qui puissent donner aux peuples modernes la véritable liberté et la parfaite égalité. C'est ce qu'avaient reconnu les Grecs qui vivaient dans des cités libres, c'est ce
qu'après de longues et dures épreuves on commence à
sentir dans notre pays.

Convaincu que le premier devoir d'un citoyen qui tient
la vérité est d'ouvrir la main toute grande, et de semer le
bon grain aussi loin qu'il peut aller, j'écrivis pour le *Journal
des Débats* deux articles sur Channing, qui parurent en
1852 et furent accueillis avec faveur par le public. L'année
suivante je publiai en un volume quelques-uns des traités
de Channing, et j'intitulai ce recueil *OEuvres sociales,* en
un temps où le nom même de socialisme faisait reculer
d'horreur les Français effrayés ; je voulais indiquer ainsi
qu'il y a de nos jours des questions capitales, qui intéressent
la société tout entière, et que la société seule peut résoudre,
par un effort continu. Ce n'est pas à l'État, c'est à la commune, c'est à l'association, c'est à l'individu qu'il appartient
de répandre et de propager l'éducation. Tant que nous ne
nous mettrons pas tous à cette œuvre qui dépasse toutes les
autres en importance, nous n'obtiendrons jamais cette égalité des conditions qui est la gloire de la démocratie. Ce
n'est pas en abaissant tous les hommes sous le même niveau
administratif ou révolutionnaire qu'on arrivera jamais à la
prospérité et à la grandeur ; c'est au contraire en élevant
les plus humbles et les plus pauvres aux idées, aux sentiments, aux jouissances intellectuelles et morales des plus
riches et des plus heureux. Voilà ce que ne comprennent
pas tant de gens qui jettent l'anathème à la société, à la
propriété, à la famille ; ils ne voient pas que tout boulever-
sement social ne ferait qu'aigrir les maux dont ils se plaignent, tandis qu'ils ont la guérison sous la main, sinon
pour eux, au moins pour leurs enfants.

Ce volume de traduction, suivi de trois autres, et un
excellent travail anonyme publié sur Channing ont fait con-

naître au public français le nom et les idées du Fénelon
américain. Channing a conquis droit de bourgeoisie chez
nous, et l'on s'appuie de son autorité, dans les camps les
plus opposés. Mais il s'en faut que ces idées soient entrées
dans la circulation, autant qu'on doit le désirer. Voilà pourquoi on a pensé qu'une édition populaire de ces traités servirait utilement la cause de la démocratie. Si le public y
fait bon accueil, il sera facile de multiplier ces publications
et d'y joindre les discours d'Horace Mann, ou d'autres amis
de l'éducation générale. On sentirait alors que la prodigieuse croissance des États-Unis n'est point l'effet de la
fortune ou du hasard; mais qu'elle tient à des racines profondes et indestructibles et qu'en deux mots, c'est l'école
qui fait la force et la grandeur du peuple américain. Le jour
où l'on sera pénétré de cette vérité, on arrivera à poser clairement le grand problème social, et tout problème bien posé
est à peu près résolu.

Je n'insisterai pas sur les idées que Channing défend
avec tant de chaleur et tant d'onction, je ne veux pas
refaire son discours; mais il est un point sur lequel je dois
insister. De nos jours, parmi les réformateurs et les amis de
la cause populaire, il en est beaucoup qui tiennent à honneur de se séparer, non-seulement de l'Église, mais du
christianisme; il en est d'autres qui font profession de matérialisme, et qui traitent de chimère Dieu et l'immortalité
de l'âme; je respecte toutes les convictions, et n'entends
imposer ma foi à personne; mais je cherche encore en quoi
la proscription du christianisme, en quoi le triomphe du
matérialisme peuvent hâter les progrès de la civilisation
et donner au peuple plus de liberté ou plus d'égalité. Il
me semble que l'Évangile est le plus démocratique de tous
les livres, et qu'il y avait un fond de vérité dans l'expression bizarre de Camille Desmoulins, lorsqu'il se vantait
d'avoir trente-trois ans, *l'âge du sans-culotte Jésus-Christ.*
Si la fraternité n'est pas sortie de l'Évangile, pourquoi ne

la trouve-t-on que chez les peuples chrétiens? Chacun, sans doute, a aujourd'hui le droit de prendre pour soi la morale chrétienne et de repousser les croyances du christianisme; la vérité, une fois qu'elle a paru dans le monde, appartient à tous, comme l'air et la lumière; mais ce que ma raison se refuse à comprendre, c'est comment le christianisme, après avoir apporté sur la terre les idées de liberté, d'égalité et de fraternité, serait devenu tout à coup une chaîne qu'il faut rompre, un esclavage qu'il faut abolir. Il me semble qu'on confond deux choses fort différentes, et qu'on rend l'Évangile responsable des fautes et des crimes que les hommes ont commis en son nom.

Je me crois aussi libéral et aussi démocrate que personne, je ne reconnais pas de réforme plus nécessaire que la séparation de l'Église et de l'État. Selon moi, la civilisation aura fait son plus grand pas le jour où la religion sera mise en dehors de la politique, où la politique n'aura plus rien à faire avec la religion. Mais en quoi l'Évangile s'oppose-t-il à la conquête de la plus précieuse de toutes les libertés? Le christianisme est la seule religion qui ait donné au monde, durant trois siècles, l'exemple d'une Église séparée de l'État. Ne peut-on reprendre cette noble tradition? Je demande donc à rester chrétien avec Channing, avec Horace Mann, avec cette société américaine qui fait de si grandes choses pour la cause populaire, et je repousse ces doctrines de désespoir qui chassent Dieu de l'âme humaine et font de l'homme un animal misérable pour qui tout finit avec la vie. Tous ces systèmes, renouvelés de Zénon ou d'Épicure, ont toujours été funestes à la liberté; ils ont enfanté l'orgueil stérile de quelques hommes, l'égoïsme du plus grand nombre, l'impuissance universelle, et le despotisme; l'amour seul peut fonder la vraie liberté, et l'amour, c'est la vertu qui sort de l'Évangile.

En lisant Channing, j'espère donc que les âmes pieuses se rassureront; elles sentiront que ce fatal divorce entre la

liberté et l'Évangile qu'on nous présente comme une loi nécessaire, n'est que l'erreur de quelques esprits, éblouis par
l'éclat des sciences naturelles, aigris par des causes diverses,
ou emportés par le courant du jour. Il n'est pas vrai qu'il
faille choisir entre le christianisme et la liberté; on peut
sans doute aimer la liberté et repousser les croyances chrétiennes, mais comment peut-on se réclamer de l'Évangile et
ne pas aimer la liberté? N'est-ce pas le christianisme qui,
en rendant à Dieu ce qui appartient à Dieu, a renversé le
despotisme antique et brisé l'idole de l'État? N'est-ce pas
l'Évangile qui, en affranchissant la conscience de l'individu,
a enseigné à l'homme à se gouverner lui-même? N'est-ce
pas la liberté du fidèle qui a enfanté la liberté du citoyen?

Un pareil langage est aujourd'hui peu populaire; mais
en lisant Channing on comprendra peut-être que la liberté
et l'Évangile sont faits pour s'entre-aider et non pour se
combattre. Qui a plus aimé le peuple que Channing, et qui
cependant a eu une foi plus vive dans l'avenir du christianisme? Ne mêlons donc pas la religion à nos problèmes
politiques; n'avons-nous pas assez de causes de division,
sans troubler inutilement les consciences? Répétons seulement que ceux-là ne sont pas des chrétiens qui, au nom de
la religion, disent anathème à la liberté, et que ceux-là ne
sont ni des libéraux ni des démocrates qui, au nom de la
liberté, disent anathème à la religion. Chrétiens ou non,
mettons-nous tous à l'œuvre commune, et en laissant chacun maître d'adorer Dieu à sa guise, unissons-nous tous
pour répandre la vérité, propager la lumière et combattre
l'ignorance et la misère, ces deux tyrans impitoyables, qui
asservissent le monde, et qu'il faut vaincre à tout prix, si
nous voulons établir le règne de la liberté.

ÉD. LABOULAYE.

Avril 1869.

L'ÉDUCATION PERSONNELLE

ou

LA CULTURE DE SOI-MÊME

INTRODUCTION

Mes respectables amis [1],

Sur l'invitation des commissaires directeurs des cours *Franklin* je viens vous présenter quelques considérations qui serviront d'introduction à ces lectures. Ce qui m'a surtout décidé, c'est le profond intérêt que je porte à ceux de mes concitoyens auxquels s'adressent ces conférences. Il m'a paru qu'elles devaient être surtout suivies par ceux qui sont occupés de travaux manuels ; aussi ne me suis-je pas senti libre de décliner la tâche qu'on me proposait, j'ai voulu par mon concours témoigner de ma sympathie pour cette

---

[1] Cet écrit, où la parfaite raison se montre à chaque ligne, a été composé par Channing pour servir d'introduction aux cours Franklin, et lu par lui à l'assemblée réunie à Boston en 1838. Il a été réimprimé sous cette forme de discours, quoique l'auteur y ait ajouté depuis des passages importants. Nous les reproduisons de même en français.

1.

portion si nombreuse de mes semblables ; j'ai voulu
exprimer le sentiment de reconnaissance que j'éprouve
pour ceux au travail et à l'industrie desquels je dois
presque toute l'aisance de la vie, mais j'ai surtout voulu
exprimer la joie que me causent les efforts que font les
ouvriers pour améliorer leur condition, et témoigner
de ma foi inébranlable dans leur succès. Ces raisons
donneront un caractère et une portée particulière à
quelques-unes de mes remarques. Je ne parlerai pas
toujours le langage de ceux qui vivent du travail de
leurs mains, mais je m'exprimerai toujours comme
quelqu'un qui leur est dévoué. J'appartiens de droit à
la grande famille des travailleurs. Dans cette république[1], heureusement, tous nous sommes nés et élevés
pour le travail. Ce caractère honorable, dont nous
avons tous été marqués, doit rapprocher toutes les
classes de la société.

De la dignité de la nature humaine

J'ai exprimé mon vif intérêt pour la masse du peuple,
cet intérêt est fondé moins sur les services que rend
le peuple, que sur ce qu'il vaut par lui-même. Sa condition, il est vrai, est obscure, mais son importance
n'est pas moindre pour cela. Par la force des choses
il n'y a point de distinction dans la multitude, car
l'idée même de distinction suppose qu'on sort de la
multitude ; le peuple fait peu de bruit, il attire peu
l'attention dans son étroite sphère, cependant il a
aussi sa part de mérite personnel et même de gran-

[1] Les Etats-Unis.

deur. Tont homme est grand dans toute condition ;
c'est la faiblesse de nos yeux qui seule le fait petit.
L'homme est grand en sa qualité d'homme, quels que
soient sa place et son état. Toute distinction extérieure
devient insignifiante devant la grandeur de sa nature.
La force de l'intelligence, la conscience, l'amour, la
connaissance de Dieu, le sentiment du beau, l'action
sur soi-même, sur la nature extérieure et sur ses semblables, ce sont là de glorieuses prérogatives ; c'est la
mauvaise habitude de déprécier ce qui est commun à
tous qui nous les fait considérer comme étant de peu
de valeur ; mais dans l'âme comme dans la création
extérieure, c'est ce qui est commun qui est le plus précieux. La science et l'art peuvent inventer de brillants
éclairages pour les appartements du riche, mais tout
cela est pauvre et sans valeur en comparaison de la
lumière commune que le soleil nous envoie par toutes
nos fenêtres, qu'il verse avec libéralité et sans préférence sur la colline et dans la vallée, de cette lumière
qui embrase chaque jour l'orient et l'occident. Il en
est de même et des lumières communes de la raison,
et de la conscience, et de l'amour ; tout cela a plus de
prix que les qualités extraordinaires qui ont fait la
célébrité de quelques individus. Ne ravalons pas cette
nature qui est commune à tous les hommes, car nulle
pensée ne peut en mesurer la grandeur. C'est l'image
de Dieu, l'image même de l'infini, car on ne peut assigner de limite à son développement. Celui qui possède les divines facultés de l'âme est un être grand,
quelle que soit la place qu'il occupe. Vous pouvez le
couvrir de haillons, le murer dans un cachot, l'enchaîner au travail de l'esclave ; ii sera toujours grand. Vous

pouvez lui fermer vos maisons, mais Dieu lui ouvre les
demeures célestes. Il ne fait point d'effet dans les rues
d'une splendide cité ; mais une pensée juste, une
affection pure, l'acte courageux d'une volonté vertueuse, brille d'un tout autre éclat qu'un amas de bri-
ques et de granit, de plâtre et de stuc, quel que soit
l'art qui les accumule ou l'étendue qu'ils occupent.

Ce n'est pas tout. Si, laissant de côté la grandeur
de notre commune nature, nous tournons notre pensée
vers cette grandeur relative qui attire principalement
l'attention et qui est le privilége des individus que
leurs facultés et leur caractère élèvent au-dessus de la
moyenne ordinaire ; nous verrons qu'elle se rencontre
aussi souvent parmi les hommes obscurs et inconnus
que parmi ceux que leur rang met en évidence. Les
hommes véritablement grands se trouvent partout ;
il n'est pas facile de dire quelle condition en produit
davantage. La vraie grandeur n'a rien de commun
avec la sphère qu'on occupe. Elle ne tient pas à l'action extérieure, non plus qu'à l'étendue des effets
produits. L'homme le plus grand peut n'avoir qu'une
très-faible influence. Peut-être que les plus grands de
notre cité sont en ce moment ensevelis dans l'obscurité. La grandeur de caractère consiste tout entière
dans la force d'âme, c'est-à-dire dans la force de la
pensée, du principe moral, de l'amour ; on peut la
rencontrer dans les conditions les plus humbles de la
vie. Un homme élevé pour un métier obscur, assiégé
par les besoins d'une famille qui grandit, peut, dans
son étroite sphère, voir plus clair, mieux discerner,
juger plus sagement, et, dans une situation difficile,
avoir plus de décision, plus de présence d'esprit que

tel individu qui, à force d'études, a entassé d'immenses
trésors de connaissances ; il a donc plus de grandeur
véritable. Tel qui ne s'est jamais écarté de sa demeure
de plus de quelques milles, comprend mieux la nature..
humaine, découvre les motifs et pèse les caractères avec
plus de sagacité que tel autre qui a parcouru le monde
et s'est fait un nom par le récit de ses voyages.

De la grandeur morale.

La force de la pensée est la mesure de la grandeur
intellectuelle, comme la fermeté des convictions est la
mesure de la grandeur morale, le plus noble des dons.
faits à l'humanité, la plus brillante manifestation de
la Divinité. L'homme le plus grand est celui qui choisit
le juste avec une invincible résolution, qui résiste aux
plus terribles tentations intérieures et extérieures, qui
porte gaiement les plus lourds fardeaux, qui est le plus
calme dans la tempête, qui se rit des menaces et des regards irrités, celui dont la confiance en la vérité, en la
vertu, en Dieu, est inébranlable ; est-ce là une grandeur d'apparat, et est-il probable qu'on en rencontre
le plus nombreux exemples dans une condition élevée ?
Les luttes entre la raison et la passion, les victoires
remportées par le principe moral et religieux sur le cri
pressant et presque irrésistible de l'intérêt personnel,
les sacrifices si pénibles faits au devoir, l'abandon
d'une affection profondément enracinée et des plus
chères espérances du cœur, tout cela est invisible ; les
consolations, l'espoir, la joie et le calme d'une vertu
déçue, persécutée, insultée, abandonnée, les voit-on
davantage ? Non, sans doute, et c'est ainsi que la véritable grandeur de la vie humaine échappe complète-

ment à nos regards. Devant nous, peut-être, l'acte le plus héroïque s'achève en silence, le plus noble projet est médité avec amour, le plus généreux sacrifice est accompli, sans même que nous nous en doutions.

Elle se trouve surtout dans la multitude.

Je crois que cette grandeur se trouve surtout chez la multitude, chez ceux dont le nom n'a jamais de retentissement. Est-ce chez le peuple ou chez les heureux du monde que vous trouverez le plus de peines supportées avec un mâle courage, le plus de vérité sans fard, le plus de confiance religieuse, le plus de cette générosité qui offre ce qui est le nécessaire même pour le donateur, enfin la plus sage appréciation de la vie et de la mort? Et même, en ce qui touche l'influence sur nos semblables, influence qu'on regarde comme le privilége des classes élevées, je crois que la différence qui existe entre l'homme obscur et l'homme placé en évidence est bien faible. L'influence ne doit pas se mesurer par son étendue, mais par sa nature. Un homme peut répandre au loin son esprit, ses sentiments et ses opinions; mais si son esprit est bas, il n'y aura en tout cela nulle grandeur. Un misérable artiste pourra remplir une ville de ses méchantes peintures, et, par un genre brillant mais faux, arriver à la célébrité; mais l'homme de génie qui laisse après lui un seul grand tableau, où la beauté immortelle s'incarne pour ainsi dire et fait triompher le véritable goût, celui-là exerce une influence incomparablement plus élevée. Maintenant est-il une plus noble influence que celle qui agit sur le caractère, et celui qui l'exerce n'accomplit-il pas une grande œuvre,

quelque étroite ou obscure que soit la sphère où il
vit? Le père et la mère qui, dans leur pauvre maison,
éveillent dans l'esprit d'un seul de leurs enfants l'idée
et l'amour de la parfaite bonté, qui font naître en lui
une force de volonté capable de résister à toutes les
tentations, et lui apprennent à tirer profit des luttes
de la vie, ceux-là surpassent en influence un Napoléon
rompant le monde à sa domination. Leur œuvre n'est
pas seulement plus élevée par sa nature ; qui sait s'ils
n'accomplissent pas une œuvre plus grande que celle
du conquérant, même quant à l'étendue? Qui sait si
cet être auquel ils inspirent des principes saints et désintéressés ne les communiquera pas au loin, et si cette
influence dont ils furent l'origine cachée n'ira pas, en
s'élargissant, améliorer une nation, et le monde entier?

Dans ces considérations vous verrez la cause du profond intérêt que j'éprouve et que j'exprime pour les
hommes obscurs, pour le peuple. Les distinctions sociales disparaissent devant l'éclat de ces vérités. Je
m'attache au peuple non pas parce qu'il se compose
d'électeurs et qu'il a la puissance politique, mais parce
qu'il se compose d'hommes, et qu'il peut atteindre au
but le plus glorieux de l'humanité.

Dans ce pays, ce qui distingue la masse du peuple,
c'est qu'elle possède des moyens d'amélioration, de
culture intellectuelle et morale qu'on ne trouve nulle
part ailleurs. L'exciter à en profiter, c'est lui rendre
le meilleur service qu'elle puisse recevoir. J'ai donc
choisi pour sujet de cette conférence l'éducation, la
culture personnelle, ou le soin que tout homme se
doit à lui-même pour développer et perfectionner sa
nature. C'est l'introduction naturelle de cours qu'on

regarde trop communément comme suffisant par eux-
mêmes à faire l'éducation de l'auditeur. Les cours
ont leur utilité. Ils réveillent un grand nombre d'hommes qui, sans cet appel extérieur, eussent sommeillé
jusqu'à la fin de leur vie. Mais qu'on se souvienne qu'il
y a peu à gagner en venant simplement une heure par
semaine dans cette enceinte pour livrer son esprit à
l'action d'un professeur. A moins que nous ne soyons
excités à agir sur nous-mêmes, à moins que nous ne
nous engagions dans l'œuvre de notre propre amélioration, à moins que nous n'ayons le ferme propos de former, d'élever notre esprit, à moins que, par une réflexion sérieuse, nous ne nous assimilions ce que nous
avons entendu, il n'y aura que peu de bien de produit.

L'éducation personnelle, je le sens, est un sujet trop
vaste pour un seul discours ; je ne pourrai donc vous
présenter que quelques-unes des vues qui me semblent
les plus importantes. Je tâcherai de donner d'abord
une idée du sujet, puis je parlerai des moyens à employer, et enfin je m'occuperai de quelques objections
qui s'adressent aux notions principales que je vais vous
exposer.

Pourquoi l'éducation personnelle est possible.

Avant d'entrer dans la discussion, permettez-moi
une observation. L'éducation personnelle est quelque
chose de possible. Ce n'est pas un rêve. Elle est fondée
sur notre nature. Sans cette conviction, je ne serais
qu'un déclamateur, et vous m'écouteriez sans profit.
Il y a dans l'âme humaine deux facultés qui rendent
l'éducation possible ; c'est la faculté que l'âme possède
de s'étudier elle-même et la faculté qu'elle a de se

former elle-même. Nous avons d'abord la faculté de
ramener notre esprit sur lui-même ; de rappeler ses
opérations passées, d'observer ses opérations présen-
tes ; d'apprécier ses capacités et ses susceptibilités diverses, ce qu'il peut faire et ce qu'il peut supporter,
de connaître la mesure de ses plaisirs, de ses peines,
et c'est ainsi que nous apprenons d'une manière générale quelle est notre nature et notre destination.
C'est une remarque à faire que nous pouvons distinguer non-seulement ce que nous sommes déjà, mais
encore ce que nous pouvons devenir, voir en nous le
germe et l'espérance d'un développement sans bornes,
viser au delà de ce que nous avons atteint, tendre à la
perfection comme à la fin de notre être. C'est cette faculté de nous comprendre nous-mêmes qui nous distingue de la brute, laquelle ne se connaît pas ; sans
cela il n'y aurait pas de culture personnelle, car nous
ignorerions le travail qu'il nous faut entreprendre, et
l'une des raisons qui font que cette culture est si rarement essayée, c'est qu'il est bien peu d'hommes qui
pénètrent dans leur propre nature. Pour la plupart,
leur esprit même n'est qu'une ombre sans réalité comparée aux objets extérieurs. Lorsqu'il leur arrive de
jeter un regard dans leur intérieur, ils n'y voient
qu'un sombre et vague chaos. Peut-être distinguent-
ils quelque violente passion qui les a entraînés à de
nuisibles excès, mais leurs plus nobles facultés attirent
à peine un instant leur pensée, et c'est ainsi que vivent
et meurent des multitudes d'hommes aussi étrangers
à eux-mêmes qu'aux pays dont on sait le nom, mais
qu'un pied humain n'a jamais foulés.

Mais l'éducation personnelle n'est pas seulement pos-

sible parce que nous pouvons pénétrer en nous-mêmes
et nous examiner : nous avons encore une plus noble
faculté, celle d'agir sur nous-mêmes, de nous conduire, de nous former. C'est une qualité aussi effrayante que glorieuse, car c'est sur elle qu'est fondée
la responsabilité humaine. Nous avons le pouvoir non-
seulement de suivre nos facultés, mais de les diriger,
de leur donner l'impulsion ; non-seulement d'observer nos passions, mais de les contrôler ; non-seulement de voir grandir nos facultés, mais encore d'en
aider le développement. Nous pouvons arrêter ou
changer le cours de nos pensées. Nous pouvons concentrer notre intelligence sur les objets que nous désirons comprendre. Nous pouvons fixer nos regards
sur la perfection et nous faire de toutes choses un
moyen pour y arriver. C'est là sans doute une noble
prérogative de notre nature. Dès que nous la possédons, qu'importe ce que nous sommes et le point où
nous sommes, puisqu'il est en notre pouvoir de conquérir un sort meilleur, et même un bonheur d'autant plus grand que nous serons partis de plus bas?
De toutes les découvertes nécessaires à l'homme, la
plus importante aujourd'hui c'est celle de cette faculté créatrice qu'il porte en lui-même comme un
trésor. Il en soupçonne peu la grandeur, aussi peu
que le sauvage soupçonne l'action de l'esprit sur le
monde matériel ; cependant elle surpasse en importance tout notre pouvoir sur la nature extérieure. Il
y a là plus de divinité que dans la force qui fait marcher l'univers, et cependant combien nous la comprenons peu! comme elle sommeille inactive, non
soupçonnée, chez la plupart des hommes ! Eh bien!

c'est cette faculté qui rend l'éducation possible, et qui nous en fait un devoir impérieux.

Cette idée fondamentale de l'éducation ou de la culture personnelle, on peut la saisir facilement sous sa forme la plus générale. Élever ou cultiver quelque chose, une plante, un animal, un esprit, c'est le faire croître ; la croissance, le développement, tel est le but. On ne peut cultiver que ce qui a un principe de vie, susceptible d'expansion. Celui donc qui fait tout ce qui est en son pouvoir pour développer ses facultés et ses capacités, surtout les plus nobles, de façon à devenir un être bien proportionné, vigoureux, excellent et heureux, celui-là pratique la culture de lui-même.

Cette culture a nécessairement différentes branches qui correspondent aux différentes aptitudes de la nature humaine ; mais ces aptitudes, bien que diverses, sont intimement unies et se développent ensemble. L'âme que notre philosophie partage en plusieurs facultés, est toujours une dans son essence, une dans sa vie ; elle exerce dans le même moment, elle réunit dans le même acte ses différentes énergies : la pensée, la sensibilité et la volonté. En conséquence, dans une sage culture de soi-même, il faut que tous les principes de notre nature grandissent à la fois par une action harmonieuse, comme toutes les parties de la plante se développent ensemble. Quand donc vous entendrez parler d'espèces différentes d'amélioration personnelle, vous ne devrez pas les considérer comme des procédés distincts, agissant indépendamment l'un de l'autre, et exigeant chacun des moyens séparés. Cependant, comme il est nécessaire pour l'intelligence complète du sujet de les considérer séparément, c'est par là que je commencerai.

La culture personnelle est morale.

D'abord la culture personnelle est MORALE; c'est là une branche d'une importance toute particulière. Quand un homme rentre en lui-même, il y découvre deux ordres distincts ou deux espèces de principes qu'il lui est surtout utile de connaître. Il aperçoit des désirs, des appétits, des passions qui ont lui-même pour fin, qui ne demandent, qui ne cherchent que son propre plaisir, sa satisfaction, son intérêt; et puis il remarque un autre principe tout opposé, qui est impartial, désintéressé, universel, un principe qui lui enjoint d'avoir égard au droit, au bonheur d'autrui, et lui impose des obligations qui doivent être remplies à quelque prix que ce soit, et alors même qu'elles sont en opposition avec son plaisir ou son profit. Nul homme, quelque aveuglé qu'il soit par son propre intérêt, quelque endurci qu'il soit par l'égoïsme, ne peut nier qu'au-dedans de lui ne s'agite une grande idée qui se trouve en opposition avec l'intérêt; c'est l'idée du devoir, c'est une voix intérieure qui lui enjoint plus ou moins clairement de respecter et de pratiquer la justice impartiale et la bienveillance universelle.

Ce principe de désintéressement qui est au fond de la nature humaine, nous l'appelons tantôt raison, tantôt conscience, et parfois sens ou faculté morale; mais quelque nom qu'on lui donne, c'est un principe réel en chacun de nous, c'est la maîtresse faculté que nous devons cultiver avant tout, car c'est de cette culture que dépend le développement légitime de

toutes nos autres facultés. Les passions, il est vrai,
peuvent être plus fortes que la conscience, ou crier
plus haut, mais leurs clameurs sont bien différentes
du ton de commandement avec lequel parle la conscience. Elles ne sont pas revêtues de son autorité ;
elles n'ont pas cette puissance qui nous lie. Au milieu
même de leur triomphe elles sont condamnées-par
le principe moral et s'humilient devant sa voix calme,
mystérieuse, menaçante. Quand on s'étudie soi-même,
rien donc n'est plus plus important que de distinguer
clairement ces deux grands principes : l'un égoïste et
l'autre désintéressé ; et la part la plus importante de
l'éducation, c'est d'abaisser l'un et d'élever l'autre,
ou en d'autres termes d'introniser en nous le sentiment du devoir. Il n'y a pas de limites au développement de cette force morale chez l'homme, s'il le veut
sincèrement. Il y a eu des hommes que nul pouvoir
au monde n'a pu détourner du juste, et qui ont moins
craint la mort sous ses formes les plus terribles que
la transgression de la loi intérieure de justice et d'a-
mour universels.

La culture personnelle est religieuse.

En second lieu, la culture personnelle est RELIGIEUSE.
Quand nous rentrons en nous-mêmes, nous y découvrons des facultés qui nous lient à ce monde extérieur, visible, fini et toujours changeant ; nous avons
la vue et d'autres sens pour discerner, des organes et
des aptitudes naturelles pour atteindre et nous appro-
prier les choses extérieures ; mais nous avons aussi une
faculté qui ne peut pas s'arrêter à ce que nous voyons,
à ce que nous touchons, à ce qui existe dans les limites

de l'espace et du temps, une faculté qui cherche l'infini,
la cause incréée, et ne peut se reposer que lorsqu'elle
est montée jusqu'à l'Esprit éternel qui embrasse tout.
C'est ce que nous appelons le principe religieux ; la
langue humaine ne peut en exagérer la grandeur, car
c'est la marque d'un être destiné à entrer en communion avec un monde plus élevé que le monde visible.
Développer cette puissance, c'est éminemment faire
notre éducation. Faire vivre en nous l'idée de Dieu,
cette idée claire et vraie qui nous porte à adorer
Dieu, à lui obéir et à désirer de lui ressembler, c'est
le plus noble apanage de la nature humaine, je pourrais ajouter, des natures célestes. Et notez que le principe religieux et le principe moral se tiennent et
marchent ensemble. Le premier n'est que la perfection et la manifestation la plus élevée du second. Tous
deux sont désintéressés. C'est l'essence de la véritable
religion que de reconnaître et d'adorer en Dieu les
attributs de l'éternelle justice et de l'amour universel,
et d'écouter sa voix quand dans le secret du cœur il
nous commande d'imiter ce que nous adorons.

Le principe moral est le fondement de la vérité et la base
de la culture intellectuelle.

De plus, la culture personnelle est INTELLECTUELLE.
Nous ne pouvons rentrer en nous-mêmes sans y découvrir le principe intellectuel, la faculté qui pense,
qui raisonne et qui juge, la faculté qui cherche la vérité et qui l'atteint. Il n'est pas à craindre que nous
négligions cette puissance. L'intelligence étant le
grand instrument à l'aide duquel les hommes arrivent au but de leurs désirs, elle attire leur attention

plus que toute autre faculté. Quand nous parlons aux
hommes de s'améliorer, la première pensée qui se
présente à eux c'est qu'ils doivent cultiver leur intelligence, acquérir des connaissances et du talent. Par
éducation les hommes entendent presque exclusivement l'éducation intellectuelle. C'est pour elle qu'on
institue des écoles et des colléges ; c'est à elle qu'on
sacrifie l'enseignement moral et religieux de la jeunesse. Certes je respecte l'intelligence autant que personne ; mais ne la plaçons jamais au-dessus du principe moral. Elle est intimement unie avec lui. C'est
sur le principe moral que repose la culture de l'esprit ; élever l'âme est le but suprême. Quiconque désire que son intelligence grandisse, et soit toujours
saine et vigoureuse, doit commencer par l'éducation
morale. L'étude et la lecture ne suffisent pas pour
perfectionner la raison ; une chose est nécessaire par-
dessus toutes les autres, c'est le désintéressement,
qui est l'âme même de la vertu. Pour arriver à la vérité, qui est le grand objet de l'intelligence, il faut
la chercher avec désintéressement. C'est la première
et la grande condition du progrès intellectuel. Je dois
accepter la vérité, quelle qu'en soit pour moi la portée,
je dois la suivre, n'importe où elle conduise, quel que
soit l'intérêt qu'elle contrarie, quelle que soit la persé-
cution ou la perte à laquelle elle m'expose, quel que
soit le parti dont elle me sépare et à quelque parti
qu'elle m'allie.

Sans cette candeur de l'esprit, qui n'est sous un
autre nom que l'amour désintéressé de la vérité, de
grandes facultés naturelles se pervertissent et s'égarent, le génie se perd, et la lumière que nous portons

en nous se change en ténèbres. Quand cette vertu leur
manque, les plus subtils raisonneurs s'égarent eux-
mêmes tout en égarant les autres, et se prennent
aux filets de leurs propres sophismes. C'est un fait
bien connu dans l'histoire de la science et de la philosophie que des hommes doués par la nature d'une
intelligence extraordinaire ont répandu les erreurs les
plus grossières et même ont cherché à ruiner ces vérités premières qui sont la base de la vertu, de la
dignité, de l'espérance humaine. Et d'un autre côté je
sais des hommes n'ayant reçu de la nature qu'un esprit
ordinaire qui, par l'amour de la vérité et l'amour de
leurs semblables, se sont élevés peu à peu à une force
et à un développement de pensée remarquables. Quelques-uns des prédicateurs et des maîtres les plus utiles
ont dû la puissance qu'ils avaient d'éclairer les autres,
moins à une supériorité naturelle qu'à la simplicité,
à l'impartialité et au désintéressement de leur esprit,
à leur détermination de vivre et de mourir pour la vérité. Celui qui s'élève au-dessus de lui-même voit de
haut la nature et la Providence, la société et la vie. La
pensée s'étend comme par une élasticité naturelle,
quand la pression de l'égoïsme en est écartée. Les
principes moraux et religieux, généreusement cultivés,
fertilisent l'intelligence. Le devoir fidèlement rempli
ouvre l'esprit à la vérité ; tous deux étant de la même
famille, également immuables, universels, éternels.

Je me suis étendu sur ce sujet parce que souvent
on oublie l'union qui existe entre la culture morale
et la culture intellectuelle, et qu'on sacrifie la première à la seconde. L'exaltation du talent au-dessus
de la vertu et de la religion est la malédiction du

siècle[1]. L'éducation a maintenant pour but principal
de stimuler au savoir, et on acquiert ainsi la puissance sans les principes qui seuls en font un bien. Le
talent est adoré, mais s'il y a divorce entre lui et la
droiture, c'est plutôt un don de l'enfer que du ciel.

La culture personnelle fortifie la pensée.

La culture intellectuelle ne consiste pas principalement, comme bien des gens s'imaginent, à ac-
cumuler des connaissances, quoique cela soit important; elle consiste surtout à acquérir une force de
pensée que nous puissions diriger à notre gré vers
tout sujet sur lequel il nous faut prendre une décision. Ce qui indique cette force, c'est de pouvoir concentrer notre attention, d'observer avec soin et pénétration, de ramener les sujets complexes à leurs
éléments, de remonter de l'effet à la cause, de découvrir les moindres différences, aussi bien que les
moindres ressemblances des choses, de lire l'avenir
dans le présent, et surtout de remonter des faits particuliers aux lois générales ou aux vérités universelles.
Ce dernier effort de l'intelligence qui s'élève aux vues
larges et aux grands principes, constitue ce qu'on
nomme l'esprit philosophique et mérite qu'on s'y attache tout particulièrement. Quel en est le but? Votre
propre observation a dû vous l'apprendre.

Vous avez dû remarquer deux espèces d'hommes,
les uns toujours occupés de détails et les autres qui
font de ces observations particulières le fondement de
vérités plus élevées et plus larges. Les derniers sont

[1] Profonde vérité dont la preuve se trouve à chaque page de l'histoire!

2

des philosophes. Par exemple, pendant des siècles on
avait vu tomber à terre des morceaux de bois, des
pierres, des métaux ; Newton, s'emparant de ces faits
particuliers, s'éleva à l'idée que toute matière tend
ou est attirée vers toute matière, il définit la loi
suivant laquelle cette attraction ou cette force agit
à différentes distances, et nous donna ainsi un principe qui, nous avons raison de le croire, s'étend
à toute la création extérieure et la régit. Un homme
lit une histoire et peut vous en conter tous les événements, mais il s'arrête là. Un autre combine ces
événements, les place sous un seul point de vue et
apprend sous quelle influence vit une nation, quels
sont ses principaux penchants, vers la liberté ou vers
le despotisme, vers une forme de civilisation ou vers
une autre. Celui-ci s'occupera continuellement des
actions particulières de tel ou tel voisin, tandis que
cet autre, regardant plus loin que les actions, et re-
montant jusqu'au principe intérieur d'où elles éma-
nent, en tirera une vue plus étendue de la nature humaine. En un mot, l'un voit toute chose par parties,
par fragments, tandis que l'autre s'efforce de découvrir l'harmonie, la liaison, l'unité du tout. Un des
grands malheurs de la société c'est que les hommes
occupés constamment de minces détails manquent
d'idées générales, de principes larges et fixes. Aussi
beaucoup de gens, qui ne sont pas méchants, sont-ils
irrésolus, et presque toujours inconstants, comme s'ils
étaient de grands enfants plutôt que des hommes.
Donner cette force d'esprit qui saisit les vérités universelles et s'y attache, c'est la plus noble éducation
de l'intelligence ; et je vo is prie de remarquer comme

elle s'accorde avec la culture du principe moral et du
principe religieux. Dans ce dernier cas aussi le progrès de l'âme consiste à s'élever au-dessus de ce qui
est étroit, particulier, individuel, égoïste, jusqu'à ce
qui est universel et infini. Perfectionner l'homme,
c'est le *libéraliser*, agrandir sa pensée, ses sentiments
et sa volonté. Étroitesse d'intelligence et de cœur, telle
est la dégradation dont toute éducation tend à sauver
es hommes !

La culture personnelle est sociale.

De plus, la culture personnelle est SOCIALE, puisque
l'un de ses principaux effets est de développer et de
purifier les affections qui naissent instinctivement
dans le cœur humain, qui unissent le mari et la femme,
le père et l'enfant, le frère et la sœur; qui attachent
l'homme à ses amis, à ses voisins, à son pays, à ceux
qui souffrent sous ses yeux, quels qu'ils soient. La
culture de ces affections est une partie considérable
de notre œuvre; elle consiste à transformer l'instinct
en principe, le penchant naturel en véritable sympathie, en lui donnant un caractère raisonnable, moral
et saint. Par exemple, notre affection pour nos enfants
est d'abord instinctive, et si elle en reste là elle ne
s'élève guère au-dessus de l'attachement de la brute
pour ses petits. Mais lorsqu'un père fait entrer dans
son amour naturel pour ses enfants le principe religieux et moral, quand il vient à considérer son enfant
comme un être intelligent, spirituel, immortel, qu'il
l'honore comme tel et qu'il désire par-dessus tout en
faire le noble, le désintéressé, le digne enfant de Dieu,
l'ami de ses semblables, alors l'instinct s'élève et de-

vient un sentiment généreux et saint; il ressemble à
l'amour paternel de Dieu pour sa famille spirituelle.
C'est une pureté et une dignité semblables que nous
devons tâcher de donner à toutes nos affections.

La culture personnelle est pratique.

En outre, la culture personnelle est PRATIQUE, puisqu'elle se propose comme une de ses fins principales
de nous disposer à l'action, de nous mettre au niveau
de nos entreprises, de nous façonner à la constance
dans nos projets, de nous préparer des ressources
abondantes dans la vie ordinaire, et surtout dans les
conjonctures imprévues, dans les temps de difficultés,
de dangers et d'épreuves. Mais, laissant de côté ce
point ainsi que d'autres dont je n'ai pas le temps de
m'occuper, je me bornerai à deux branches qui ont
été presque entièrement négligées dans l'éducation du
peuple, et qui ne méritent pas un tel dédain.

Elle développe le sens du beau.

En considérant notre nature, nous découvrons parmi
ses admirables facultés le sens ou la perception du
beau. Nous en trouvons le germe chez tous les hommes, et il n'y a pas de faculté qui soit plus susceptible
de culture; pourquoi donc cette culture ne serait-elle
pas favorisée chez tous? Il est à remarquer que les
ressources que ce sentiment trouve dans l'univers sont
infinies. Il n'y a qu'une faible partie de la création que
nous puissions changer en nourriture, en vêtements,
en satisfactions du corps; mais la création entière
peut servir au sens du beau. La beauté est partout.
Elle s'épanouit dans les innombrables fleurs du prin-

temps. Elle ondule dans les branches des arbres et
les herbes du gazon. Elle habite les abîmes de la terre
et de la mer, et brille dans les couleurs du coquillage
et de la pierre précieuse. Et non-seulement ces faibles
objets, mais l'Océan, les montagnes, les nuages, les
cieux, les étoiles, le soleil levant et le soleil couchant,
tout est inondé de beauté. L'univers est son temple;
les hommes qui la sentent vivement ne peuvent lever
les yeux sans qu'elle ne les environne de tous côtés.
Or, la beauté est si précieuse, les jouissances qu'elle
procure sont si délicates et si pures, tellement en
rapport avec nos sentiments les plus nobles et les plus
tendres, si près de l'adoration de Dieu, qu'il est pénible de songer à la multitude d'hommes qui vivent ici-
bas en aveugles, comme si, au lieu de posséder cette
belle terre et ce glorieux firmament, ils habitaient un
cachot. Une joie infinie est perdue pour le monde,
faute de cultiver le sentiment du beau.

Supposez que je visite une maison de campagne et
que j'en voie les murs couverts des meilleurs tableaux
de Raphaël, chaque coin occupé par une statue du travail le plus exquis, et que l'on me dise que ni homme,
ni femme, ni enfant, n'ont jamais jeté les yeux sur
ces miracles de l'art; comme je sentirais la privation
de ces infortunés, comme je voudrais leur ouvrir les
yeux et les aider à comprendre, à sentir la beauté
et la grandeur qui sollicitent en vain leur attention!
Et cependant chaque laboureur vit devant les ouvrages
d'un artiste plus divin. Combien son existence serait
relevée s'il pouvait sentir la gloire qui rayonne dans
leurs formes, leurs couleurs, leurs proportions et saisir leur expression morale!

2.

J'ai seulement parlé de la beauté de la nature, mais combien ne trouve-t-on pas de ce charme mystérieux dans les arts, et surtout dans les lettres? Les meilleurs livres sont les plus beaux. Les plus grandes vérités quand elles ne sont pas unies au beau manquent de quelque chose[1]; elles entrent plus sûrement et plus loin dans l'âme quand elles sont revêtues de cette parure qui leur est naturelle. Celui-là ne reçoit pas la véritable éducation de l'homme, chez qui le sens du beau n'est pas cultivé, et je ne connais pas de condition à laquelle ce goût ne convienne. De toute espèce de luxe, c'est le moins cher et le plus facile, et il me paraît surtout important pour les conditions qui, exigeant un travail pénible, donnent de la rudesse à l'esprit. La diffusion du sentiment du beau dans la Grèce ancienne, et du goût musical dans l'Allemagne moderne, nous prouve que le peuple est capable de partager ces plaisirs délicats qui jusqu'ici ont été considérés comme le privilége du petit nombre.

Qu'est-ce que le beau? C'est une question à laquelle les esprits les plus pénétrants n'ont pas répondu d'une façon satisfaisante; et quand je le pourrais faire, ce n'est pas ici la place d'une semblable discussion. Je dirai seulement que la beauté de la création extérieure est intimement liée aux plus charmants, aux

---

[1] Alfred de Musset, que la muse emportait aux plus hauts sommets de l'idéal, a exprimé le même jugement dans ces beaux vers.

. . . .
La beauté, sur la terre, est la chose suprême,
C'est pour nous la montrer qu'est faite la clarté.
Rien n'est beau que le vrai, dit un vers respecté;
Et moi, je lui réponds, sans crainte d'un blasphème:
Rien n'est vrai que le beau, rien n'est vrai sans beauté.

plus grands attributs de l'âme. Elle en est l'emblème
ou l'expression. La matière devient belle pour nous
quand elle semble perdre son aspect matériel, son
inertie, son fini, sa grossièreté, quand la légèreté
éthérée de ses formes et de ses mouvements semble
la rapprocher de l'esprit ; quand elle nous peint de
douces et pures affections ; quand elle s'étend dans
une immensité qui est l'ombre de l'infini ; ou lorsque
sous des formes ou par des mouvements imposants elle
nous parle du Tout-Puissant. Ainsi la beauté extérieure tient à quelque chose de profond et d'invisible;
elle est le reflet des choses spirituelles, et, par conséquent, si l'on veut la voir et la sentir vivement, il faut
cultiver les principes moraux, religieux, intellectuels
et sociaux dont j'ai déjà parlé et qui sont la gloire de
la nature spirituelle. Je dis cela afin que vous puissiez voir ce que je tiens à vous démontrer, c'est qu'il
existe une intime harmonie entre toutes les branches
de l'éducation ; chacune d'elles aide les autres et en
est aidée.

Nécessité de savoir parler.

Il existe une autre faculté que chaque homme devrait cultiver suivant sa capacité, mais que généralement le peuple néglige, c'est la facilité d'exprimer
ses idées. L'homme n'a pas été créé pour renfermer
sa pensée en lui-même, mais pour lui donner une voix
et l'échanger avec d'autres pensées. La parole est une
des grandes distinctions entre nous et la brute. Notre
puissance sur les autres n'est pas tant dans les idées
qui sont en nous que dans la facilité de les produire. Un homme d'une vigueur intellectuelle plus

qu'ordinaire peut n'être qu'un zéro sans valeur dans la
société, faute de savoir parler. Non-seulement on acquiert de l'influence sur les autres, mais encore on
aide beaucoup sa propre intelligence en donnant à sa
pensée une expression nette, précise, puissante. Nous
nous comprenons mieux, nos conceptions deviennent
plus claires par l'effort même que nous faisons afin
de les rendre claires pour ceux qui nous écoutent.

Notre rang dans la société dépend beaucoup de cette
facilité d'expression. La principale distinction entre ce
que nous appelons l'homme du monde et l'homme du
peuple, c'est que le dernier est gauche dans ses manières et manque surtout de justesse, de clarté, de
grâce et de force d'expression. L'homme qui ne peut
ouvrir la bouche sans violer la grammaire, sans parler
avec un accent barbare ou grossier, sans montrer son
manque d'éducation, ou sans obscurcir sa pensée par
un langage confus et maladroit, ne peut occuper la
place à laquelle son bon sens lui donnerait des droits.
Pour avoir des rapports avec la bonne société, il faut
parler comme elle. Aussi, je suis charmé qu'on enseigne la grammaire et une prononciation correcte
dans les écoles publiques de cette ville. Ce ne sont pas
là choses futiles ni superflues pour personne. Elles
permettent d'obtenir dans le monde ces avantages,
d'où dépend souvent notre perfectionnement. Acquérir
une certaine facilité de parole devrait entrer dans tous
les plans d'éducation personnelle.

L'éducation est nécessaire à toutes les classes de la société.

J'ai maintenant donné quelques notions sur la culture ou le perfectionnement que tout homme doit

se proposer. Je me suis constamment appuyé sur ce principe que chacun de nous a en soi-même une faculté de développement qui appelle un travail sérieux, incessant, et qui en est la récompense. Je ne considère pas l'homme comme une machine faite pour obéir à une force étrangère, pour accomplir une suite invariable de mouvements, pour fournir une somme fixe de travail, et puis tomber en pièces à la mort; je le regarde comme un être doué de liberté et d'intelligence, et je n'estime en fait d'éducation que celle qui fait ressortir ces deux facultés et leur donne une impulsion et une expansion perpétuelles. Je sais que cette idée est loin d'être universelle. L'opinion commune est que la masse du peuple n'a pas besoin d'autre éducation que de celle qui prépare aux différents métiers; et bien que cette erreur disparaisse, elle est loin d'être généralement condamnée. Mais le fondement de l'éducation de l'homme est dans sa nature et non dans sa profession. Nos facultés doivent être développées à cause de leur propre dignité, et non pas en vue seulement de leur application extérieure. L'homme doit être instruit parce qu'il est homme, et non point parce qu'il doit faire des souliers, des clous ou des épingles. Un métier n'est pas la fin de son être, car l'esprit ne s'y enferme pas tout entier. Un métier n'épuise point la force de la pensée. L'homme a des facultés que ce labeur ne met pas en jeu, des besoins profonds qu'il ne satisfait pas. Des poëmes, des systèmes de théologie et de philosophie qui ont fait quelque bruit dans le monde ont été travaillés sur l'établi ou au milieu des travaux champêtres. Que de fois, lorsque les bras s'occupent

machinalement d'un métier, l'esprit, perdu dans la
méditation et la rêverie, s'échappe de la terre ! Que
de fois le cœur pieux de la femme mêle la plus grande
de toutes les pensées, celle de Dieu, aux détails du ménage ! Sans doute on doit se perfectionner dans sa profession, car c'est ainsi qu'on gagne son pain et qu'on
sert la société. Mais le pain ou la subsistance n'est pas
pour nous le bien suprême ; car autrement notre sort
serait plus dur que celui des animaux, pour lesquels
la nature sert une table et tisse un vêtement sans qu'ils
s'en occupent. L'homme n'a pas été créé davantage
pour servir uniquement aux besoins de la société. On
ne peut, sans une injustice infinie, convertir en simple instrument des satisfactions d'autrui un être raisonnable et moral. Il est nécessairement une fin, et
non un moyen. Un esprit dans lequel ont été placées
des semences de sagesse, de désintéressement, de
constance et de piété, vaut plus que tous les intérêts
matériels du monde. Il existe pour lui-même, pour son
propre perfectionnement ; on ne doit pas l'asservir
aux besoins de sa nature animale ou à ceux d'autrui.

On dit qu'une éducation libérale est nécessaire
aux hommes appelés à remplir de hautes fonctions,
mais non pas à ceux qui sont condamnés à un labeur vulgaire. Je réponds que le nom d'homme est
un nom plus grand que celui de président ou de roi.
La vérité et la bonté sont également précieuses, dans
quelque sphère qu'on les trouve. D'ailleurs il n'est pas
de condition où la vertu n'ait sa place aussi bien que
le développement de toutes nos facultés. L'ouvrier n'est
pas simplement un ouvrier. Des liens étroits, liens de

tendresse et de responsabilité, l'unissent à Dieu et à ses semblables. Il est fils, mari, père, ami et chrétien. Il appartient à une famille, à une patrie, à une Église; à une race, et cet homme, on ne l'élèverait que pour un métier! N'a-t-il donc pas été envoyé dans le monde pour accomplir une grande œuvre? Élever parfaitement un enfant demande plus de réflexion, plus de sagesse peut-être que le gouvernement d'un État; par cette simple raison que les intérêts et les besoins politiques sont plus saisissables, plus grossiers, plus sensibles que le développement de la pensée et du sentiment, ou que les lois subtiles de l'âme qui, toutes, doivent être étudiées et comprises avant que l'éducation soit achevée; et cependant Dieu a chargé également tous les hommes de cette œuvre, la plus grande qui soit sur la terre. Avons-nous besoin d'une preuve plus claire pour voir qu'une éducation plus relevée qu'on ne l'a encore pensé est nécessaire à notre race entière?

Des moyens de favoriser l'éducation personnelle.

Je vais maintenant rechercher quels sont les moyens de favoriser l'éducation personnelle, et je ne sais par où commencer. Le sujet est si étendu et si important que je me sens incapable de le traiter convenablement, surtout dans les limites qui me sont assignées. Considérez, je vous prie, que je vous présente seulement quelques aperçus, tels qu'ils se sont offerts à mon esprit sans beaucoup de recherches.

Avant tout, le grand moyen d'éducation, celui qui renferme tous les autres, c'est de s'attacher à cette

culture de nous-mêmes, comme à notre fin principale,
de prendre la détermination ferme et solennelle de
tirer le plus grand et le meilleur parti des facultés
que Dieu nous a données. Sans cette résolution, les
meilleurs moyens sont de peu de valeur, mais avec elle
les plus petits deviennent efficaces. Vous verrez des
milliers d'hommes qui, avec toutes les ressources que
la richesse peut rassembler, maîtres, bibliothèques,
instruments, ne font rien de passable, tandis que
d'autres, avec de faibles secours, font des merveilles,
uniquement parce qu'ils sont les seuls qui agissent
sérieusement. L'homme qui se met sérieusement à
l'œuvre trouve des moyens, ou, s'il n'en trouve pas,
il en crée. Une volonté énergique fait beaucoup de peu,
donne de la puissance à des instruments faibles, dé-
sarme la difficulté et souvent même en fait un secours. Chaque état offre des moyens de progrès, si on
a assez d'ardeur pour s'en servir. On a dernièrement
publié des livres où sont contenus des exemples ou
des histoires « de science acquise au milieu des obstacles; » et c'est chose encourageante que d'y voir
ce qu'un homme décidé peut faire pour lui-même. Une
grande idée, comme celle de l'éducation personnelle,
si on la saisit clairement et fortement, brûle dans l'âme
comme un charbon ardent. Celui qui se propose réso-
lûment une grande fin y est, par cet acte, à moitié
parvenu ; il a franchi la principale barrière qui le
sépare du succès.

Le progrès est la fin même de notre être.

Une chose est essentielle pour que la volonté soit
énergique, c'est la foi dans la possibilité de l'éduca-

tion personnelle. Pour animer notre courage il faut
que l'objet désiré paraisse à notre portée. Cette vérité, que le progrès est la fin même de notre être, ne
doit donc pas être écoutée comme une leçon, mais
comprise et sentie comme une réalité. Nos esprits sont
disposés à languir et à mourir faute d'aliment, s'ils
demeurent emprisonnés dans ce que nous avons déjà
acquis. Une foi véritable, qui aspire à quelque chose de
meilleur, qui entrevoit la perfection dans le lointain,
qui nous promet des progrès proportionnés au sérieux
de nos travaux, donne de l'énergie à la volonté, donne
des ailes à l'âme ; et cette foi grandira constamment
en nous faisant connaître notre nature et les promesses d'assistance divine et d'immortalité qui abon-
dent dans la révélation.

Il est des hommes qui sont découragés et qui ne
tentent de faire aucun progrès, par la fausse idée qu'ils
ont que l'étude des livres, étude que ne leur permet
pas leur position, est le moyen suprême et le seul efficace. Mais je les prie de considérer que les grands
volumes, dont nos livres ne sont que des copies, c'est-
à-dire la nature, la révélation, l'âme et la vie humaine, sont libéralement exposés à tous les yeux. Les
grandes sources de la sagesse sont l'expérience et
l'observation ; celles-là ne sont fermées à personne.
Ouvrir et fixer nos yeux sur ce qui se passe hors de
nous et en nous, c'est l'étude la plus féconde. Les livres sont surtout utiles quand ils nous aident à interpréter ce que nous voyons et ce que nous éprouvons.
Quand ils absorbent l'esprit et qu'ils le détournent de
l'observation de la nature et de la vie, ils engendrent
une folie savante, contre laquelle ce serait grande

3

perte que d'échanger le bon sens de l'ouvrier. Il est à
remarquer que les plus grands hommes se sont formés
sans le secours des études qui sont considérées généralement comme indispensables. Homère, Platon, Dé-
mosthène, n'avaient jamais entendu parler de chimie,
ils connaissaient moins le système solaire qu'un enfant
de nos écoles. Ce n'est pas que ces sciences soient
sans importance ; mais ceci nous apprend que les
moyens d'amélioration ne manquent jamais quand la
résolution est profonde et sérieuse.

L'énergie de la volonté.

La volonté de s'élever soi-même, c'est là ce qui fait
la vie et la force de tous les moyens que nous em-
ployons pour notre propre éducation. J'énonce de nouveau ce principe à cause de son extrême importance,
j'ajoute seulement une observation pour empêcher
qu'il ne soit mal compris. Lorsque je parle de la volonté
de s'élever soi-même, j'entends que cette volonté soit
sincère. En d'autres termes, le but réel ce doit être
notre éducation ; c'est pour elle-même qu'il faut la
chercher, et non pour en faire un moyen ou un instrument. Ici je touche à une erreur commune et
funeste. Le nombre de personnes qui désirent l'é-
ducation, seulement pour acquérir de la fortune et
s'élever dans le monde, est considérable ; mais es personnes ne cherchent pas véritablement le progrès ; ce
qu'elles poursuivent, c'est quelque chose d'extérieur,
quelque chose qui leur est étranger ; une impulsion
si basse ne peut amener qu'un progrès restreint, partiel, incertain. L'homme, je l'ai dit, doit se cultiver lui-même parce qu'il est homme. Il doit com-

mencer avec la conviction qu'il y a en lui quelque
chose de plus grand que dans toute la création matérielle, que dans toutes les choses qui frappent ses yeux
et ses oreilles ; il doit comprendre que le progrès intérieur a en soi une valeur et une dignité tout à fait
distinctes du pouvoir qu'il donne sur les objets extérieurs. Sans doute on doit travailler à améliorer
sa position, mais on doit d'abord songer à s'améliorer
soi même : si l'on ne connait pas d'autre usage plus
noble de l'esprit que de le fatiguer au profit du corps,
il faut désespérer de son éducation.

En faisant ces observations je n'entends pas conseiller à l'ouvrier de rester indifférent à sa position. Je
regarde comme important que chaque homme, quel
que soit son état, possède des moyens de bien-être : la
santé, une nourriture et des vêtements convenables,
et parfois un peu de retraite et de loisir. Voilà des
biens véritables qui méritent d'être recherchés pour
eux-mêmes ; d'ailleurs ce sont des ressources importantes pour la cause que je défends. Une habitation
propre, confortable, avec des aliments sains, n'aide
pas peu au développement intellectuel et moral. Un
homme vivant dans une cave humide ou dans un gre-
nier ouvert à la pluie et à la neige, respirant l'air impur d'une demeure sale, et essayant en vain d'apaiser
sa faim par une nourriture insuffisante et désagréable,
court risque de s'abandonner à une insouciance dé-
sespérée. Améliorez donc votre sort ; multipliez vos
ressources, et, mieux encore, faites fortune si vous le
pouvez par des moyens honnêtes et si vous ne la payez
pas trop cher. Une bonne éducation est faite pour vous
pousser dans vos affaires, vous devez en user pour at-

teindre ce but. Seulement prenez garde que cette fin ne
vous domine ; que vos motifs ne baissent à mesure que
votre condition s'élève ; que vous ne soyez victimes
de la misérable passion de rivaliser avec ceux qui
vous entourent, en étalage, en luxe et en dépenses.
Respectez-vous toujours vous-mêmes. Comprenez que
votre âme est plus précieuse que tout ce qui vous
est étranger. Celui qui n'a pas entrevu ce qu'il y a en
lui de raisonnable et de spirituel, de supérieur au
monde et d'allié à Dieu même, celui-là ignore la véritable source d'où sort cette volonté, sur laquelle j'ai
insisté comme étant la première condition du progrès.

Nécessité de réprimer les appétits brutaux.

Je passe à un autre grand moyen d'éducation
personnelle, c'est le contrôle des appétits brutaux.
Pour élever la nature morale et intellectuelle, il faut
abaisser la nature animale. La sensualité est l'abîme
dans lequel un très-grand nombre d'âmes sont
plongées et perdues. Parmi les classes prospères,
quelle somme considérable de vie intellectuelle est
noyée dans les excès du luxe. C'est une des grandes
malédictions de la richesse que nous en abusions
pour la satisfaction de nos sens ; et chez les classes
pauvres, bien que le luxe manque, souvent on s'a-
bandonne à un tel excès de nourriture, que l'esprit
s'en trouve accablé. Quand on se promène dans nos
rues, c'est un triste spectacle que de voir combien de
visages portent les signes de l'hébétement et de la brutalité, résultat d'une grossière habitude. Quiconque
veut cultiver son âme doit réprimer ses appétits. Je

ne suis point un défenseur de l'opinion qui soutient
que la chair des animaux n'a pas été faite pour l'homme;
mais qu'on en use chez nous avec excès, et que comme
peuple nous ayons beaucoup à gagner en gaieté, en
vivacité, en légèreté d'esprit, par une alimentation
moins substantielle et moins excitante, c'est ce que
j'incline fortement à croire.

Effets pernicieux des liqueurs fortes.

J'engage surtout ceux qui veulent développer et
élever leur plus noble nature, à s'abstenir de l'usage
des liqueurs spiritueuses. Cette mauvaise habitude se
distingue de toutes les autres par les ravages qu'elle
exerce sur la raison, sur l'intelligence; elle a un
effet déplorable, alors même qu'on ne va pas jusqu'à
l'ivresse. Bien des hommes qu'on appelle tempérants
et qui se sont crus tels, ont appris, en s'abstenant des
liqueurs fortes, que pendant longtemps leur esprit
avait été obscurci, affaibli par un usage même modéré de ces liqueurs, et sans qu'ils se doutassent du
mal qu'ils se faisaient. Ici, à Boston, il y a des multitudes de gens qui sont privées de la moitié de leur
énergie intellectuelle par une habitude qui passe pour
innocente. De tous les ennemis de la classe ouvrière,
celui-là est le plus mortel. Rien n'a plus contribué
que l'usage des liqueurs fortes à maintenir cette classe
dans l'infériorité, à y détruire le respect de soi-même,
à la dépouiller de la juste influence qui lui appartient
dans la société, à rendre inutiles les moyens de progrès mis à sa portée. C'est en combattant cette habitude que le peuple maintiendra son honneur et prendra la place à laquelle il a droit dans la société. C'est

pour les ouvriers une obligation sacrée que de s'associer à tous les efforts faits pour arriver à la suppression d'un tel vice. Ils doivent regarder comme leurs plus grands ennemis (bien qu'ils ne le soient pas avec intention), comme ennemis de leurs droits, de leur dignité et de leur influence, les hommes qui veulent inonder la ville et les campagnes de poison distillé.

Dernièrement je visitais un village florissant, et comme j'exprimais à l'un des respectables habitants le plaisir que j'éprouvais à voir tant de marques de progrès, il me répondit que l'une des causes de la prospérité dont j'étais témoin, c'était que les habitants avaient renoncé aux liqueurs fortes. Et cette réforme, nous n'en doutons pas, a donné quelque chose de plus que la prospérité matérielle. Dans chaque famille ainsi rendue meilleure, nous pouvons être sûrs que la capacité morale et intellectuelle du père a été agrandie, et que les moyens d'éducation sont devenus plus efficaces pour l'enfant. J'engage les ouvriers à prendre parti pour la cause de la tempérance, car cette cause est la leur.

Ces observations sont d'autant plus nécessaires qu'en ce moment de tous côtés on fait des efforts pour abroger une loi récente qui supprime la vente des liqueurs fortes en quantités telles qu'elles puissent favoriser l'intempérance. Je sais qu'il y a des hommes intelligents, des hommes de bien, qui pensent qu'en faisant cette loi le gouvernement a dépassé ses limites, est sorti de sa voie véritable, et qu'il a établi un précédent d'intervention législative dans nos occupations et dans nos plaisirs. Personne plus que moi n'est jaloux de son droit ; mais je maintiens qu'il y a ici un cas particulier,

qui ne peut être confondu avec aucun autre, et dans
lequel le gouvernement, par sa nature et par son
but, est tenu d'agir. N'oublions jamais que la grande
fin d'un gouvernement, sa fonction la plus élevée
n'est pas de faire des routes, d'accorder des concessions, de pousser aux améliorations matérielles, mais
de prévenir ou de réprimer les crimes contre les droits
individuels et contre l'ordre social. C'est pour cela
qu'il établit un code pénal, élève des prisons et in-
flige de redoutables châtiments. Or, s'il est vrai qu'une
grande partie des crimes qu'il a mission de prévenir
et de réprimer prend naissance dans l'usage des boissons spiritueuses ; si nos dépôts de mendicité, nos
maisons de force, nos prisons et nos pénitenciers sont
surtout habités par ceux qui ont trouvé dans la boutique du distillateur ou du liquoriste la première et
la principale excitation au crime ; si le meurtre et le
vol, si les plus terribles attentats à la propriété et à
la vie, sont très-souvent la suite, la consommation
de l'intempérance, le gouvernement n'est-il pas tenu
de réprimer par ses lois la vente de cet affreux stimulant du crime? Le gouvernement ne doit-il jamais
agir comme un père, jamais éloigner les causes ou les
occasions des méfaits? N'a-t-il qu'un instrument pour
réprimer le crime, c'est-à-dire le châtiment public,
infamant, ce mal qui ne le cède qu'au crime même?
Le gouvernement est-il usurpateur, sort-il de sa
sphère en restreignant la vente d'une marchandise
qui ne fait aucun bien, qui ne peut se targuer d'au
cune action bienfaisante sur le corps et sur l'esprit,
qui rend le citoyen impropre à l'accomplissement de
ses devoirs envers le pays, et qui par-dessus tout excite

les hommes à la perpétration de la plupart des crimes
contre lesquels la plus noble et la plus solennelle
mission de l'État est de protéger la société.

Salutaire influence des bons livres.

J'arrive maintenant à un autre point important de
l'éducation personnelle, c'est le commerce avec des
esprits supérieurs. J'ai insisté sur notre propre activité
comme étant essentielle à notre progrès ; mais nous
n'avons pas été faits pour vivre seuls. La société nous
est aussi nécessaire que l'air et la nourriture. Un enfant condamné à une solitude absolue, grandissant
sans voir ou sans entendre des êtres humains, n'éga-
lerait pas certains animaux en intelligence ; l'homme
qui n'aura jamais été mis en contact avec des esprits
supérieurs au sien parcourra probablement le même
cercle monotone de pensée et d'action jusqu'à la fin
de sa vie.

C'est surtout par les livres que nous jouissons du
commerce des esprits supérieurs, et cet inappréciable
moyen de communication est à la portée de tout le
monde. Dans les plus beaux livres, les grands hommes
nous parlent, nous donnent leurs plus précieuses
pensées, et versent leur âme dans la nôtre. Remercions Dieu des livres. Ils sont la voix de ceux qui
sont loin et de ceux qui sont morts ; ils nous font les
héritiers de la vie intellectuelle des siècles écoulés.
Les livres sont les vrais niveleurs ; à tous ceux qui
veulent en user sincèrement, ils procurent la société,
la présence spirituelle des meilleurs et des plus grands
hommes. Qu'importe ma pauvreté ? Qu'importe que
les heureux du siècle dédaignent d'entrer dans mon

obscure demeure? Si la Sainte Écriture entre et sé-
journe sous mon toit, si Milton passe mon seuil pour
me chanter le paradis, Shakspeare pour m'ouvrir les
mondes de l'imagination et les secrets du cœur humain, Franklin pour m'enrichir de sa sagesse pratique,
je ne manquerai pas d'amis intellectuels, et je puis
devenir un homme bien élevé, quoique je ne sois pas
reçu par ce qu'on appelle la bonne société dans l'endroit que j'habite.

Pour rendre ce moyen de culture efficace, on doit
faire choix de bons livres, de ceux qui ont été écrits
par des esprits droits et fermes, par de véritables
penseurs qui, au lieu de délayer dans des répétitions
les idées d'autrui, ont quelque chose à dire eux-
mêmes et écrivent pour des gens sérieux. Ces ouvrages,
il ne faut pas les effleurer par amusement, mais les
lire avec une attention soutenue et l'amour respectueux de la vérité. Dans le choix de nos lectures, nous
pouvons nous faire aider par ceux qui ont plus étudié que nous. Mais après tout, il vaut mieux, dans
ce cas, nous déterminer par notre propre goût. Les
meilleurs livres pour nous ne sont pas toujours ceux
que le sage recommande, ce sont plutôt ceux qui
répondent à nos besoins particuliers, à la soif naturelle
de notre esprit, et qui, par conséquent, éveillent
notre intérêt et fixent notre pensée.

L'éducation doit varier avec l'individu.

Et il est bon de faire observer que, non-seulement
à l'endroit des livres, mais sous d'autres rapports,
l'éducation doit varier avec l'individu. Tous les moyens
ne conviennent pas également à tous. Un homme

doit se développer librement et ménager les dons
particuliers ou les penchants par lesquels la nature
l'a distingué des autres hommes. L'éducation n'exige
pas le sacrifice de l'individualité. Ce n'est pas une
machine qui torture chaque homme pour le seul plaisir de le jeter dans un moule immuable appelé perfection. Comme le visage humain, toujours composé
des mêmes traits, offre cependant une variété infinie,
et n'est jamais le même chez deux individus, ainsi
l'âme humaine, avec les mêmes facultés, et sous l'empire des mêmes lois, se développe sous une variété infinie de formes, et serait gênée d'une manière déplorable par une éducation qui forcerait tous les hommes
à apprendre la même leçon et à s'incliner devant les
mêmes règles.

Je sais combien il est difficile pour quelques personnes, surtout pour celles qui sont absorbées par des
travaux manuels, de fixer leur attention sur un livre.
Qu'elles s'efforcent de surmonter les obstacles en
choisissant des sujets qui les intéressent vivement,
ou en lisant de compagnie avec ceux qu'elles aiment.
Rien ne peut remplacer les livres. Ce sont des amis
qui nous encouragent et nous consolent dans la solitude, la maladie, l'affliction. La richesse des deux
continents ne remplacerait pas le bien qu'ils procurent. Que chacun, s'il est possible, rassemble sous
son toit quelques bons ouvrages, et obtienne pour
lui-même et pour sa famille l'entrée de quelque bibliothèque commune. Il n'est pas de luxe qu'on ne
doive sacrifier pour cela.

L'un des traits les plus intéressants de notre époque, c'est la multiplication des livres et leur propa-

gation parmi toutes les classes de la société. On
peut maintenant acquérir à peu de frais les plus précieux trésors de la littérature. Les livres qu'autrefois
leur prix élevé réservait au petit nombre, sont aujourd'hui accessibles à tout le monde ; et, de ce côté,
s'opère dans la société un changement d'habitude bien
favorable à l'éducation du peuple. Pour ses connaissances et pour le sujet de ses réflexions, il ne dépend
plus des rumeurs que le hasard apporte jusqu'à lui
ou des vaines conversations du jour. Au lieu de former
leurs jugements dans la foule, et de céder surtout à
la voix de leurs voisins, les hommes commencent à
étudier et à réfléchir seuls, à suivre un sujet de façon
continue, à choisir par eux-mêmes ce qui doit occuper leur esprit, et à appeler à leur aide le savoir, les
vues originales et les raisonnements des écrivains de
tous les pays et de tous les siècles ; il en résultera une
maturité, une indépendance de jugement et une profondeur, une étendue de connaissances inconnues autrefois. La propagation, dans la société entière, de ces
maîtres silencieux qu'on nomme les livres produira
de plus grands effets que l'artillerie, la mécanique et
la législation. Leur action pacifique remplacera les
orages révolutionnaires. L'éducation ainsi répandue,
en même temps qu'elle sera un bien inexprimable
pour l'individu, donnera la paix et la stabilité aux nations.

L'indépendance de la pensée est la liberté du jugement.

Un autre moyen important d'éducation, c'est de
nous affranchir de la puissance de l'exemple et de
l'opinion toutes les fois que le jugement et la réflexion

ne les sanctionnent pas. Nous sommes tous portés à
nous tenir au niveau des gens avec qui nous vivons, à répéter leurs paroles, à mettre notre esprit
aussi bien que notre corps à la mode ; de là le manque
d'énergie dans notre caractère et notre vie. Le plus
grand danger pour nous n'est pas dans l'exemple de
ceux qui sont grossièrement méchants, mais dans
celui de la foule mondaine, irréfléchie, qu'emporte
une impulsion étrangère, et qui nous entraîne avec
elle. L'influence même d'un esprit supérieur peut
nous être nuisible, en nous pliant à une déférence
servile et en refroidissant notre activité. La grande
utilité du commerce intellectuel, c'est d'exciter notre
esprit, de stimuler notre goût pour la vérité, de faire
sortir nos pensées de leur ancienne ornière. Nous
avons besoin de nous lier avec les grands penseurs
pour devenir penseurs nous-mêmes. Un des princi-
cipaux secrets de l'éducation personnelle, c'est d'unir
la docilité de l'enfant qui reçoit avec reconnaissance
la lumière de quiconque peut la lui donner, et une
résistance virile aux opinions courantes, comme aux influences les plus respectées, toutes les fois qu'elles ne
satisfont pas la réflexion et le jugement. Certes, l'intelligence d'autrui doit vous servir à fortifier patiem-
ment, consciencieusement la vôtre ; mais il ne faut pas
vous prosterner devant elle. Et surtout s'il y a en vous
quelque idée de la parole divine ou du monde, quelque aspiration, quelque sentiment qui vous semble
d'un ordre plus élevé que ce que vous rencontrez ordinairement, donnez-y une attention pleine de respect,
examinez-les sérieusement, solennellement. Ne vous y
livrez pas en aveugles, car ce n'est peut-être qu'une

illusion ; mais peut-être aussi c'est Dieu qui agit dans
votre cœur, c'est une révélation, non pas surnatu-
relle, mais infiniment précieuse, qui vous montre la
vérité ou le devoir. Si, après examen, vous en jugez
ainsi, qu'aucune clameur, aucun mépris, aucun abandon ne vous détourne ; soyez fidèles à vos plus nobles
convictions. Cet avertissement de l'âme qui nous dit
qu'il y a quelque chose de plus parfait que ce que les
autres enseignent, nous donnera, si nous le suivons
fidèlement, la conscience d'une force et d'un progrès
spirituels que n'a jamais connus la foule qui, en haut
et en bas de la société, marche comme on l'a dressée,
au pas du jour.

Je ne l'ignore pas, on s'étonnera que je puisse
croire la masse du peuple susceptible de ces avertissements intimes, de ces lueurs de vérité. On y voit
d'ordinaire le privilége de ces génies qui semblent
nés pour donner des lois aux âmes du vulgaire. La
nature a sans doute sa noblesse, et elle destine quelques hommes à être par excellence « les lumières
du monde. » Mais il est vrai aussi qu'une part du
même feu divin est donnée à tous ; car la multitude
ne pourrait pas recevoir avec amour et respect l'influence vivifiante du petit nombre, s'il n'y avait pas
en tous une même vie spirituelle. La multitude n'est
pas une masse passive faite pour recevoir sans résistance les impressions du dehors. Elle n'est pas entièrement façonnée par l'instruction extérieure ; elle a
une force innée, une source de pensées intérieures.
L'esprit même de l'enfant va plus loin que la leçon
qu'on lui donne, et déborde en questions qui embar-
rassent le plus savant. L'enfant soulève quelquefois

les grands problèmes, dont la solution a coûté des
siècles de travail à la philosophie.

Je ne puis m'étendre davantage sur ce sujet. Je
dirai seulement que l'originalité de la pensée paraît
surtout chez ceux qui ont soif de progrès, qui sont
portés à développer toute leur nature. Un homme en
qui s'éveille la conscience d'avoir été créé pour le
progrès et la perfection, voit et lui-même et le monde
avec de nouveaux yeux. Cette grande vérité tire l'âme
de ses profondeurs, rompt d'anciennes associations
d'idées, et en établit de nouvelles, comme un puissant agent chimique, mis en contact avec des substances naturelles, détruit les anciennes affinités qui
en avaient réuni les particules, et les dispose dans
un ordre nouveau. Cette vérité nous aide à pénétrer
les mystères de la vie humaine. En nous révélant
la fin de notre être, elle nous sert à comprendre de
plus en plus le système admirable, infini, auquel
nous appartenons. L'homme qui, dans une condition
ordinaire, a foi dans la perfection, dans le développement de l'esprit humain, comme étant le grand
dessein de Dieu, possède mieux le secret de l'univers,
saisit mieux les harmonies ou l'accord du monde de
la conscience et du monde extérieur, est un plus savant interprète de la Providence, et voit de plus nobles leçons de devoir dans les événements qui passent
devant lui, que le plus profond philosophe à qui
manque cette vérité fondamentale. Les clartés, les inspirations intérieures ne sont donc pas seulement le
partage d'un petit nombre de favoris, elles visitent
tous ceux qui se dévouent sans arrière-pensée à leur
propre éducation.

En perfectionnant son œuvre l'ouvrier se perfectionne lui-même.

Un autre moyen est celui que chacun peut trouver dans sa condition ou ses occupations, quelle qu'en soit la nature. Si j'en avais le temps, je pourrais passer en revue toutes les conditions de la vie, depuis la plus élevée jusqu'à la plus obscure, je vous montrerais comment chacune d'elles peut toujours servir au progrès. Mais je prendrai un exemple, c'est celui de l'homme qui vit du travail de ses mains. Ce travail peut devenir un moyen de culture. Par exemple, dans presque tout travail, on échange sa force pour un équivalent sous forme de salaire, d'argent ou de quelque denrée. En d'autres termes, le travail suppose un contrat ; c'est un marché qui impose des obligations réciproques. Eh bien! l'homme qui, en travaillant, quelle que soit son œuvre, s'efforce toujours de remplir parfaitement sés obligations, d'accomplir avec fidélité toute sa tâche, d'être honnête, non pas parce que l'honnêteté est la meilleure politique, mais par amour de la justice et pour rendre à chacun ce qui lui est dû, un tel travailleur glorifie en lui-même un des plus grands principes de la morale et de la religion. Chacun de ses coups de bêche ou de marteau contribue à la perfection de sa nature.

Le travail est une école de dévouement et de justice.

Et ce n'est pas tout ; le travail est une école de dévouement aussi bien que de justice. L'homme, pour se soutenir, doit servir les autres ; il faut qu'il fasse ou produise quelque chose pour leur bien-être ou leur satisfaction. C'est une des belles lois de la Providence

que, pour vivre, il faut que l'homme soit utile à autrui.
Eh bien ! cette utilité doit être une des fins de son
travail, tout autant que le désir de gagner sa vie. L'ouvrier doit songer à l'intérêt de ceux pour lesquels il
travaille aussi bien qu'au sien propre ; et en agissant
ainsi, en désirant, au milieu de ses sueurs et de sa
peine, servir les autres aussi bien que lui-même, il
s'exerce au dévouement, il grandit en vertu autant
que s'il distribuait l'aumône à pleines mains. Un tel
motif sanctifie, ennoblit les occupations les moins re-
levées. C'est chose étrange, que les travailleurs ne
songent pas davantage à l'immense utilité de leurs
peines, et ne cherchent pas dans cette réflexion un
plaisir de bonne nature. Cette belle cité, avec ses
maisons, ses ameublements, ses marchés, ses promenades et ses nombreux établissements, a été élevée par
les mains d'artisans et d'ouvriers ; ne devraient-ils pas
trouver une joie désintéressée dans la vue de leur œuvre ? Le maçon ou le charpentier qui passe devant une
maison qu'il a construite ne devrait-il pas se dire :
« Cet ouvrage de mes mains procure chaque jour,
chaque heure, à toute une famille, du bien-être et des
jouissances, et ce sera encore un doux abri, un lieu de
réunion domestique, un séjour d'affection, plus d'un
siècle après que je dormirai dans la poussière. » Une
satisfaction généreuse ne devrait-elle pas naître de
cette pensée ? C'est en mêlant ainsi des idées de bonté
à un travail vulgaire, que nous leur donnons de la
force et que nous en faisons une habitude de l'âme,

Le travail donne une noble impulsion à l'esprit.

De plus, le travail peut être exécuté de telle sorte

qu'il donne une noble impulsion à l'esprit. Quelle
que soit la profession d'un homme, sa règle doit être
de remplir ses devoirs parfaitement, de faire de son
mieux, et d'avancer ainsi continuellement dans son
état. En d'autres termes, on doit se proposer la perfection, non pas seulement pour l'utilité qu'en retire
la société, mais aussi pour le plaisir sincère qu'un
homme éprouve en voyant un ouvrage bien fait. C'est
là un moyen important de culture. De cette manière,
l'idée de perfection prend racine dans l'esprit et s'é-
tend bien au delà du métier. L'ouvrier prend le goût
d'achever tout ce qu'il entreprend. Tout ce qui est
imparfait, négligé, lui déplaît en toute circonstance ;
son idéal grandit, et tout est mieux fait dans sa vie,
parce qu'il est devenu plus difficile dans son état.

Du profit que peut donner l'adversité.

Dans toutes les conditions, il y a une chose qui
pourrait et devrait tourner au profit de l'éducation personnelle. Chaque condition a ses fatigues, ses chances,
ses peines. Nous essayons d'y échapper. Nous désirons avec ardeur un abri, un sentier uni, des amis
qui nous encouragent, des succès sans revers. Mais
la Providence a permis les orages, les désastres,
les inimitiés, les souffrances ; et la grande question
de savoir si nous atteindrons le but, si nous gran-
dirons en force de cœur et d'esprit, ou si nous serons
faibles et misérables, ne dépend de rien tant que de
l'usage que nous ferons de l'adversité. Les maux extérieurs sont faits pour maîtriser nos passions, et forcer nos facultés et nos vertus à une action plus intense.
Ils semblent même parfois créer des énergies nou-

velles. La difficulté est l'élément ; la résistance est
l'œuvre véritable de l'homme. L'éducation ne va jamais si vite que lorsque des affaires embarrassées,
l'opposition des hommes ou des éléments, des changements inattendus, ou d'autres sujets de souffrances,
nous ramènent à nos ressources intérieures, nous font
demander notre force à Dieu, au lieu de nous décourager, nous dévoilent le but suprême de la vie, et
nous inspirent une calme résolution. Nulle grandeur,
nulle vertu n'a de prix tant qu'on ne l'a pas essayée
à ce creuset. Ce n'est pas à dire qu'il faille provoquer
les épreuves. Elles viennent assez vite d'elles-mêmes,
et nous avons plus à craindre d'y succomber que d'en
avoir besoin. Mais quand Dieu les envoie, ce sont de
nobles moyens d'éducation, et, comme tels, accep-
tons-les et supportons-les courageusement. C'est ainsi
que tout, dans notre condition, peut servir à notre
amélioration.

La forme républicaine est un puissant moyen d'éducation.

Je n'ai plus que le temps de considérer un dernier
moyen d'éducation personnelle. Nous le trouvons dans
notre gouvernement libre, dans nos relations, et nos
devoirs politiques. C'est un des grands bienfaits des
institutions libres qu'elles contribuent à exciter et à
maintenir en action l'esprit d'une nation. On dit que
l'éducation du peuple est nécessaire au maintien d'une
république, mais il est également vrai qu'une république est un puissant moyen d'éducation. C'est l'Université du peuple. Dans un État libre, une responsabilité considérable pèse sur chaque citoyen ; il y a
de grands sujets à discuter, de grands intérêts à dé-

battre. Le citoyen est appelé à adopter des mesures qui affectent le bien-être de millions d'hommes et les destinées de la postérité. Il doit considérer non-seulement les rapports intérieurs du pays qui l'a vu naître, mais aussi les rapports avec les États étrangers; il lui faut juger d'une politique. qui touche le monde civilisé. Il est appelé, par sa participation à la souveraineté nationale, à entretenir l'esprit public et l'amour du bien général. Celui qui essaye de remplir fidèlement ces obligations, se donne une excellente éducation. Les grandes questions qui autour de lui partagent l'opinion provoquent de sérieuses discussions, fortifient nécessairement son intelligence et l'accoutument à regarder plus loin que son propre intérêt. Il acquiert une vigueur, une force, une largeur d'esprit inconnus sous un gouvernement despotique.

Dangers de l'esprit de parti.

On dira peut-être que je décris ce que les institutions libres devraient faire pour le caractère de l'individu, mais non leur effet actuel; l'objection, j'en conviens, n'est que trop vraie. Nos institutions ne nous améliorent pas comme elles le pourraient et le devraient faire; la principale cause de ce mécompte est évidente; il faut s'en prendre à l'esprit de parti. Cette influence est si fatale, que je me sens obligé de prévenir tout homme qui désire sa propre amélioration de se tenir en garde contre elle. Je ne vous dirai pas que l'esprit de parti perdra le pays; il vous fait une guerre plus terrible. La vérité, la justice, la franchise, la loyauté, un jugement sain, l'empire sur vous-même, les douces affections, c'est là ce qu'il attaque sans cesse et ce qu'il se plaît à détruire.

Je ne dis pas qu'en politique vous deviez rester neutres. Les partis qui règnent autour de vous diffèrent de caractère et de principes (bien moins toutefois que ne l'affirment les passions) ; et, autant que la conscience le permet, on doit soutenir le parti qu'on croit le meilleur. En un point, cependant, tous les partis se ressemblent. Tous ils attisent l'esprit funeste que je condamne. Chez tous règne la fureur de l'esprit de parti. Associez des hommes pour une cause commune, bonne ou mauvaise, placez devant eux un corps fortement engagé dans l'intérêt opposé, aussitôt une nouvelle passion tout à fait distincte du premier sentiment qui les a réunis, un zèle ardent, fougueux, consistant surtout dans l'aversion de ceux qui sont d'une opinion contraire, se développera chez eux avec une effroyable énergie. Il n'est point de passion plus violente ni plus implacable. C'est chose assez difficile pour un individu qui soutient tout seul un intérêt ou une opinion, que de réprimer en lui l'orgueil, l'entêtement, l'amour de la victoire, la colère ou d'autres sentiments personnels. Mais qu'il se joigne à une multitude pour la même affaire, et alors, sans plus se contenir, il laisse entrer dans son cœur toute la violence, tout l'entêtement, toute la haine de ses alliés. Le triomphe de son parti lui devient mille fois plus cher que le principe, vrai ou faux, qui a été la première cause de division. Ce n'est plus pour une idée que l'on combat, mais pour le pouvoir, pour la victoire ; ces luttes criminelles, désespérées, encombrent l'histoire et la flétrissent. Peu importe au fond ce qui divise les hommes, que ce soit un pied de terre, ou la préséance dans un

cortége, une fois le combat engagé, l'entêtement, le
mauvais vouloir, le désir frénétique de la victoire, la
crainte de l'humiliation et de la défaite feront d'une
niaiserie une question de vie ou de mort. L'empire
d'Orient fut ébranlé jusque dans ses fondements par
des partis qui n'avaient d'autre sujet de division que
le mérite des cochers de l'amphithéâtre.

L'esprit de parti est opposé à l'indépendance morale.

L'esprit de parti est tout à fait contraire à l'indépendance morale. A mesure qu'un homme s'en laisse
pénétrer, il ne voit, il n'entend, il ne juge qu'avec les
sentiments et les idées de sa coterie. Il renonce à la
liberté humaine, au droit d'user de sa propre pensée et
de l'exprimer, il n'est plus que l'écho des applaudis-
sements ou des imprécations dont les chefs ou les partisans passionnés trouvent bon de faire retentir le
pays.

Il faut toujours se défier des partis, mais surtout en
ce qui touche la réputation de nos adversaires. Si vous
croyez ce qu'on vous dit d'eux, ce sont toujours des
hommes sans principes, sans franchise, dévorés par l'é-
goïsme et brûlant de s'élever, même sur les ruines de
leur pays. Lorsque j'étais jeune, j'étais habitué à entendre prononcer avec horreur, presque avec exécra-
tion, les noms d'hommes qui sont maintenant salués
par leurs anciens ennemis comme les champions de
grands principes, et comme dignes des plus hautes
charges publiques. Cette leçon que j'ai reçue dans
ma jeunesse et que les années ont fortifiée, je ne
l'oublierai jamais.

Des calomnies contre les riches,

Je ne veux rien dire de nos divisions politiques.
Mais parmi les questions du jour, il y a certaines
accusations, certaines récriminations, fondées sur la
différence des conditions sociales, qui me paraissent
si contraires au progrès des individus et de la société,
que je demande la permission de m'y arrêter un
moment. D'un côté, on nous dit que les riches
sont toujours prêts à fouler aux pieds les pauvres,
et, d'un autre, on répète que les pauvres regardent la
propriété des riches d'un mauvais œil et avec des
intentions hostiles. Ces clameurs me semblent également injustes et également faites pour démorali-
ser. Quant aux riches qui ne sont qu'une poignée
parmi notre population, qui n'ont pas un seul privilége, et qui de plus ne possèdent comparativement
qu'une faible part de la fortune du pays, il est éton-
nant qu'on en fasse un sujet d'alarme. La fortune immense, toujours croissante de ce pays, où est-elle?
Enfermée dans quelques mains? Entassée dans quelques coffres-forts? Non, elle est partout comme l'atmosphère, et presque aussi variable, changeant de
mains, suivant le temps, passant du riche au pauvre,
non par violence, mais à force de travail et d'habileté.
Le bien des riches, c'est une goutte d'eau dans l'Océan;
et c'est un fait bien connu, que, dans notre pays, les
hommes remarquables par leur opulence ont très-peu
d'influence politique. Que les riches fassent entièrement leur devoir; qu'ils favorisent comme ils le devraient le grand objet de la société, c'est-à-dire l'élévation du peuple, l'amélioration de son intelligence,

de son caractère et de sa condition, on ne peut le prétendre ; mais qu'ils soient sensibles aux souffrances physiques de leurs frères, qu'ils ouvrent une main libérale pour secourir les pauvres et pour soutenir des établissements utiles, on ne peut non plus le nier. Parmi eux il y a d'admirables modèles d'humanité. Il n'y a donc aucune raison de les tenir en suspicion comme ennemis du peuple.

Des calomnies contre les pauvres.

Je ne considère pas comme moins calomnieux ces cris poussés contre les classes ouvrières, comme si elles visaient au renversement de la propriété. Lorsque nous songeons à la condition générale et au caractère de cette partie de notre population, lorsque nous nous rappelons que ces hommes sont nés et ont vécu dans nos écoles et nos églises, qu'on leur a fait apprendre une industrie profitable, qu'ils jouissent de plusieurs des agréments de la vie, que la plupart possèdent quelque propriété et espèrent en acquérir davantage, qu'ils ont pour améliorer leur sort plus de ressources qu'on n'en a jamais eu, qu'ils sont attachés à des intérieurs agréables par toute la force des affections domestiques, qu'ils peuvent, grâce à la facilité de l'éducation, mettre à la portée de leurs enfants les premières places de la société, qu'ils sont élevés au milieu d'une civilisation avancée et familiarisés avec ses avantages ; lorsque nous nous rappelons tout cela, pouvons-nous imaginer qu'ils soient assez insensés, assez aveugles sur leurs intérêts, assez sourds à la voix de la justice et de la religion, d'une insouciance assez coupable en ce qui touche la paix et la

sûreté de leurs familles pour être prêts à faire nau-
frager l'ordre social, dans l'idée de se partager la dépouille des riches, dépouille qui ne ferait pas vivre un
mois la communauté? Sans doute il n'y a de sécurité
absolue en aucun temps, et il en sera ainsi tant que
les nations n'auront pas été régénérées par une éducation plus élevée qui atteigne et vivifie toutes les classes,
mais il n'y a pas, je crois, un endroit sur la terre où
la propriété soit plus en sûreté qu'ici, parce que nulle
part elle n'est distribuée avec plus d'égalité et de
justice. Dans les États aristocratiques, où la richesse
est par masses énormes, parce qu'une législation partiale l'a substituée pendant une longue suite d'années
sur un petit nombre de têtes privilégiées, quand le
peuple, après avoir dormi pendant des siècles, s'éveille
à l'intelligence, au respect de lui-même, et à la connaissance de ses droits, la propriété se trouve exposée
à des attaques que nous n'avons pas à redouter chez
nous. Il est vrai qu'ici comme ailleurs, parmi les membres les moins heureux de la société, il y a des hommes
désappointés, désespérés, mûrs pour l'émeute et la
guerre civile; mais il est vrai aussi que ce qui distingue
ce pays de la façon la plus frappante et la plus honorable, c'est l'intelligence, le caractère et la condition
de la grande classe des travailleurs.

Des spéculations honteuses.

Pour moi, il me semble que s'il y a quelque danger
pour la propriété, ce danger ne vient pas de l'ouvrier,
mais de ceux qui sont trop pressés de faire fortune.
Par exemple, dans cet État, aucun acte dénoncé par
les alarmistes ou les conservateurs comme subversif

du droit de propriété ne me paraît aussi grave qu'une
loi récente qui autorise une compagnie à construire
un pont sans péage dans le voisinage immédiat d'un
autre pont autorisé par une précédente législature, et
construit sur la foi d'un privilége. Et de qui est venue
cette attaque contre la propriété? Des niveleurs?.Des
ouvriers nécessiteux? Des hommes disposés à écraser
les riches? Non ; mais de spéculateurs qui désirent
des bénéfices plus considérables. Allons plus loin ;
quelle circonstance était plus propre chez nous à détruire la confiance et à exciter le peuple contre les
capitalistes que la récente, mauvaise et criminelle
administration de quelques-unes de nos banques? Et
d'où cela venait-il? Du riche ou du pauvre? Du cultivateur ou de l'homme d'affaires?.Permettez-moi de
le demander, qui est-ce qui, dans la société, exécute
le plus en grand l'œuvre de spoliation ? Est-ce que la
propriété n'est pas arrachée des mains de ceux qui
la possèdent par d'infâmes et audacieuses banque-
routes, plus souvent que par les brigands et les vo-
leurs de profession ? Quelques spéculateurs sans
principes n'ont-ils pas quelquefois causé des souffrances, des maux plus étendus que tous les condamnés
d'une prison publique? La propriété a donc plus à
redouter de ceux qui courent après la richesse que de
ceux qui vivent à la sueur de leur front.

Je ne crois pas, cependant, qu'elle ait rien de sérieux à craindre ni des uns ni des autres. Tous les
progrès que font l'industrie, les arts utiles, le commerce, la science, la jurisprudence, l'union fraternelle
et le christianisme pratique, sont autant de murailles
élevées autour d'une fortune honnêtement acquise,

4

autant de barrières contre la violence et la rapacité révolutionnaires. Ne nous tourmentons donc pas par de vaines alarmes, et, de plus, ne nous enflammons pas les uns contre les autres par des calomnies mutuelles. Que là où tous ont un intérêt commun, on ne se partage pas en deux camps. C'est une façon de pousser les hommes au crime que de leur prêter des desseins criminels. Nous ne garantissons pas notre propriété contre les pauvres en les accusant de former le plan d'un brigandage universel ; et ce n'est pas le moyen de bien disposer le riche en faveur de la société, que de le dénoncer et de le flétrir comme ennemi du peuple. De tous les partis, ceux qui tiennent à la différence des conditions sont les plus funestes ; et il n'est aucun pays où ils aient moins de raison d'être que dans le nôtre.

Devoirs publics des citoyens riches.

Parmi les hommes les plus excellents, surtout parmi les plus religieux, il en est qui, par dégoût de la violence et des ruses des partis, ont renoncé à toute action politique. Je crois qu'ils ont tort. Dieu les a placés comme citoyens dans une situation qui leur impose des devoirs, et il ne leur est pas plus permis de se soustraire à ces devoirs qu'à ceux de fils, d'époux, ou de père. Ils ont une dette à remplir envers leur pays, et ils doivent l'acquitter en soutenant les plus honnêtes gens et les meilleures mesures. Et qu'ils ne disent pas qu'ils ne peuvent rien. Tout homme de bien, s'il est fidèle à ses convictions, est utile à son pays. Tous les partis sont retenus par les gens de bien qu'ils renferment. Les meneurs sont toujours forcés de chercher ce que leur parti peut supporter, et de modifier leurs mesures de manière à ne pas choquer les hommes à principes qui se trouvent dans leurs rangs. Un honnête homme qui ne se fait pas l'esclave de son parti, mais qui le juge avec impartialité, le censure librement, en accuse les fautes et refuse d'appuyer le mal, celui-là fait du bien à ceux qui l'entourent et cultive noblement son esprit.

Je conseille respectueusement à ceux à qui je m'adresse de prendre part à la politique de leur pays; elle est le véritable enseignement d'un peuple et contribue beaucoup à son éducation. Je vous le conseille, tâchez d'acquérir une idée claire des questions qui agitent le pays, faites-en votre étude, au lieu de perdre votre loisir en des conversations vagues et passionnées. Le temps que perd le peuple à s'occuper des bruits du jour pourrait, s'il était mieux employé, lui rendre familiers la constitution, les lois, l'histoire et les intérêts du pays, et l'affermir ainsi dans ces grands principes qui servent à décider les mesures particulières. A mesure que le peuple s'améliorera, il cessera d'être l'instrument des intrigants politiques. Ceux qui recherchent ses votes ne s'adresseront plus à ses passions et à ses jalousies, mais à son intelligence. Ce ne sera plus une influence nominale, mais une influence réelle qu'il exercera sur le gouvernement et les destinées du pays, et en même temps il grandira en science et en vertu.

Influence des journaux sur l'éducation publique.

Je ne dois pas quitter le sujet de la politique considérée comme moyen d'éducation, sans parler des

journaux, qui forment la principale lecture du peuple.
C'est la littérature des masses. Malheureusement on
ne comprend pas assez l'importance de la publicité :
on songe peu à son action sur l'éducation intellectuelle
et morale le la nation. Un journal devrait être rédigé
par l'un de nos écrivains les plus habiles, et le revenu
devrait être suffisant pour assurer la collaboration des
gens les plus capables. Mais il nous faut prendre les
feuilles publiques telles qu'elles sont, et celui qui
désire cultiver son intelligence peut encore en tirer
parti, s'il choisit les meilleures de celles qui sont à
sa portée. Il doit bannir de sa demeure, comme il en
bannirait la peste, les journaux qui font le métier
d'empoisonneurs publics ou de bouffons. Ce qui doit
décider son choix ce n'est pas seulement le talent du
rédacteur, mais l'esprit, l'intégrité, l'honnêteté, l'attachement constant du journal aux grands principes.

Surtout, s'il veut connaître la vérité, qu'il entende
les deux partis. Qu'il lise aussi bien la défense que
l'attaque ; qu'il ne prête pas l'oreille à une seule opinion ! Nous nous condamnons nous-mêmes lorsque
nous écoutons les accusations portées contre un individu sans vouloir entendre sa défense ; est-il donc
juste de lire des invectives continuelles, impitoyables,
contre de nombreuses classes de citoyens, et de leur
refuser l'occasion de se justifier ?

Il a paru dans notre pays une nouvelle espèce de
journaux quotidiens appelés journaux à un sou, et
destinés à ceux qui ne peuvent se procurer des publications plus coûteuses. L'intérêt que je porte aux ouvriers
m'engagea dernièrement à lire un de ces journaux ;
je fus content de trouver que les sujets utiles n'y

faisaient pas défaut. Cependant deux choses m'affli-
gèrent. Les colonnes consacrées aux insertions étaient
remplies d'annonces de remèdes secrets, et, en
considérant que la santé est toute la fortune de l'ouvrier, je déplorais qu'on fit tant d'efforts pour l'amener à user de remèdes qui sont plus propres, je le
crains, à miner qu'à rétablir sa constitution. Je fus
également mécontent d'y trouver des comptes rendus
de procès correctionnels. Ces comptes rendus étaient
écrits dans un style approprié aux esprits les moins
cultivés, et faits pour tourner en plaisanterie les événements les plus pénibles et les plus humiliants de la
vie. Si les journaux des riches se faisaient un sujet
d'amusement des vices et des misères du pauvre, il
n'y aurait qu'un cri contre eux, et on aurait raison.
Mais n'est-ce pas quelque chose de pire, que de voir
les plus pauvres chercher des sujets de rires et d'amusement dans la dégradation, les crimes, les malheurs,
le châtiment de leurs frères, de ceux qui, comme eux,
sont condamnés à porter le plus lourd fardeau de la
vie, et qui ont succombé aux tentations de la misère?
Mieux vaudrait entrer dans un hôpital, et là, rire des
plaies et des contorsions des malades, ou du délire
furieux des aliénés, que de nous amuser d'excès brutaux et de passions infernales, qui n'exposent pas
seulement le criminel à la pénalité écrasante des lois
humaines, mais qui encourent le déplaisir du ciel, et
qui, si le repentir ne les suit pas, entraîneront de
terribles punitions dans la vie à venir.

Le christianisme est le grand moyen d'amélioration personnelle.

Il nous reste un sujet important. Ce grand moyen d'amélioration personnelle : le christianisne, n'a pas encore été traité, et sa grandeur me défend de l'aborder maintenant. Je dirai seulement que si vous étudiez le christianisme dans ses monuments primitifs et non dans les symboles humains ; si vous considérez avec quelle évidence il nous révèle Dieu, quelle vie nous donne la grâce et l'énergie spirituelle qu'il nous promet ; comme il s'accorde avec la raison, la conscience et les meilleures affections de l'homme ; comme il se prête à nos besoins, à nos chagrins, à nos inquiétudes et à nos craintes ; si vous considérez la force de ses preuves, la pureté de ses préceptes, la grandeur divine du caractère de son auteur, et l'immortalité qu'il ouvre devant nous, vous sentirez qu'il vous faut l'accueillir avec joie, avec reconnaissance, comme un secours, comme un encouragement dans l'œuvre de votre éducation personnelle, que vous chercheriez vainement ailleurs.

Nécessité de l'éducation de l'enfance.

J'ai indiqué quelques-uns des moyens d'éducation personnelle. J'espère que les réflexions que j'ai faites en suggéreront d'autres à ceux qui m'ont honoré de leur attention, et que l'intérêt qu'elles exciteront durera plus longtemps que l'heure présente. Je dois cependant à la vérité, de faire une dernière remarque. Je ne veux pas faire naître des espérances déraisonnables. Je dois donc dire que les moyens que je vous ai recommandés, bien qu'ils soient de nature à récompenser largement, et à tout âge, quiconque en usera sincèrement, ne produiront cependant leur effet le plus complet et le plus heureux, que là où une éducation donnée de bonne heure aura préparé l'esprit pour l'amélioration à venir. Ceux dont l'enfance a été négligée, bien que plus tard ils fassent des progrès dans la vie, ont grand'peine à réparer la perte de leurs premières années, et je le dis, afin que tous nous tâchions d'éviter cette perte à nos enfants, en les préparant, autant que nous le pourrons, à profiter de tous les moyens d'éducation personnelle que les années apporteront avec elles. C'est pourquoi je vous prie de considérer d'un œil favorable ce que notre législature ainsi que de simples particuliers ont fait dernièrement pour nos écoles publiques. La législature à établi, il y a quelque temps, un comité d'éducation avec un secrétaire, qui doit consacrer tout son temps à l'amélioration des écoles publiques. Je ne pense pas qu'on puisse trouver dans notre pays quelqu'un de plus propre à remplir cette fonction de haute responsabilité que celui qui l'occupe maintenant [1], et si ses efforts sont couronnés de succès, il acquerra un titre à la reconnaissance des gens de bien tel qu'aucun citoyen n'en a encore mérité dans cet État. Permettez-moi aussi de vous rappeler la munificence d'un simple particulier [2] qui, par une généreuse donation, a encouragé la

[1] M. Horace Mann a en effet contribué plus que personne à l'établissement du régime actuel des écoles publiques dans le Massachussets, régime infiniment supérieur à celui des écoles prussiennes, qui sont cependant ce qu'on possède de moins imparfait dans l'ancien continent. Le nombre proportionnel des enfants qui vont à l'école est plus considérable dans le Massachussets qu'en aucun autre pays. (Éd. Lab.)

[2] M. Edmond Dwight.

législature à voter l'établissement d'une ou deux
écoles normales, afin de former de bons maîtres pour
la jeunesse ; c'est là une mesure dont les progrès de
l'éducation dépendent avant tout. Ceux qui s'intéressent activement à l'éducation publique sont les vrais
bienfaiteurs de leur pays ; leurs noms méritent d'être
transmis à cette postérité, qui devra ses plus puissantes ressources à leur prévoyante générosité.

Les établissements d'instruction doivent être dotés largement.

Il y a un autre moyen de faire avancer l'éducation
dans toute la confédération, sur lequel j'appelle votre
attention. Vous n'ignorez pas quelle est la vaste étendue
ainsi que la valeur des terres publiques de l'Union.
La vente annuelle de ces terres verse dans le trésor
public des sommes considérables qui servent aux dépenses courantes du gouvernement. Cet emploi n'est
pas nécessaire. En vérité, le pays s'est mal trouvé de
l'excès de ses revenus. Je demande maintenant pourquoi les terres publiques ne seraient pas consacrées
(en tout ou en partie, suivant le cas) à l'éducation du
peuple ? Cette mesure procurerait d'un seul coup ce
dont le pays a le plus grand besoin, c'est-à-dire des
maîtres capables, accomplis, zélés, et cela pour toute
la génération qui s'élève. La faible rémunération accordée aujourd'hui aux instituteurs est d'un sombre
présage ; elle est le seul obstacle réel que la cause
de l'éducation ait à combattre. Nous avons besoin pour
nos écoles d'hommes et de femmes de talent, dignes
par leur intelligence et leur moralité qu'on leur confie
la jeunesse ; pour les avoir il faut les payer libéralement et leur donner d'autres preuves encore de la con-

sidération que nous avons pour eux. Dans l'état présent du pays, quand tant de voies sont ouvertes à la fortune, on ne peut engager des hommes supérieurs à accepter des fonctions aussi pénibles que celles de l'enseignement, et d'une responsabilité aussi lourde, sans des encouragements plus forts que ceux qu'on leur offre maintenant, ailleurs que dans nos grandes cités. Les fonctions d'instituteur devraient être considérées et récompensées comme étant des plus honorables de la société; et je ne vois pas comment cela peut se faire, du moins de notre temps, à moins qu'on n'y emploie le domaine public. C'est la propriété du peuple, et seule elle suffit pour lui donner prochainement un système complet d'éducation publique [1].

Cet objet important pour toutes les classes de la société intéresse surtout ceux dont les moyens de progrès sont restreints par une position peu aisée. Le peuple devrait s'y consacrer comme un seul homme, y travailler avec une seule âme. Artisans, fermiers, ouvriers! unissez-vous pour que le pays retentisse de ce cri : « Les terres publiques pour l'éducation! » Envoyez dans les conseils de la nation des hommes qui plaident cette cause avec force. Ni les triomphes de parti, ni les coalitions, ni les associations ne peuvent autant contribuer à votre progrès que la mesure qu'on vous propose. Rien, si ce n'est une éducation plus élevée, ne peut vous donner plus d'influence et plus de véritable dignité. Les ressources du domaine public sagement appliquées, pendant plusieurs générations, à l'éducation de la société et de l'individu,

[1] Ce que demandait Channing a été fait en grande partie, grâce aux efforts d'Horace Mann et de ses amis. (ÉD. LAB.)

créeraient un nouveau peuple, éveilleraient dans la nation des forces morales et intellectuelles, telles que n'en présente l'histoire d'aucun pays et faites pour commander le respect et exciter l'émulation du monde civilisé. Pour ce grand objet, les ouvriers doivent s'unir avec un irrésistible enthousiasme dans tous les partis, dans tous les États. Ils doivent séparer cette question de toute querelle étroite ou locale. Ils ne doivent pas permettre qu'on la mêle aux intrigues politiques. Dans cette affaire, l'enjeu de leurs enfants, le leur propre, est immense. Puisssent-ils être fidèles à eux-mêmes, à la postérité, à leur pays, à la liberté, à la cause du genre humain !

Des objections contre l'instruction des classes laborieuses.

Je n'ignore pas que toute la pensée de ce discours rencontrera de l'opposition. Il est plus d'une personne qui me dira : « Ce que vous nous dites sonne bien, mais c'est impraticable. Les hommes qui rêvent dans leurs cabinets combinent d'admirables théories ; mais la vie pratique les dissipe, comme le vent emporte une toile d'araignée. Vous voudriez que tous les hommes fussent instruits, mais la nécessité veut que la plupart des hommes travaillent, et qui des deux, celui qui a du loisir, ou celui qui n'en a pas, a le plus de chance de l'emporter sur l'autre? Une faiblesse sentimentale peut reculer devant cette vérité ; mais il n'est pas moins vrai que la plupart des hommes ont été faits non pour l'éducation, mais pour le travail et la peine. »

J'ai énoncé l'objection en termes énergiques, afin que nous puissions la considérer en face. Pour moi,

j'en nie la valeur. La raison aussi bien que le sentiment s'élèvent contre elle. Certes, il est à croire que
l'Éternelle Sagesse et l'Éternelle Bonté, en donnant à
tout être humain la raison, la conscience et l'a fection, a entendu que ces facultés fussent développées;
il est difficile de croire que Celui qui a fait ainsi de
tous les hommes ses enfants, en ait cependant destiné la grande majorité à user leur vie dans les occupations les plus basses et dans d'infructueuses fatigues, au profit du petit nombre. Dieu ne peut pas
avoir créé des êtres intelligents pour qu'ils avortent.
Dans le corps, nous ne voyons pas d'organes faits
pour s'atrophier dans l'inaction; bien moins encore
les facultés de l'âme nous ont-elles été données
pour rester ensevelies dans une léthargie perpétuelle.

On répondra peut-être que l'intention du Créateur
doit être inférée non de la théorie, mais des faits ; or,
c'est un fait évident, que l'ordre et la prospérité de
la société, qu'on doit supposer aussi dans les intentions
de Dieu, demandent au peuple l'action de ses mains et
non le développement de son esprit. Je réponds qu'un
ordre social qui exige le sacrifice de l esprit est
très-suspect, et que véritablement il ne peut être sanc-
tionné par le Créateur. Si, visitant un pays étranger,
j'y voyais la grande majorité du peuple, mutilée, es-
tropiée, privée de la vue, et que l'on me dît que l'ordre social exige cette mutilation, je dirais : Périsse
cet ordre social! Qui donc ne regarderait pas comme
une insulte faite à son intelligence et à ses meilleurs
sentiments, d'entendre dire que telle est l'intention
de Dieu ? Et nous ne devons pas considérer avec moins

d'aversion un système social qui ne peut se soutenir qu'en mutilant et en aveuglant l'esprit du peuple.

Mais serrons la question de plus près. Le travail et l'éducation sont-ils inconciliables? Et d'abord nous avons vu que l'homme, au milieu même de son travail, peut et doit s'améliorer sensiblement, qu'il peut cultiver en son cœur le sentiment de la justice, la bienveillance et le désir de la perfection. Le travail est l'école de ces grands principes, et nous avons de fortes raisons de penser que, sous d'autres rapports, il ne doit pas nécessairement frapper l'âme de stérilité. Puis nous avons vu que les sources les plus fécondes de vérité et de sagesse ne sont pas les livres, tout précieux qu'ils soient, mais bien l'expérience et l'observation, et elles sont de toutes les conditions. Une autre considération importante, c'est qu'il n'est point de travail qui ne demande de l'activité intellectuelle, et que les meilleurs ouvriers sont ceux qui fortifient leur esprit; ainsi ces deux intérêts, le travail et l'éducation, se donnent la main. C'est l'esprit, après tout, qui fait la besogne du monde; plus il y a d'esprit et plus il y a de travail exécuté. L'homme, suivant le degré de son intelligence, fait accomplir à une force donnée une plus grande tâche, remplace les muscles par l'habileté, et avec moins de peine donne un produit supérieur. Rendez les hommes intelligents, ils deviennent inventifs Ils trouvent des procédés plus rapides. Leur connaissance de la nature les aide à mettre ses lois à profit, à comprendre les substances qu'ils travaillent, à saisir les indications utiles que l'expérience fournit constam-

ment. C'est par des ouvriers que quelques-unes des
machines les plus utiles ont été inventées. Répandez
l'éducation, et, comme le montre l'histoire de ce
pays, les inventions utiles ne connaîtront pas de limites. Vous pensez que l'homme sans éducation n'exécutera que mieux ce que vous appelez les corvées de
la vie. Allez donc dans les plantations du Sud. Là on
fait de l'esclave une pure machine. Il est dépouillé
des droits de l'homme, on étouffe toute sa nature spirituelle, afin qu'il travaille et ne fasse rien que travailler ; et dans cette agriculture arriérée, dans ce sol
épuisé, dans l'état grossier des procédés, vous trouverez le commentaire de votre doctrine, vous verrez si
en dégradant l'homme vous en faites un ouvrier plus
productif !

De la noblesse du travail manuel.

Mais on dit que toute éducation un peu développée
met l'homme au-dessus de son état, lui fait regarder
son métier comme bas et vil, et le dégoûte des occupations vulgaires. Je réponds que l'homme s'intéresse
à sa tâche, suivant que son esprit travaille en même
temps que. ses mains. Un fermier instruit qui comprend la chimie rurale, les lois de la végétation, la
structure des plantes, les propriétés des engrais, les
influences du climat, qui réfléchit à ce qu'il fait et qui
emploie ses connaissances, suivant les besoins du jour,
est un ouvrier plus actif et plus estimable que le paysan dont l'esprit est aussi matériel que la terre qu'il
foule, et dont la vie se passe à exécuter le même travail monotone, sans réflexion et sans profit. Mais ce
n'est pas tout. Pourquoi, je le demande. dédaigne-

5

t-on le travail manuel en y attachant une idée de bassesse, et pense-t-on qu'un peuple intelligent doive le
mépriser? La grande raison, c'est que dans la plupart
des pays peu d'hommes intelligents s'y sont livrés.
Que des gens instruits labourent et bêchent; qu'ils
s'adonnent aux travaux les plus communs, et la charrue,
et la bêche, et le comptoir cesseront d'être dédaignés.
C'est l'homme qui fait la dignité de la fonction, et non
pas la fonction qui mesure la dignité de l'homme. Les
médecins et les chirurgiens font des opérations plus
dégoûtantes que celles de la plupart des artisans. J'ai
vu un chimiste distingué couvert de poussière comme
un manœuvre. Cependant ces hommes ne s'avilissent
pas. Leur intelligence donne de la dignité à leur travail, et c'est ainsi que nos ouvriers, une fois instruits,
donneront de la dignité à leur état.

J'ajouterai que je trouve peu de différence, sous le
rapport de la dignité, entre les diverses occupations
des hommes. Quand je vois un commis passant ses
journées à additionner des chiffres, peut-être simplement à copier, un caissier comptant de l'argent, un
marchand vendant des souliers, cela ne me semble
pas plus respectable que de fabriquer du cuir, ou des
meubles. Je n'y vois pas plus d'activité intellectuelle
que dans les autres métiers. L'homme des champs me
semble avoir, dans son travail, plus de chances de perfectionnement que celui qui vit derrière un comptoir,
ou qui fait courir sa plume. C'est la marque d'un esprit étroit que de s'imaginer, comme on paraît le faire,
qu'il y a incompatibilité entre l'extérieur simple et
rude de l'ouvrier et la culture de l'esprit, au moins
a culture la plus délicate. L'ouvrier sous sa poussière

et sa sueur, porte en lui les grands éléments de l'humanité ; il peut en développer les plus nobles facultés. Je ne doute pas que la contemplation de la nature et la lecture des œuvres de génie n'éveillent un enthousiasme aussi vrai sous un vêtement de bure que sous un habit brodé. Nous avons entendu parler d'un auteur distingué qui n'écrivait jamais si bien que lorsqu'il était en habit de cour[1]. Mais la pensée profonde et l'inspiration poétique ont été le plus souvent le partage d'hommes, que leur peu de fortune, une nonchalance habituelle, un vêtement usé, un aspect négligé, disposaient mal à figurer dans les salons. Le costume ou le logement ne fait rien pour voir la vérité et pour être sensible à la beauté, et l'on a pour soi-même d'autant plus de respect qu'on a eu plus d'obstacles à vaincre pour développer son esprit.

L'ouvrier a toujours du loisir pour son éducation.

Mais, dira-t-on, où les classes ouvrières trouveront-elles du temps pour leur éducation? Je répondrai, comme je l'ai déjà fait, qu'une ferme volonté trouve du temps ou en crée. Elle ne laisse pas échapper une minute, et trouve un trésor dans son loisir. Celui qui exerce sa profession avec activité et ardeur, et qui sait économiser les heures, aura toujours une partie du jour à sa disposition; et il est surprenant combien un peu de temps est fécond en progrès, quand on le saisit avec empressement et qu'on en use sérieusement. On a souvent remarqué que ceux qui ont le plus de loisir sont ceux qui en profitent le moins. Une heure par jour,

---

[1] C'est Buffon.

consacrée régulièrement à l'étude d'un sujet intéres
sant, permet d'amasser des trésors de connaissance.
Les progrès faits par des élèves bien disposés, dans
nos écoles de campagne, qui ne sont ouvertes que trois
mois dans l'année, et dans nos écoles du dimanche,
qui ne le sont qu'une ou deux heures par semaine,
montrent ce que l'on peut obtenir avec de faibles
moyens. L'affection, dit-on, met une année dans un
seul moment, l'intelligence possède quelque chose de
cette puissance. Non-seulement on a lu, mais on a
écrit des volumes, tout en voyageant. J'ai connu un
homme d'une intelligence vigoureuse, mais n'ayant
reçu qu'une éducation imparfaite, et dont l'esprit était
presque tout entier occupé de détails d'un grand commerce, qui cependant composa un livre, plein d'originalité, en bateau à vapeur, à cheval, tout en visitant ses pratiques[1].

Le retour des saisons fournit à un grand nombre
d'ouvriers des occasions favorables de développement
intellectuel. L'hiver apporte du loisir au cultivateur,
et les soirées d'hiver à l'ouvrier des villes. Et, d'ailleurs, dans les pays chrétiens, le septième jour est
affranchi du travail. Tout le monde peut consacrer à
la culture intellectuelle et morale la septième partie
de l'année ; ce n'est pas une faible part de l'existence. Pourquoi ne fait-on pas du dimanche un moyen
de progrès plus efficace ? Sans doute le septième jour
doit avoir un caractère religieux, mais la religion tient
à tous les grands sujets de la pensée humaine, elle
conduit et aide à leur étude. Dieu est dans la nature,

_____

[1] Cet homme est M. Hazard, auteur d'un curieux traité sur la vo-
onté.

Dieu est dans l'histoire. L'instruction que nous offrent les œuvres du Créateur, en nous révélant sa perfection par leur harmonie, leurs bienfaits et leur grandeur ; l'instruction que donnent les histoires de l'Église et du monde, en montrant dans tous les événements la main divine, en faisant ressortir les grandes leçons de morale dont abonde la vie humaine, l'instruction puisée dans l'exemple des philanthropes, des saints, des hommes distingués par leur piété et par leur vertu ; toutes ces branches d'études font partie de la religion , et conviennent au dimanche ; on peut ainsi donner au peuple un enseignement considérable. Le dimanche ne devrait pas rester, ce qu'il est aujourd'hui pour la multitude, un jour monotone et sans profit. On peut lui prêter un nouvel intérêt et une nouvelle sainteté. Il peut donner une nouvelle impulsion à l'âme de la nation.

J'ai montré que l'on peut trouver du temps pour son éducation, et le fait est que, parmi les gens les plus instruits, un bon nombre se compose de personnes qui passent la plus grande partie de la journée dans des bureaux, près d'une caisse, ou dans quelque autre sphère étroite, enchaînés à des professions qui sont peu faites pour développer l'esprit. Avec le progrès de la société, l'accroissement des machines, et d'autres secours que l'intelligence et la philanthropie multiplieront, nous pouvons espérer que plus on ira et plus on réduira le temps des travaux manuels au profit des occupations intellectuelles et sociales.

Des distractions qui contribuent à l'éducation personnelle.

. Mais quelques personnes diront : « Quand on accorderait que les ouvriers peuvent trouver du loisir, ne faut-il pas leur permettre de l'employer dans quelque récréation? N'est-il pas cruel de les appeler du travail .des mains au travail de l'esprit? Ils ont gagné du plaisir par le labeur de la journée, ils doivent en jouir. » Oui, qu'ils aient du plaisir. Loin de moi l'idée de tarir les sources où ils se rafraîchissent, de dessécher les coins de verdure où ils se reposent après les fatigues qu'impose la vie; mais je soutiens que l'éducation multiplie et augmente les plaisirs de l'ouvrier, qu'elle lui crée de nouvelles jouissances, qu'elle empêche, ce qui n'arrive que trop souvent, son loisir d'être ennuyeux et fatigant, qu'elle le préserve d'excitations et de plaisirs mortels pour le corps et pour l'âme. L'un des grands bienfaits de l'éducation personnelle, c'est qu'elle élève le peuple au-dessus des jouissances de la brute, et lui procure des plaisirs dignes de l'homme. En ce moment, dans notre pays, grâce à l'éducation intellectuelle, tout imparfaite qu'elle soit, la lecture fournit aux hommes, aux femmes et aux enfants de toutes les conditions des jouissances infinies et que _n'ont pas connus des temps moins civilisés. Aujourd'hui un grand nombre d'écrivains de talent s'occupent à multiplier des ouvrages intéressants. Walter Scott, nom brillant au milieu des plus brillants de son époque, a répandu son esprit inépuisable en fictions, si gaies et si touchantes qu'elles ont pris leur place parmi les délices de toutes les nations civilisées. Que de millions d'individus ses pages ont enchantées! A combien

d'âmes affligées a-t-il fait oublier leurs soucis et leurs
peines! Combien en est-il qui, fatigués du travail
de leur journée, ont dû à ses récréations magiques
quelques soirées gaiement passées, et un sommeil plus
doux! Et il n'y a pas que les fictions qui charment ; à
mesure que l'esprit est cultivé il se plaît davantage à
la lecture de l'histoire, des biographies, des descrip-
tions de la nature, des voyages, de la poésie, et même
des ouvrages plus sérieux. L'éducation ne détruit donc
pas le plaisir du travailleur.

Il y a une autre espèce de distractions auxquelles la
culture de soi-même initie le peuple. Je veux parler
des cours, des discussions, des réunions littéraires ou
de bienfaisance, et des autres manières de passer la
soirée que chaque année multiplie chez nous. Un discours populaire d'un homme éclairé qui sait toucher
l'esprit du peuple est un noble plaisir, aussi bien
qu'une source d'instruction. Le silence profond de nos
salles publiques, l'attention de nombreux auditeurs,
prouvent assez que l'éducation n'est pas l'ennemie du
plaisir.

J'espère que du progrès de l'intelligence, du goût
et des mœurs dans toutes les parties de la société,
naîtra chez nous un genre d'amusements publics ayant
quelque ressemblance avec les plaisirs du théâtre,
mais purifié des vices qui dégradent aujourd'hui notre
scène. et finiront, j'en suis sûr, par en consommer la
ruine. Les représentations dramatiques et les lectures
publiques excitent chez le peuple une sympathie plus
vive pour un auteur de génie, et lui donnent, de ce
qu'il y a de grand, de bon, de touchant dans de pareilles conceptions, une idée bien plus juste que ne peut

le faire une lecture solitaire. Pour répandre la lumière
sur un grand poëme, ou sur quelque production
littéraire pleine de passion, quel commentaire vaut la
voix du lecteur ou de l'orateur qui a le sentiment de
son auteur, et un ton puissant et varié? Un auditoire
électrisé par une pensée sublime, ou ému d'une douleur sympathique, grâce à une belle voix, goûte un
plaisir à la fois exquis et délicat ; et je ne puis m'empêcher de croire que cet amusement et d'autres semblables, dont la délicatesse des femmes et la pureté
des chrétiens ne peuvent être choquées, se répandront
à mesure que gagnera l'éducation sociale.

Qu'il me soit encore permis d'ajouter qu'avec la
diffusion des lumières, la conversation, le moins coûteux et le plus facile des plaisirs, devient une jouissance bien plus vive ; c'est après tout le plus grand
amusement de la vie, la joie du foyer, le charme du
travail : c'est elle qui anime doucement nos cœurs,
qui agit sur nous comme l'air embaumé ou la brillante
lumière du ciel, en nous pénétrant de son influence
toujours présente et si douce qu'on ne la sent pas.
Cette source de bonheur est trop souvent perdue pour
les hommes de toutes les conditions, faute de connaissances, d'activité mentale, et de délicatesse de sentiment. Privons-nous le travailleur de son plaisir en
lui recommandant une amélioration qui placera à sa
portée les jouissances de la conversation, jouissances
de chaque jour, de chaque instant?

L'éducation du peuple est la fin de la société.

J'ai donc considéré quelques-unes des objections
qu'on rencontre ordinairement, quand on insiste sur

l'éducation du peuple, comme étant la grande fin de
la société. Quant à moi, ces objections me semblent
mériter peu d'attention. Dire que la grande majorité
des êtres humains, malgré leurs facultés rationnelles
et immortelles, sont placés sur la terre, simplement
pour gagner avec peine leur subsistance matérielle, et
fournir au luxe et à l'élévation du petit nombre, c'est
une doctrine trop choquante pour avoir besoin de réfutation. Il est monstrueux, il est impie de supposer
que Dieu a posé d'insurmontables barrières à l'expansion de cette âme dont la liberté ne souffre point de
bornes. Certes, il y a des obstacles dans la voie du
progrès ; mais dans ce pays les principaux obstacles
sont, non pas dans notre condition, mais dans nous-
mêmes ; non pas dans les difficultés extérieures, mais
dans nos penchants mondains et sensuels ; la preuve
en est qu'on songe à une véritable éducation personnelle à la Bourse aussi peu que dans l'atelier, chez les
riches aussi peu que chez les pauvres. Le chemin de
la perfection est difficile pour toutes les conditions ;
il n'y a point de route royale ni pour les grands ni
pour les petits. Mais les difficultés sont faites pour
exciter et non pour décourager. L'esprit humain doit
se fortifier dans la lutte. Que n'a-t-il pas déjà sur-
monté ! Pendant des siècles sous quel poids d'oppression n'a-t-il pas avancé ! Quelles énormes difficultés
n'a-t-il pas écartées ? Après tant d'expériences, dirons-
nous, qu'il faut désespérer des progrès du peuple, que
la chaîne des besoins physiques est trop forte et trop
pesante pour être brisée par l'esprit, que des travaux
serviles et stériles sont la condition immuable de la
majorité du genre humain ?

                                            5.

Progrès du peuple.

Je termine en vous rappelant le trait le plus heureux de notre époque, c'est-à-dire les progrès du peuple en intelligence, en respect personnel, en bien-être. Quel contraste entre le présent et le passé ! Il n'y a pas longtemps que la nation était la propriété d'un seul homme qui risquait tous les intérêts populaires dans des guerres continuelles, uniquement pour agrandir sa famille ou soumettre de nouveaux territoires[1]. La société était partagée en deux classes, les nobles et le peuple, séparés les uns des autres par un abîme aussi infranchissable que celui qui divise les élus et les maudits. L'individu n'avait aucune valeur, le peuple formait une masse, une machine dans la main de ses maîtres. Dans la guerre, qui était le grand exercice du temps, ces braves chevaliers dont on nous conte les prouesses, s'enfermaient eux et leurs chevaux dans une armure qui les rendait à peu près invulnérables, tandis que le commun du peuple à pied et sans défense allait se faire tailler en pièces ou écraser par une race supérieure. Qui donc en comparant la situation de l'Europe il y a quelques siècles avec l'état présent du monde, ne bénirait Dieu de ce changement ? La marque distinctive des temps modernes, c'est pour le peuple la sortie d'une dégradation abrutissante, c'est la reconnaissance graduelle de ses droits, c'est la diffusion croissante des moyens de progrès et de bonheur c'est la création d'un nouveau pouvoir dans l'État, le pouvoir du peuple. Et il est digne de remarque, que cette révolution est due, en grande partie, à la religion qui,

---

[1] L'Europe en est encore là. (Ch.)

entre des mains habiles ou ambitieuses, avait courbé
la tête du peuple dans la poussière, mais qui, avec le
temps, a commencé à remplir sa mission de liberté.
Ce fut la religion qui, en enseignant aux hommes
leur étroit rapport avec Dieu, éveilla en eux la conscience de leur importance comme individus. Ce fut
la lutte engagée pour leurs droits religieux qui ouvrit
les yeux des peuples sur leurs autres droits. Ce fut la
résistance opposée à l'usurpation religieuse qui con-
duisit à résister à l'oppression politique. Ce fut la
discussion religieuse qui fit naître partout la pensée
libre et énergique. Ce fut la religion qui, en Angleterre, arma le martyr et le patriote contre le pouvoir
arbitraire, qui endurcit nos pères contre les dangers
de l'Océan et du désert, et les envoya fonder ici l'État
du monde où règne la plus grande liberté, la plus
parfaite égalité.

De l'avenir et des devoirs du peuple.

Remercions Dieu de ce que nous avons conquis,
mais ne croyez pas que tout soit achevé. Le peuple doit
sentir qu'il ne fait qu'entrer dans l'arène. Combien il
reste à faire ! Que d'ignorance, d'intempérance, de
grossièreté, de sensualité ne trouve-t-on pas encore
dans notre société ! Que d'esprit paralysé et perdu !
Lorsque nous songeons que chaque maison pourrait
être vivifiée par l'intelligence, le désintéressement et la
civilisation, et que nous nous rappelons dans combien
de demeures les facultés et les affections les plus nobles sont ensevelies comme dans des tombeaux, quelle
teinte sombre s'étend sur la société ! Et combien peu
d'entre nous sont émus par cette désolation morale ?

Combien peu comprennent qu'élever les humbles à la dignité d'homme par une sage éducation, est la fin suprême de la société ? Honte à nous qui sentons si peu la valeur de nos semblables !

Je voudrais pouvoir parler au peuple de ses besoins, de ses droits, de sa responsabilité, avec une voix qui le réveillât. Je lui dirais : « Vous ne pouvez pas, sans crime, sans honte, vous arrêter où vous êtes. Le passé et le présent vous crient d'avancer. Que ce que vous avez gagné soit un stimulant pour arriver plus haut. Votre nature est trop grande pour être écrasée. Vous n'avez pas été créés ce que vous êtes, uniquement pour travailler, manger, boire et dormir comme les animaux. Si vous voulez, vous pouvez vous élever. Nul pouvoir dans la société, nul obstacle dans votre condition ne peut vous abaisser ; si vous ne gagnez pas en science, en pouvoir, en vertu, en influence, c'est votre faute. Ne vous laissez pas endormir par les flatteries dont on vous berce, comme si votre part de souveraineté nationale vous rendait égaux aux plus nobles de votre race. Il vous manque beaucoup, et de grandes choses ; le remède n'est pas dans l'urne du scrutin, ou dans l'exercice de vos droits politiques, il est dans l'éducation consciencieuse de vous-mêmes et de vos enfants. Ces vérités vous les avez souvent entendues, et puis vous vous êtes endormis. Réveillez-vous ! Prenez la résolution sérieuse de vous instruire ! Rendez-vous dignes de vos institutions libres, fortifiez-les et perpétuez-les par votre intelligence et par vos vertus ! »

FIN DE L'ÉDUCATION PERSONNELLE.

DE L'ÉLEVATION

DES CLASSES OUVRIERES

TABLE DES MATIÈRES

AVANT-PROPOS

Il y a un peu plus de trente ans qu'un philanthrope, dont le nom mérite d'être conservé à la postérité, Horace Mann, conçut le hardi projet d'effacer l'inégalité séculaire qui divise l'humanité, en appelant tous les hommes au bienfait d'une même éducation. Cette idée, que les contemporains traitaient de chimère, et qui, aujourd'hui, réalisée en partie, fait la grandeur des États-Unis, Channing l'embrassa avec transport et voulut lui prêter son concours. C'est là le mérite des belles âmes, qu'elles s'attachent au bien sans s'inquiéter des difficultés et des dangers de la route; c'est pour cela qu'elles transforment le monde, tandis que les sages, avec tout leur esprit, prennent le présent pour la mesure de l'avenir, et sont condamnés à l'impuissance.

Dès que Channing apprit qu'Horace Mann quittait son cabinet d'avocat et renonçait à une fortune assurée, pour se dévouer à la cause populaire sous le titre modeste de secrétaire du bureau d'éducation en Massachusetts, il lui écrivit la lettre suivante :

Newport, 19 août 1837.

Cher Monsieur,

J'apprends que vous vous consacrez à la cause de l'éducation dans notre République. Je m'en réjouis. Rien ne pouvait me faire autant de plaisir. J'ai longtemps désiré qu'une personne de votre talent se dévouât à cette œuvre. Vous ne pouvez désirer un plus noble emploi. Le gouvernement n'en a pas de plus noble à donner. Permettez-moi de travailler sous vos ordres, autant qu'il me sera possible de le faire. Si je puis vous aider, dites-le moi ; je serai toujours heureux de causer avec vous de votre entreprise. Quand donc cesseront dans notre pays les tristes et stériles querelles des partis? Quand donc les bons esprits songeront-ils à ce qu'on doit faire pour améliorer solidement et noblement notre pays? Toutes ces clameurs monotones et furieuses sur les banques, la monnaie, etc., me fatiguent la tête et me rendent l'âme malade. On dirait que, pour ces gens-là, les intérêts spirituels de la nation n'existent pas.

Si nous pouvions engager dans la bonne voie la prodigieuse énergie de ce peuple, quel nouveau ciel, et quelle nouvelle terre ne s'ouvriraient-ils pas devant nous? Je ne désespère pas. Votre dévouement est un heureux présage. Vous n'êtes pas seul; vous n'êtes pas une exception ; il doit y avoir une foule de gens qui seront touchés par les vérités qui vous enflamment.

J'espère que ce nouveau genre de vie vous donnera une santé et une vigueur nouvelles. Si vous pouvez garder la force du corps, je n'ai pas de doutes sur la force et l'activité de votre esprit. Je vous écris à la hâte, parce que je ne suis pas très-vaillant; tout effort m'épuise; mais j'avais besoin de vous exprimer ma sympathie. Que Dieu vous conduise!

Votre sincère ami,

W. E. CHANNING [1],

[1] Memoir of W. E. Channing. London, 1851 ; p. 351.

Quelques mois plus tard, Channing accompagnait Horace Mann à une réunion qui avait pour objet d'établir des associations locales pour l'amélioration des écoles populaires. Malgré l'éloquence d'Horace Mann, l'opinion était indécise. La nouveauté de l'entreprise effrayait les plus honnêtes gens. Dès le premier jour, au contraire, Channing avait compris la grandeur de l'œuvre. Il mettait toute son ambition à la servir et à lui conquérir la faveur populaire. On en peut juger par un discours improvisé qu'il prononça à la suite d'une lecture d'Horace Mann. Quoique nous n'ayons de ce discours qu'une sténographie imparfaite, il est cependant peu de pages qui nous permettent de mieux lire dans l'âme de Channing. Personne n'a aimé le peuple avec plus de tendresse et de discernement.

« Le docteur Channing a dit : J'estime les écoles communes, parce qu'elles sont *communes*, c'est-à-dire destinées à favoriser l'éducation de tous. Nous avons un petit nombre d'établissements choisis, où ceux qui se consacrent à l'étude de la science trouvent tous les secours nécessaires; mais les plus intéressantes de nos institutions littéraires, ce sont nos écoles populaires. Je désire que tout individu reçoive de l'éducation, non pas seulement à cause de ses dispositions naturelles, du rang qu'il occupe, ou de la fonction qu'il doit remplir, mais surtout parce qu'il est homme, qu'il a une âme capable d'un perfectionnement indéfini, et qu'il est fondé à réclamer ce privilége par droit de naissance.

« On nous dit que tel individu doit recevoir une éducation étendue, tandis que tel autre, qui occupe un rang plus humble dans la société, n'a besoin que d'une éducation des plus bornées. Au gouverneur d'un État il faut, dit-on, une éducation complète; le cordonnier n'a besoin que de connaître sa forme et son cuir. Pourquoi donc ce dernier, malgré l'humilité de son état, n'aurait-il pas la permission d'ouvrir les yeux à la lumière de la science? Est-ce que son âme est

plus étroite que celle d'un gouverneur? Est-ce qu'il n'est
pas, lui aussi, père, fils, mari, citoyen, homme enfin,
c'est-à-dire un être moral soumis aux lois divines? Élever
un enfant est une œuvre plus difficile que de remplir les
fonctions d'un gouverneur. Qu'est-ce donc? C'est prendre la
direction d'une âme, c'est cultiver la pensée, c'est enseigner
les devoirs que nous avons envers Dieu et envers nos semblables. Est-ce qu'un père peut enseigner ces devoirs à son
enfant, s'il ne les a point appris lui-même? Quel que soit son
métier ou son rang, tout homme a besoin d'éducation pour
faire bon usage de ses facultés, et les développer durant
sa vie.

« On prétend que si ces idées sur l'éducation triom-
phaient, le travail manuel disparaîtrait; on ne ferait plus.
rien ici-bas. Mais pour bien travailler il faut être intelligent;
l'ouvrier travaille d'autant mieux qu'il sait ce qu'il fait,
qu'il est poussé par des motifs qu'il comprend et qu'il sent.
Est-ce que l'ignorance fait travailler davantage? Comparez
la besogne de l'esclave, dont l'esprit est étroit et écrasé,
avec celle d'un laboureur ou d'un ouvrier éclairé. On
ne ferait pas marcher une fabrique avec des esclaves.
Leur ignorance seule les rendrait incapables. Il y a une
foule d'arts mécaniques qui exigent des ouvriers intelligents et bien élevés.

« Nous avons besoin de bons travailleurs qui s'élèvent
eux-mêmes tout en contribuant à la richesse générale. Le
milieu où ils sont placés est fait pour exciter leur esprit,
pour éveiller leur pensée, pour leur donner le sentiment
de la responsabilité. Ils sont en rapport étroit avec leurs
semblables et, si l'éducation ne leur manque pas, ils peuvent, même dans la plus humble situation, exercer autour
d'eux l'influence la plus salutaire.

« Le principe que je suivrais pour élever un homme, je
le suivrais pour tous. En ce qui touche ses facultés naturelles, le pauvre ne diffère pas du riche. Il est également

capable de se perfectionner ; une bonne éducation ne lui est
pas moins avantageuse.

« Il est encore d'autres raisons qui me font désirer que
l'éducation soit universellement répandue. Nos institutions
exigent cette diffusion générale. Elles sont faites pour le
peuple tout entier. Si le peuple ne reçoit pas d'éducation,
le bienfait de ces institutions est perdu ; le pouvoir du
peuple est affaibli. Pour jouir de la liberté, il faut que tout
citoyen ait le moyen de s'élever plus haut.

« En Amérique, chacun a sa part de la souveraineté nationale. En d'autres pays le peuple a combattu pour être
souverain ; ici chaque homme est un souverain. Chaque
citoyen participe à la législation et au gouvernement. Est-ce
que celui qui a de pareils devoirs à remplir ne doit pas recevoir l'éducation la plus libérale ?

« Il le faut, si l'on veut avoir la paix et l'union ; il le faut
surtout chez un peuple qui ne connaît pas d'ordres privilégiés. En d'autres pays, la classe qui a en main le pouvoir
a tous les moyens de s'instruire. Pour garder sa puissance,
elle empêche les autres classes de s'éclairer. Mais l'esprit
du gouvernement américain c'est de rapprocher et d'unir
par l'éducation toutes les conditions et toutes les classes.

« L'éducation assure des chances plus égales pour faire
fortune. Elle rapproche les hommes, rend leurs rapports
plus agréables, engendre l'accord et l'amour. Les barrières
sont brisées. Cette culture générale donne à la société plus
de politesse et plus de bonheur.

« Je désire que tous les hommes reçoivent de l'éducation.
Si on n'instruisait qu'un petit nombre d'individus, rester
dans l'ignorance ne serait pas un grand malheur pour la
foule. Au temps jadis, quand la masse du peuple ne savait
ni lire, ni écrire, l'ignorance n'était pas une infériorité.
Mais aujourd'hui que la majorité de la nation est instruite,
l'ignorance est le plus terrible des maux ; elle vous condamne
à une vie brutale ; c'est une véritable dégradation.

« Il faut que l'éducation atteigne jusqu'aux dernières couches de la société; il faut que chacun sente qu'il y a là un devoir social à remplir. Ce devoir est impérieux pour nous qui sommes un peuple industriel ; le travail des manufactures ne favorise pas le développement de l'esprit ; l'uniformité, la monotonie de ses opérations enferme l'esprit dans le cercle le plus étroit. Le laboureur qui vit en face de la nature, et qui l'étudie pour s'en servir, a bien plus d'occasions de penser et de réfléchir.

« Comment le Massachusetts soutiendra-t-il sa réputation et son rang? Regardez sur la carte ; c'est un atome à côté de la plupart des États de l'Union. Qui peut empêcher ce petit État de perdre son influence, et de tomber au-dessous de pays qui ont sur lui de grands avantages naturels? Rien que l'éducation. Qu'il cultive l'âme de ses citoyens, qu'il les rende instruits et vertueux. Sur cette fondation, il n'a rien à craindre ni pour sa grandeur, ni pour sa supériorité.

« On dit que nous sommes un peuple industrieux, pratique, qui aime l'argent. Mais plutôt que de laisser son enfant sans éducation, on devrait vivre de la façon la plus humble et presque se refuser la nourriture et le vêtement.

« J'étais venu ici pour écouter et non pour parler ; mais j'ai voulu exprimer toute ma reconnaissance envers le secrétaire du Bureau d'Éducation ; l'homme, je le dis sans flatterie, le mieux fait pour assurer le triomphe de la grande cause qu'il a adopté. Je bénis Dieu qui a permis à M. Horace Mann d'entreprendre cette œuvre excellente et je prierai sans cesse le ciel de lui donner le succès [1]. »

Channing ne s'en tint pas là. Si occupé qu'il fût par son ministère et par ses nombreux écrits contre l'esclavage, il trouva moyen, malgré une santé déplorable, de faire ses

---

[1] Memoir of Channing, p. 352.

lectures sur *l'Éducation qu'on se donne à soi-même*, et *Sur l'élévation des classes ouvrières*. Ce sont des morceaux achevés; ils ont le grand mérite de montrer à la démocratie le chemin qu'elle doit suivre, si elle veut racheter de la misère et du crime ces millions d'individus qui naissent sans autre fortune que leurs bras et leur esprit. C'est en 1840 que Channing lut à Boston ses deux discours *Sur l'élévation des classes ouvrières*. Il les avait écrits pour des sociétés d'apprentis qui venaient de fonder, par souscription, des bibliothèques populaires; il s'associait à un mouvement d'idées qui commençait en Amérique vingt-cinq ans avant que la France en eût le moindre sentiment.

En 1853, quand j'ai publié ces deux discours dans les *OEuvres sociales* de Channing, personne n'en a vu la portée; personne, du moins que je sache, ne s'en est inspiré pour essayer d'une œuvre semblable. Aujourd'hui les choses ont marché, la lumière se fait; la démocratie française commence à mieux connaître ses besoins, mais elle cherche encore quels sont les meilleurs moyens d'arriver au but de ses désirs. Parmi ces moyens, il en est un qui passe au premier rang, car il est la condition de tous les autres; c'est l'éducation. L'éducation la plus large possible, c'est la première richesse de ceux qui n'ont rien; c'est plus encore, c'est la seule chance de salut pour l'homme et pour le citoyen. Tant qu'il y aura dans notre pays des ignorants besogneux, il y aura des charlatans pour amuser la foule et en faire l'esclave et l'instrument de leurs passions. Rien n'est plus aisé que d'égarer ceux qui souffrent, en leur promettant des réformes chimériques; mais quand on a ameuté contre un gouvernement ou contre une société la faim, la haine et l'envie, quelle plaie a-t-on guéri, quelle misère a-t-on soulagée? C'est par de nouvelles souffrances que le peuple expie ses erreurs, toujours dupe et toujours victime.

Si la démocratie française veut remplir noblement sa

destinée, il faut donc avant tout que le peuple s'instruise.
Mais, en ce point, il faut éviter une illusion funeste. Pour
améliorer sa condition, c'est sur lui seul que le peuple doit
compter. Ce n'est pas dans un budget surchargé qu'on trouvera les millions nécessaires pour faire l'éducation de la
France. C'est affaire à chacun, de s'élever soi-même, et
d'amasser par son travail et son économie les quelques sous
qui, en lui permettant de s'instruire, l'affranchiront de
l'ignorance et du besoin. Une fois sorti de l'école, toute
éducation est chose individuelle; on se forme l'esprit comme
on se forme la main, en travaillant chacun de son côté, en
essayant ses forces et ses facultés.

S'élever soi-même, c'est ce qui manque le plus aux Français. On vit en troupeau, on reçoit un mot d'ordre, et l'on
se jette avec furie dans la mêlée, comme un soldat qui ne
sait pas pourquoi il se bat. De là ces caprices, ces brusques
changements d'opinion qui désolent les vrais amis du peuple.
Qu'il s'agisse de réforme sociale ou politique, d'art ou de
religion, nous n'avons pas de conviction faite, nous nous
abandonnons à la passion du moment. La faute en est à
notre ignorance. Un homme qui a lu et qui a réfléchi ne
s'engage dans un parti qu'à bon escient; il sait jusqu'où il
veut aller et ne va pas plus loin. Celui-là n'est ni un esclave,
ni un mouton; il n'appartient qu'à lui-même; il est son
maître. Aussi exerce-t-il autour de lui une influence bienfaisante; on le respecte et on l'écoute; c'est un citoyen.
En Suisse, en Hollande, en Amérique, partout où l'éducation est depuis longtemps répandue et la liberté depuis
longtemps pratiquée, on trouve de pareils hommes; il nous
en faut en France, et beaucoup; car, s'il est un pays où
l'indépendance individuelle soit nécessaire, pour y faire
contre-poids à l'excessive mobilité de la foule, ce pays c'est
le nôtre. Je n'en connais aucun qui ait plus besoin d'éducation; j'ajoute, sans flatterie, qu'il n'en est aucun qui,
avec de l'éducation, soit capable de faire de plus grandes

choses. Il est foncièrement honnête et bon ; mais il est ignorant, et sa générosité même en fait une proie facile pour
les intrigants.

Voilà pourquoi je ne puis trop recommander la lecture
de Channing à tous ceux qui veulent sérieusement s'améliorer. Dans ses discours il y a plus d'une idée qui étonnera
le lecteur français. On trouvera Channing trop religieux ou
trop artiste ; on dira qu'il a trop de confiance dans la bonté
du cœur humain ; il n'importe ; chacun, en le lisant, en fera
son profit. Une œuvre semblable est comme une table riche-
ment servie, chacun y choisit le plat de son goût. La seule
condition c'est de lire pour soi, sans s'inquiéter de l'opinion
d'autrui ou des préjugés du jour ; sans autre désir que de
s'élever en intelligence et en moralité. Une fois qu'on aura
essayé de cette nourriture solide et saine, on n'en voudra
plus d'autre ; on estimera d'autant plus Channing qu'on
commencera à s'estimer davantage. Pour moi, parvenu à
l'âge où, n'ayant plus à se soucier de l'avenir, on n'a d'autre
ambition que d'éviter aux jeunes générations les abîmes où
l'on est tombé, je le dis sincèrement : Channing et Horace
Mann, ces deux hommes de bien, qui n'ont pas joué de rôle
politique, ont plus fait pour le peuple que tous les congrès
et toutes les assemblées ; ce sont eux qui ont tiré la démocratie américaine de l'ornière des vieux partis ; ce sont eux
qui lui ont révélé le véritable secret du bien-être et de la
grandeur ; ce sont eux, enfin, qui ont découvert et proclamé
la loi de l'avenir. Liberté, démocratie, réforme sociale, tous
ces problèmes qui agitent l'esprit moderne ont tous une
même solution ; et cette solution n'est autre chose que
l'éducation universelle ; non pas cette éducation accordée
par le gouvernement et réglée comme une aumône, non
pas cette instruction uniforme, espèce de dressage, bon
tout au plus à faire des soldats, mais cette libre éducation
que chacun se donne à soi-même et poursuit toute sa vie,
éducation qui, sous un autre nom, n'est que l'incessante

recherche de la vérité. Chrétiens tous deux, Horace Mann et Channing ont fait entrer dans la politique et y ont rendu vivante la parole du Christ : *la vérité vous affran- chira.*

ÉD LABOULAYE.

DE L'ÉLÉVATION

DES CLASSES OUVRIÈRES

INTRODUCTION

Les lectures suivantes avaient été préparées pour deux
réunions d'ouvriers, l'une d'apprentis, l'autre d'adultes. La
force nous ayant manqué, elles furent seulement faites aux
premiers, quoique, tout en les préparant, j'eusse aussi en
vue les seconds. L'association des bibliothèques d'apprentis,
à la demande de laquelle ces lectures sont publiées, est une
institution qui promet beaucoup et qui fournit non-seulement de puissants moyens de progrès intellectuel, mais qui
augmente le respect personnel et contribue à la moralité de
ses membres.

Lorsque j'entrepris cette tâche, je ne pensais qu'à préparer une lecture de longueur ordinaire ; mais je trouvai
bientôt que je ne pouvais développer mes vues dans un
cadre aussi étroit. Je me suis donc décidé à écrire en toute
liberté, et à faire connaître par la presse les résultats de mon
travail, s'ils étaient jugés dignes de publication. Dans cette
idée, j'ai examiné certaines questions que je n'ai pas traitées
dans mon discours, mais qui ne seront pas, je crois, inutiles
à ceux qui ne m'auraient pas entendu. Je fais cette déclara-

tion pour qu'on ne m'objecte pas que ces lectures ne sont
peut-être pas complétement calculées pour ceux à qui elles
ont été faites. En les écrivant pour une classe, j'avais aussi
en vue la société tout entière.

Le sujet discuté dans ces lectures étant assez voisin de
l'*Education personnelle*, publiée l'hiver dernier, on trouvera nécessairement une certaine coïncidence de pensée,
qu'on rencontre toujours dans les écrits d'un homme qui
prend à cœur d'inculquer quelques grands principes. Cependant le point de vue, le genre de discussion et le choix des
considérations diffèrent beaucoup dans les deux productions, et si je ne donnais pas ces nouvelles lectures, on ne
connaîtrait mon opinion que très-imparfaitement.

C'est probablement la dernière occasion que j'aurai de
communiquer avec les ouvriers par la voie de la presse. Il
me sera donc permis d'exprimer mon ardent désir pour leur
bonheur, et le ferme espoir où je suis qu'ils justifieront la
confiance de leurs amis et prouveront par leur exemple la
possibilité d'unir au travail les qualités qui font honneur
à notre nature.

Boston, janvier 1840.

PREMIÈRE LECTURE

Observations préliminaires.

C'est avec un plaisir tout particulier que je m'associe à cette série de lectures. J'y vois une des marques caractéristiques de notre temps; il y a là de quoi intéresser ceux qui prennent à cœur le progrès de leurs semblables. Nous entendons beaucoup parler des progrès du siècle. Les merveilles créées par la mécanique sont le sujet ordinaire de la conversation; mais j'avoue que pour moi cette assemblée d'apprentis, dont l'association a pour principal objet une bibliothèque, ces jeunes gens qui se réunissent chaque semaine pour profiter de l'instruction que la société met à leur portée, tout cela a quelque chose que j'admire plus que les merveilles de l'art du mécanicien. Dans cette réunion, je vois ce que je désire voir par-dessus tout, le peuple commençant à comprendre sa nature et son vrai bonheur, entrevoyant le grand œuvre et la grande vocation de l'humanité, et s'élevant à sa véritable place dans l'état social. Cette réunion indique un changement dans le monde bien plus radical, bien plus important, que la machine à vapeur, ou la traversée de l'Atlantique en quinze jours.

Que les ouvriers, après l'heure du travail, se rassemblent dans une salle comme celle-ci, pour écouter

des leçons faites sur la science, sur l'histoire, sur la
morale, sur les sujets les plus actuels, par des hommes
que leur éducation appelle aux plus hautes fonctions,
c'est la preuve d'une révolution sociale à laquelle on
ne peut assigner de limites, et dont on est en droit de
tout attendre. J'y vois la révocation de la sentence de
dégradation que les siècles ont prononcée contre la
majorité du genre humain. J'y vois l'aurore d'une ère
nouvelle, où l'on comprendra que le premier objet de
la société, c'est de fournir à tous ses membres le goût
du progrès et le moyen d'y atteindre. J'y vois le signe
précurseur du triomphe des intérêts spirituels de
l'homme sur les intérêts matériels et extérieurs. Dans
la faim, dans la soif de connaissances et de plaisirs
délicats que l'établissement de ces lectures suppose
chez l'ouvrier, je vois que l'esprit de l'homme ne doit
pas toujours être étouffé par les fatigues physiques
de la vie et le goût des jouissances brutales. Aussi
j'attache une grande importance à cette réunion, non
pas tant pour elle-même ou ses avantages immédiats,
que parce qu'elle est le gage et la preuve d'une nouvelle impulsion qui gagne toutes les conditions. Aussi
j'éprouve plus de plaisir à parler ici que si j'étais appelé à prononcer un discours d'apparat devant tous les
rois et tous les nobles de la terre. Il est temps en vérité
d'en finir avec les cérémonies. Le siècle est trop en
mouvement ; nous sommes pressés par des intérêts
trop sérieux pour qu'on nous permette des discours
qui n'ont pour but que la vanité ou le simple amusement. Celui qui n'a rien à dire de sympathique ou
d'utile au progrès de l'humanité, celui-là fera mieux
de se taire.

Avec ces sentiments et ces convictions, je suis naturellement, presque forcément amené à vous entretenir d'un sujet qui doit m'assurer l'attention de cet
auditoire ; je veux dire l'élévation de cette portion de
la société qui subsiste par le travail de ses mains. C'est
une œuvre qui marche. J'ajoute qu'elle ne va pas nulle
part aussi vite que dans notre ville de Boston. Je ne
crois pas que sur la surface de la terre, l'esprit de progrès se soit ailleurs aussi fortement emparé de ceux
qui vivent à la sueur de leur front. Ici ce n'est pas
chose rare que de voir l'union de la culture intellectuelle, du respect personnel et d'un rude labeur. Ici
le préjugé qui regarde le travail des mains comme
dégradant a beaucoup diminué. C'est donc ici le lieu
où doit être discuté le sujet que je me suis proposé
d'étudier.

Nous avons à considérer en quoi consiste la véritable élévation des classes ouvrières, jusqu'à quel
point elle est praticable, et quels sont les moyens de
la seconder. Le sujet, je le sais, heurtera bien des erreurs et bien des préjugés. Il y a de grands principes
qu'il faut exposer et dont il faut démontrer l'application. Il y a des objections sérieuses à combattre, des
craintes à désarmer, de téméraires espérances à ra-
battre. Je ne prétends pas être complétement maître
de mon sujet ; mais je puis au moins revendiquer un
mérite, c'est d'aborder la discussion avec le sentiment de son importance, et avec un profond intérêt
pour la classe qu'elle concerne. J'ai la confiance que
cet intérêt que j'exprime ne sera pas regardé comme
une phrase ou un moyen de satisfaire quelque intention égoïste. L'homme politique qui parle de son atta-

chement pour le peuple est suspect de ne l'aimer que pour ses votes. Mais celui qui ne recherche ni ne veut accepter aucune des places que donne la faveur populaire, peut espérer d'être écouté comme un ami. C'est comme ami que je vous parlerai franchement. Je ne saurais flatter. Je vois des défauts chez les ouvriers. Je crois, que jusqu'ici le plus grand nombre a fait peu de progrès ; que les préjugés et les passions, la sensualité et l'égoïsme sont pour beaucoup d'individus de formidables barrières qui les empêchent d'avancer. Je crois qu'il en est beaucoup chez qui n'est pas encore éveillée la pensée même de la fin qu'ils doivent poursuivre. Mes espérances ne m'aveuglent donc pas sur ce qui est, et, avec ce sentiment net des défauts du peuple, je ne puis sans crime entretenir sa vanité. Non pas qu'on puisse l'accuser seul de ses défauts. Regardons où nous voulons, nous trouverons, dans toutes les classes, bien des choses à condamner, et quiconque veut bien faire, doit dire la vérité à tous ; il faut se rappeler seulement qu'on doit parler aux autres avec sympathie et sans jamais perdre le sentiment de ses propres défauts et de sa propre faiblesse.

En donnant mes idées sur l'élévation des classes ouvrières, entendez, je vous prie, que souvent, les yeux tournés vers l'avenir, je parlerai de changements et de progrès qu'il ne faut pas considérer comme immédiats ou prochains ; je dis ceci afin que l'on ne me regarde pas comme un rêveur qui veut régénérer le monde en un jour. Je crains cependant que cette explication ne me protége pas contre de pareils reproches. Il y a des gens qui, en face de l'histoire, en face des grands changements opérés dans la condition

des hommes, et des nouveaux principes qui agitent
maintenant la société, soutiennent que l'avenir doit
être la copie du passé, et probablement une copie
plutôt terne que brillante. Je ne suis pas d'accord avec
eux, autrement je ne serais pas ici. Si je n'espérais
rien de mieux de la nature humaine, je n'aurais pas
le courage de tenter l'effort que je fais en ce moment,
si faible qu'il soit. Je vois les signes d'un meilleur
avenir ; je vois sortir de la poussière la classe la plus
nombreuse, celle dont le travail nous fait tous vivre;
cette foi dans l'avenir est la raison de mon discours.

L'élévation des classes ouvrières, tel est notre sujet.
Je considérerai d'abord en quoi elle consiste. J'abor-
derai ensuite quelques-unes des objections qu'on oppose à sa possibilité, et je consacrerai à ce point une
grande partie de la discussion ; puis je terminerai en
énonçant quelques-uns de mes motifs de foi et d'espérance en ce qui concerne la classe la plus nombreuse
de mes semblables.

Dignité du travail.

Que doit-on entendre par l'élévation des classes
ouvrières? C'est là notre premier point. Pour prévenir
tout mal entendu, je commencerai par établir ce que
ne signifie pas cette élévation, ce en quoi elle ne consiste pas. Je dis donc, que par l'élévation du travailleur je n'entends pas qu'il soit élevé au-dessus du
besoin de travailler. Je n'attends pas une suite d'inventions qui l'affranchiront de sa tâche journalière.
Bien plus, je ne désire pas lui faire quitter l'atelier ou
la ferme, lui ôter des mains la hache et la bêche, et
faire de sa vie un long jour de fête. J'ai foi dans

le travail. C'est pour moi un effet de la bonté de Dieu que de nous avoir placés dans un monde où le travail seul nous fait vivre. Je ne changerais pas, quand je le pourrais, notre assujettissement aux lois physiques, à la faim, au froid, ni la nécessité de lutter continuellement avec le monde matériel. Quand je le pourrais, je ne tempérerais pas les éléments de manière qu'ils ne produisissent plus en nous que des sensations agréables ; je ne rendrais pas la végétation si riche qu'elle prévînt tous nos besoins, et les métaux si ductiles qu'ils n'offrissent plus de résistance à nos forces ou à notre habileté. Un tel monde ne ferait qu'une race méprisable. L'homme doit son développement, son énergie surtout, à cette tension de la volonté, à cette lutte contre la difficulté que nous appelons effort. Un travail facile, agréable ne fait pas de robustes esprits, ne donne pas à l'homme le sentiment de sa puissance, ne le forme pas à la patience, à la persévérance, à la constance de la volonté, cette force sans laquelle tout le reste n'est rien. Le travail manuel est une école où les hommes sont placés pour acquérir l'énergie d'intention et de caractère, conquête bien autrement importante que tout le savoir des écoles [1]. Ce sont, il est vrai, des maîtres sévères que la souffrance et le besoin, la fureur des éléments et les

---

[1] Remarque dont chacun peut reconnaître la justesse aujourd'hui, surtout en France, où la même éducation littéraire produit dans les professions dites libérales un encombrement tel que le petit nombre peut seul y trouver place, laissant ainsi en dehors une foule vaine d'un savoir inutile, avide de jouissances et d'émotions qu'elle ne peut satisfaire, animée de désirs ou de passions chimériques, et constituant ainsi par elle-même un vaste groupe de déclassés toujours prêts pour des révolutions ou des coups d'État. (Ch.)

vicissitudes des choses humaines ; mais ces rudes précepteurs font ce que nul ami indulgent et compatissant ne ferait pour nous ; et la vraie sagesse doit bénir la Providence pour ce rigoureux enseignement.

J'ai une grande foi dans le travail et la peine. Le monde par sa beauté et par son harmonie fait beaucoup pour l'esprit ; mais il agit encore plus par la peine qu'il nous donne, par sa résistance obstinée que rien ne peut vaincre, si ce n'est un travail opiniâtre, par ses forces immenses dont nous ne pouvons tirer parti qu'avec une adresse et des efforts constants, par ses dangers qui exigent de notre part une vigilance continuelle, et par son perpétuel combat. Je crois que les difficultés sont plus importantes pour l'esprit humain que ce que nous appelons des secours. Tous, il nous faut travailler si nous voulons développer et perfectionner notre nature. Alors même que nous ne travaillons pas de nos mains, il nous faut supporter d'une autre manière une fatigue équivalente. Toute occupation, toute étude qui ne présente pas d'obstacle, qui n'impose pas à l'intelligence et à la volonté une tâche complète, n'est pas digne de l'homme. Dans les sciences celui qui ne s'attache pas corps à corps aux questions difficiles, qui ne concentre pas toute son intelligence dans une attention puissante, qui ne vise pas à pénétrer ce qui d'abord le rebute, celui-là n'acquerra jamais de force d'esprit. Les avantages du travail s'étendent au delà de ce monde. L'habitude d'une occupation constante, sérieuse, est, je le pense, une de nos grandes préparations pour un autre ordre d'existence. Quand je vois combien de travail est exigé de l'homme, je sens que cela doit avoir des rapports im-

portants avec la vie future ; et que celui qui profite à
cette école a posé l'un des fondements essentiels des
progrès, des efforts et du bonheur qui l'attendent dans
le monde à venir.

Bienfaits du travail

Vous voyez que le travail a pour moi une grande
dignité. Ce n'est pas seulement le grand instrument
qui couvre la terre de fertilité et de beauté, qui soumet l'Océan, et plie la matière en mille formes agréables et utiles. Il a une mission bien plus élevée, c'est
de donner de la volonté, de l'énergie, du courage, de
la patience et de la persévérance. Malheur à qui n'a
pas appris à travailler ! C'est une pauvre créature. Il
ne se connaît pas lui-même. Il dépend d'autrui, sans
pouvoir lui rendre l'appui qu'il en reçoit. Et qu'il
n'aille pas s'imaginer qu il a le monopole du plaisir ;
le bien-être, le loisir doivent au travail tout ce qu'ils
ont de charmes ; nulle fatigue ne pèse autant que
l'oisiveté à celui qui n'a rien pour occuper son esprit.

Le travail ne doit pas être excessif et il doit être varié.

Je ne désire donc pas affranchir l'ouvrier du travail.
Ce n'est pas là l'élévation qu'on doit chercher pour
lui. Le travail manuel est un grand bien ; mais quand
je parle ainsi, on doit comprendre que je parle d'un
travail raisonnable. Excessif, il produit un grand mal.
Ce n'est plus un bien lorsqu'il absorbe toute la vie. Il
faut qu'il soit associé à de plus nobles moyens de progrès, autrement il dégrade au lieu d'élever. L'homme
a une nature variée, qui, pour se développer, de-

mande des occupations et une discipline variées. L'é-
tude, la méditation, la société et la récréation doivent
être entremêlées au travail physique. L'homme a une
intelligence, un cœur, de l'imagination, du goût, aussi
bien que des os et des muscles ; c'est lui faire tort
que de l'occuper exclusivement à gagner sa nourriture
matérielle. La vie doit être une succession d'occupations assez diverses pour mettre en action l'homme
tout entier. Malheureusement notre civilisation est
loin de réaliser cette idée. Elle tend à augmenter la
somme du travail manuel, au moment même où elle
le rend moins favorable à la culture de l'esprit. La
division du travail, qui distingue la vie civilisée
de la vie sauvage, et à laquelle nous devons la perfection des arts, tend à rapetisser les facultés intellectuelles, en confinant l'activité de l'individu dans
un étroit espace, en l'enchaînant à quelques détails,
comme de faire des têtes d'épingles, des pointes de
clous, ou de rattacher des fils brisés ; et tandis que
chez le sauvage les facultés se développent par la variété des occupations, et par les dangers mêmes auxquels il est exposé, l'homme civilisé parcourt le cercle
monotone, abrutissant d'un travail auquel la pensée n'a
point de part. Cela ne peut ni ne doit toujours durer
ainsi. Une variété d'action qui corresponde à la diversité
des facultés humaines, et qui en permette le complet développement, est l'élément le plus considérable de la civilisation. Ce devrait être le but des philanthropes. A
mesure que le christianisme répandra l'esprit de fraternité, il y aura et il doit y avoir une distribution
plus égale de travail et des moyens de progrès. Ce
système de travail excessif, qui mine la santé, abrége

la vie et affame l'intelligence, demande et doit recevoir de grandes modifications.

Néanmoins un labeur raisonnable est une part importante de la tâche qui nous est imposée ici-bas. C'est
la condition de toute amélioration, de tout bien-être
extérieur, en même temps qu'avec des influences et
des moyens plus élevés il concourt à la force et au développement de l'âme. Ne luttons pas contre lui. Nous
avons besoin de ce conseil, car aujourd'hui il y a une
disposition générale à fuir le travail manuel; cette
disposition devrait être considérée comme un des mauvais signes de notre temps. La ville est remplie d'aven-
turiers venus de la campagne, et les professions libérales sont encombrées, parce qu'on espère échapper
ainsi à la sentence première qui nous condamne à
vivre à la sueur de notre front. C'est à cet encombrement des villes que nous devons non-seulement
attribuer la négligence de l'agriculture, mais, ce qui
est bien pis, la démoralisation du pays. Cet encombrement engendre une concurrence excessive qui produit nécessairement la fraude. Le commerce devient
un jeu; un goût de spéculation effrénée, expose les
intérêts publics et privés à une instabilité désastreuse.
Affranchir du travail manuel les classes laborieuses
n'entre donc pas dans la mission des philanthropes
qui veulent élever la condition du peuple. Une sage
philanthropie conseillerait même, s'il était possible,
à tous les hommes, quel que fût leur état, de mêler
dans une certaine mesure ce travail à leurs autres occupations[1]. Le corps aussi bien que l'esprit a besoin

---

[1] C'était aussi l'opinion de J.-J. Rousseau et qui lui a fait écrire son
Émile. Mais quelle différence entre le génie large, lumineux, vraiment

d'un exercice vigoureux, les hommes d'étude ne seraient que plus heureux s'ils étaient habitués à travailler aussi bien qu'à penser. Apprenons donc à considérer le travail manuel comme la véritable discipline de l'homme. Bon nombre des plus sages et des plus grands esprits ont travaillé sur l'établi ou à la charrue.

La sagesse est de s'élever par le travail en conservant une existence modeste.

J'ai dit que, par l'élévation des classes ouvrières, je n'entendais pas leur affranchissement du travail. J'ajoute qu'elles n'atteindront pas cette élévation en se poussant de force dans ce qu'on appelle les premiers rangs de la société. Je désire que les ouvriers s'élèvent, mais je ne veux pas en faire des messieurs et des dames, dans l'acception ordinaire du mot. Ce que je souhaite pour eux, ce n'est pas un changement extérieur et de parade, mais un changement intérieur, réel, qui leur donne, non pas un nom nouveau et un rang artificiel, mais une solide amélioration et de véritables droits au respect. Je ne veux ni les habiller chez un tailleur parisien, ni leur apprendre le maintien dans une école de danse. Je n'ai point le désir de les voir, à la fin du jour, se débarrasser de leurs vêtements de travail pour aller jouer un rôle dans les cercles élégants. Je ne souhaite point qu'on les admette à des fêtes splendides, ou qu'ils prennent le goût des meubles somptueux. Il n'y a rien de cruel dans la nécessité qui oblige le plus grand nombre des hommes à se nourrir, à se vêtir et à se loger simple-

libéral, profondément humain de Channing et l'esprit exclusif, systématique, tendu du citoyen de Genève. (Ch.)

ment et sans luxe, surtout quand l'obligation est
exécutée aussi doucement que dans ce pays, où le
travail éprouve rarement d'interruption, où les entreprises sont d'une facilité sans exemple, où les ouvriers, à peu d'exceptions, doivent être satisfaits de
leur condition. Pour donner à leur demeure un air
de recherche et de grâce aussi bien que d'aisance, la
plupart n'ont besoin que d'un peu plus de goût pour
l'ordre, la beauté et la propreté. Ici la masse des travailleurs a sa part de bien-être matériel. Une nourriture abondante et saine, assaisonnée par l'appétit
que procure le travail, est, après tout, plus agréable
et plus salubre que les plats recherchés des riches ; le
sommeil de l'ouvrier est plus profond, plus rafraîchis-
sant que celui de l'oisif. Quand même la chose serait
possible, je serais donc fâché de voir les ouvriers devenir gens à la mode. La mode est un pauvre état ;
son symbole, qui fait de l'oisiveté un privilége et du
travail un malheur, est une des erreurs les plus funestes. Vivre d'une vie qui n'a rien de réel, sans une
pensée sérieuse, sans un sentiment profond, sans une
volonté arrêtée ; sacrifier la substance à l'apparence ;
substituer le factice au naturel ; prendre une coterie
pour la société ; trouver son principal plaisir dans le
ridicule, et épuiser son esprit en expédients pour tuer
le temps : voilà ce qui constitue la mode ; c'est le
dernier métier qui convienne à un homme qui se
respecte ou qui sait quel est le but de la vie.

Les qualités et le mérite personnel assignent à chacun sa vraie place

Je parle énergiquement, parce que je voudrais combattre une disposition trop ordinaire chez les ou-

vriers qui leur fait regarder avec envie et admiration ce qu'on appelle les classes supérieures. Cette disposition se montre chez eux sous différentes formes. Ainsi, lorsqu'un d'entre eux réussit, souvent il oublie ses anciennes connaissances ; il se pousse, s'il peut, dans un cercle plus recherché. Tant qu'il entre en relation avec des hommes instruits, bien élevés, généreux et véritablement honorables, il améliore sans doute sa condition ; mais si, comme il arrive trop souvent, il se fait admettre par faveur dans un cercle qui n'a d'autre mérite que l'ostentation et le luxe, qui ne lui accorde qu'un dédain protecteur, en échange de la vieille et honorable influence qu'il exerçait sur ses camarades, il ne fait rien moins que s'élever. Ce n'est point là l'élévation que je désire pour l'ouvrier. Je ne lui souhaite point de se guinder dans une condition qui n'est pas la sienne. Non ! qu'il ne soit pas le copiste servile d'une autre classe, qu'il vise à un but plus haut que tout ce qu'on a jamais atteint ! Qu'il n'associe pas l'idée de dignité et d'honneur avec certaines manières de vivre et certaines relations de société. Je voudrais que chacun restât sur son terrain, qu'on prît sa place dans le monde suivant ses qualités et son mérite personnels, et non suivant les avantages que donne le hasard ; je voudrais que chaque membre de la société eût à sa disposition de tels moyens de progrès que, pourvu qu'il ne se manquât pas à lui-même, il n'eût pas besoin de vains avantages pour obtenir le respect de ceux qui l'environnent.

Danger pour l'ouvrier des brigues politiques.

J'ai dit que le peuple ne doit pas s'élever en s'affranchissant du travail ou en se poussant dans une autre classe. Je n'entends pas davantage que les ouvriers s'élèveront en devenant une réunion de politiques pénétrés de leur importance personnelle; en s'emparant du pouvoir isolément ou en corps; en triomphant des riches, en réussissant par une coalition de votes à se subordonner l'administration et le gouvernement. L'individu ne s'élève pas parce qu'il figure dans les affaires publiques, ou même parce qu'il arrive au pouvoir. Il a besoin d'une élévation préalable pour ne pas échouer en politique. La véritable gloire est de se gouverner soi-même et non pas de gouverner autrui. Servir par amour et non pas commander : voilà la grandeur chrétienne. Le pouvoir n'est pas la dignité. Vous trouverez au pouvoir les hommes les plus bas, c'est-à-dire les plus infidèles aux vrais principes, les esclaves les plus vils de l'opinion. Je suis fâché de le dire, mais la vérité m'y force ; aujourd'hui la politique dans ce pays fait peu de chose pour élever ceux qui y prennent part. Elle est en opposition avec une haute moralité. Sans doute, à la considérer comme l'étude des affaires publiques, comme la recherche du véritable bien, du bien durable de la société, comme l'application de grands principes qui ne changent pas, la politique est une noble sphère de pensée et d'action ; mais la politique, dans le sens ordinaire du mot, c'est-à-dire une invention d'expédients temporaires, une partie où l'on joue de ruse, cette tactique des ambitieux qui veulent emporter le pouvoir et s'en par-

tager les dépouilles en élevant une coterie au-dessus
d'une autre : tout cela n'est qu'un métier avilissant et
méprisable.

Pour s'élever, le peuple doit remplacer la passion par la réflexion.

Quelquefois on excite les ouvriers à rechercher le
pouvoir pour leur classe ; c'est, pense-t-on, un moyen
de les élever. Mais aucune classe ne doit dominer chez
nous. Toutes les conditions de la société doivent être
représentées dans le gouvernement et y trouver une
égale protection ; on ne doit attendre que des malheurs pour les individus et pour le pays si jamais
une classe réussissait à s'emparer du pouvoir politique comme d'un monopole. Je ne veux nullement
dissuader le peuple d'accorder son attention à la politique. Il doit étudier sérieusement les intérêts du
pays, les principes de nos institutions, le but des
mesures publiques. Mais le malheur, c'est qu'il n'*étudie* point, et tant qu'il ne le fera pas, il ne pourra
s'élever par l'action politique. On perd maintenant
un temps considérable qui, s'il était bien employé,
formerait une population éclairée, on le perd à lire
ces journaux, à entendre ces conversations qui enflamment les passions, qui défigurent sans scrupule la
vérité, qui déclarent l'indépendance morale une tra-
hison faite au parti, qui agitent le pays sans autre
but que de vaincre des adversaires ; c'est ainsi qu'on
dégrade le peuple, en lui faisant haïr ou adorer des
idoles, toujours dupe des ambitieux ou esclave d'une
faction. Pour s'élever, il faut que le peuple remplace
la passion par la réflexion ; il n'y a pas d'autre moyen.

Dangers de l'exaltation politique dans toutes les classes.

En faisant ces observations, je n'ai point l'intention
d'accuser les classes laborieuses de toute la passion
qu'on trouve dans le pays. Toutes les classes ont leur
part de cette folie qui les abaisse toutes. Les esprits
exaltés ne sont pas dans une seule portion de la société. Ils ne sortent pas de la classe des ouvriers, ces
orateurs dont les paroles délirantes retentissent dans
la salle du congrès, et, de là, sont répandues dans tout
le pays comme une éloquence de bon aloi. Les préjugés de parti se manifestent avec autant de force à
la Bourse, et même dans le salon, que dans l'atelier.
Le mal s'est répandu partout ; cependant il ne me décourage pas, car je vois que s'il n'admet pas de guérison, il admet au moins quelque adoucissement. Je
suis persuadé que ces lectures et les autres sources
de plaisirs intellectuels qui s'ouvrent maintenant pour
le public, diminueront la fièvre politique, en donnant
à l'esprit un meilleur sujet d'occupation. Il y a beaucoup aussi à attendre de cet accroissement de respect
personnel qu'on remarque chez le peuple, et qui le
fera reculer avec indignation devant la honte d'être employé comme un partisan aveugle ou comme un simple
instrument. Il y a beaucoup aussi à attendre de la
découverte qui se produira tôt ou tard qu'on s'exagère
énormément l'importance du gouvernement, qu'il ne
mérite pas tant de bruit, et qu'il y a pour l'humanité
des moyens de bonheur bien autrement efficaces. Les
institutions politiques seront de moins en moins déi-
fiées, leur place s'amoindrira ; en appréciant le gouvernement à sa juste valeur, on sentira quelle est la

folie de l'excitation politique qui règne aujourd'hui, et on en rougira.

La véritable élévation est celle de l'âme.

J'ai dit maintenant ce que, selon moi, n'était pas l'élévation des classes ouvrières. Ce n'est pas un changement de condition extérieure ; ce n'est pas l'affranchissement du travail ; ce n'est pas la lutte engagée pour parvenir à un autre rang ; ce n'est pas le pouvoir politique : c'est quelque chose de bien plus grand et de bien plus profond. Je ne connais pour l'homme qu'une élévation véritable : c'est l'élévation de l'âme. Sans elle, qu'importent la place et la fortune de l'individu? Avec elle, il règne, il est membre de la noblesse de Dieu, quelle que soit sa place sur l'échelle sociale. Il n'y a qu'une élévation pour l'ouvrier comme pour le reste des hommes. Il n'y a point différentes espèces de dignité pour les différentes classes de la société, il n'y en a qu'une; elle est la même pour tous. La seule élévation consiste dans l'exercice, le développement, l'énergie des plus nobles principes et des plus hautes facultés de l'âme. Une force étrangère peut pousser l'oiseau plus haut vers les cieux; mais il s'élève seulement, dans la véritable acception du mot, quand il étend ses ailes et prend son vol par la puissance qui vit en lui. De même un homme peut être poussé par les événements à une place éminente, mais il ne s'élève qu'autant qu'il exerce et développe ses facultés les plus précieuses, et que, par un libre effort, il monte à une plus noble région de pensée et d'action. Telle est l'élévation que je désire pour l'ouvrier, et je n'en veux pas d'autre. Cette élévation, il

est vrai, trouve un secours dans l'amélioration de la
condition extérieure du travailleur, et elle l'améliore
à son tour Grâce à cette alliance, le bien-être est
chose bonne et réelle ; mais supposons-le séparé de la
vie morale et du progrès intérieur, il n'a plus de valeur ; je ne lèverais pas un doigt pour l'accroître.

L'âme et l'esprit se dégagent de la matière ; dès lors l'ouvrier peut
s'élever par le travail.

On dira, je le sais, que les classes laborieuses ne
peuvent et ne pourront jamais atteindre l'élévation
dont j'ai parlé, et que par conséquent on ne devrait
pas les bercer du vain rêve d'y parvenir. On dira que
la plus grande partie des hommes est évidemment
destinée à gagner, par un travail manuel, le bien-être
physique et matériel, et que, chez l'ouvrier, l'esprit
est nécessairement trop attaché à la matière pour
s'élever plus haut. Tout à l'heure j'examinerai cette
objection ; mais je ferai simplement remarquer en
passant que ceux qui la font ont étudié le monde matériel avec bien peu de soin, s'ils supposent qu'il a
été créé comme un tombeau pour l'esprit de la plupart
de ceux qui l'habitent. La matière a été créée pour
l'esprit, le corps pour l'âme. L'âme, l'esprit est la fin
de cette vivante organisation de chair et d'os, de nerfs
et de muscles ; la fin de ce vaste système qui comprend
et la mer et la terre, et l'air et les cieux. Cette création
sans bornes, ce soleil, cette lune, ces étoiles, ces
nuages, ces saisons n'ont pas été simplement établis
pour nourrir et vêtir le corps, mais d'abord et avant
tout, pour éveiller, nourrir et développer l'âme, pour
être l'école de l'intelligence, la nourrice de la pensée

et de l'imagination, le champ des facultés actives, la révélation du Créateur, le lien d'union sociale. Nous avons été placés dans la création matérielle, non pour en être 'es esclaves, mais pour la maîtriser et la faire servir à nos plus nobles facultés. Il est intéressant de remarquer tout; ce que le monde matériel fait pour l'esprit. La plupart des sciences, des arts, aes professions et des occupations de la vie sortent de nos rapports avec la matière. Le physicien, le médecin, l'homme de loi, l'artiste et le législateur, trouvent dans la matière l'objet où l'occasion de leurs études. Le poëte lui emprunte ses images ; c'est par son secours que le sculpteur et le peintre expriment leurs nobles conceptions. Les besoins matériels mettent le monde en action. Les organes des sens, surtout l'œil, éveillent des pensées infinies dans l'esprit. Soutenir donc que la masse des hommes est et doit être tellement noyée dans la matière que leur âme ne puisse pas s'élever, c'est méconnaitre le grand objet de notre union avec la matière. La philosophie qui ne voit pas dans les lois et les phénomènes de la nature extérieure le moyen d'éveiller l'esprit, est une philosophie à courte vue, une philosophie déplorable, et un état social qui laisse écraser et affamer l'âme par l'excès du travail matériel, est en guerre contre les desseins de Dieu ; il change en esclavage ce qui devait affranchir l'âme et la développer.

En quoi consiste l'élévation de l'âme.

L'élévation de l'âme, voilà donc ce qu'on doit désirer pour l'ouvrier aussi bien que pour les autres hommes, mais qu'entend-on par là? Ce mot, je le sais,

7.

est vague, et prête à la déclamation. Je vais essayer
d'en donner une idée précise; mais je ne peux pas
employer un langage qui dispense l'auditeur de la nécessité de réfléchir. Le sujet est un sujet spirituel. Il
nous transporte dans les profondeurs de notre nature,
et je ne puis rien dire d'utile sans mettre à l'épreuve
toute votre attention, sans exiger de vous un certain
effort de pensée. Je sais que ces lectures ont pour but
un plaisir plutôt qu'un travail intellectuel ; mais,
comme je vous l'ai dit, j'ai grande foi dans le travail,
et je sens que je ne puis être plus utile qu'en stimulant l'auditeur à quelque action énergique de l'esprit.

L'élévation de l'âme, en quoi consiste-t-elle? Sans
viser à une exactitude philosophique, j'en donnerai
une idée assez précise en disant qu'elle consiste premièrement dans la force de la pensée employée à
l'acquisition de la vérité ; secondement, dans la force
de sentiments purs et généreux ; troisièmement, dans
la force de résolution morale. Chacun de ces sujets
exigerait un discours. Je dois me borner au premier
qui, néanmoins, vous fera connaître jusqu'à certain
point mes idées sur les deux autres.

Avant d'entrer en matière, qu'il me soit permis de
vous soumettre une réflexion. Pour quiconque veut
relever en soi la dignité humaine, qu'il soit riche ou
pauvre, ignorant ou instruit, il y a une condition essentielle à remplir, une résolution à prendre, un
effort à faire, sans quoi on ne peut avancer d'un pas.
Il faut qu'on se propose avec fermeté de s'affranchir,
qu'on travaille à se dégager de tout ce qu'on trouve
de mauvais dans sa vie. Celui qui s'abandonne
sciemment au crime ou à quelque mauvaise habitude,

renonce à tout progrès intellectuel et moral. En ce
point, tout homme doit agir sans détour avec lui-
même. S'il ne veut pas écouter sa conscience qui lui
reproche la violation d'un devoir évident, qu'il ne
songe pas à son élévation. La base manque ; il bâtira
sur le sable, si toutefois il bâtit.

Le sujet principal.

J'aborde maintenant mon sujet principal. J'ai dit
que l'élévation de l'homme doit être cherchée, ou plutôt consiste d'abord dans la force de pensée employée
à l'acquisition de la vérité ; je vous prie de m'accorder
en ce moment toute votre attention. La pensée
est la distinction fondamentale de l'âme et le grand
œuvre de la vie. Tout ce que l'homme fait extérieurement n'est que l'expression et le complément de sa
pensée. Pour travailler avec efficacité, il faut qu'il
pense avec netteté. Pour agir noblement, il faut qu'il
pense noblement. La force intellectuelle est un élément principal de la vie de l'âme ; tout homme doit
l'envisager comme une des fins principales de son être.
On établit ordinairement une distinction entre l'intelligence et la conscience, entre la faculté de penser
et la vertu, et l'on dit souvent qu'une action vertueuse
vaut mieux qu'une belle pensée. Mais c'est mutiler
notre nature que de tirer ainsi des lignes de démarcation entre des actes ou des énergies de l'âme qui sont
intimement, indissolublement unies. La tête et le
cœur ne sont pas plus essentiellement unis que la
pensée et la vertu. Est-ce que la conscience ne comprend pas comme partie d'elle-même les plus nobles
actes de l'intelligence et de la raison ? N'est-ce pas la

dégrader que d'en faire simplement un sentiment? N'est-elle pas quelque chose de plus? N'est-ce pas le sage discernement de ce qui est juste, de ce qui est saint, de ce qui est bon? Otez le raisonnement à la vertu, que reste-t-il qui soit digne de l'homme? Est-ce que la vertu n'est qu'un instinct aveugle? N'est-elle pas fondée sur la perception nette et vive de ce qui rend aimables et grands le caractère et les actions? Séparé de la raison, ce que nous appelons conscience ou désir de faire le bien, se perd dans les illusions, les exagérations, les excès funestes. C'est au nom de la conscience qu'on a commis les actions les plus cruelles. Les hommes se sont mutuellement haïs et assassinés en croyant accomplir un devoir. Les plus coupables fraudes ont pris le nom de pieuses supercheries. La raison, l'intelligence, c'est la dignité de l'homme; on ne s'élève qu'autant qu'on apprend à penser nettement, puissamment, et qu'on dirige toute l'énergie de son esprit vers l'acquisition de la vérité. Chacun doit étudier, quelle que soit sa condition. Quelle que soit d'ailleurs sa vocation, la principale vocation de l'homme est de penser.

Je dis que tout homme doit être un étudiant, un penseur. Cela ne veut pas dire qu'il doive s'enfermer entre quatre murs et courber son corps et son esprit sur des livres. On a pensé avant que les livres fussent écrits; quelques-uns des plus grands penseurs ne sont jamais entrés dans un cabinet d'étude. La nature, les écritures sacrées et la vie présentent un aliment continuel à l'intelligence. Celui qui, pour acquérir la vérité, rassemble, concentre, emploie ses facultés, est un étudiant, un penseur, un philosophe, il s'élève à la di-

gnité d'homme. Il est temps de ne plus réser ver pour
les savants de profession les noms de penseurs et de
philosophes. Quiconque cherche la vérité, n'importe
quand et comment, appartient à l'école de l'intelligence.

Dans l'acception la plus large du mot, on peut
dire que tous les hommes pensent; c'est-à-dire qu'une
succession d'idées, de notions, traversent leur esprit
du matin au soir; mais si cette succession est passive,
sans direction, amenée seulement par le hasard
et le choc extérieur, elle ne vaut guère plus que
l'expérience de la brute qui, pendant ses heures de
veille, reçoit passivement aussi ses sensations du dehors. Une telle pensée, si on peut lui donner ce nom
quand elle n'a pas de but, est aussi inutile que la vi-
sion d'un œil qui ne se repose sur rien, qui parcourt,
sans s'arrêter, la terre et le ciel, et qui par conséquent
ne reçoit aucune image distincte. La pensée, dans son
sens véritable, est un acte de l'intelligence. L'esprit,
quand il pense, ne reçoit pas seulement des impressions, des suggestions du dehors ou du dedans, il réagit
sur elles, il y porte toute son attention, il y concentre
toutes ses forces; il les décompose, il les analyse
comme en un laboratoire vivant, et puis il les combine
de nouveau, il suit leurs rapports, et s'imprime ainsi
lui-même sur tous les objets qui l'occupent.

Cet univers dans lequel nous vivons, Dieu l'a évidemment destiné à exciter ainsi la pensée. Le monde
est plein de difficultés et de mystères que l'effort de
l'intelligence peut seul pénétrer et éclaircir. Chaque
objet, même le plus simple dans la nature et dans la
société, chaque événement de la vie est composé d'é-

léments divers délicatement unis; si bien que, pour
comprendre ici-bas quelque chose, il nous faut, de
complexe qu'elle est, la diviser et la réduire, et puis
examiner le rapport mutuel de toutes les parties. Et
ce n'est pas assez. Tout ce qui entre dans l'esprit renferme en soi non-seulement un mystère profond, mais
tient par mille liens au reste des choses. L'univers
n'est point un amas confus et sans ordre, c'est un ensemble admirable, marqué partout du sceau de l'u-
nité, fait pour être l'image de l'Esprit un et infini.
Rien n'est isolé. Toutes choses sont unies, chacune
existant pour toutes et toutes pour chacune. L'objet
le plus humble a des rapports infinis. Le fruit que
vous voyez sur votre table vous est venu du premier
plant que Dieu fit pousser sur la terre; il est le produit des pluies et d'un soleil de six mille ans. Un tel
univers demande donc la pensée pour être compris;
nous y avons été placés pour penser, pour développer
la force qui est en nous, pour pénétrer sous la surface
des choses, pour remonter des faits et des événements particuliers jusqu'à leurs causes et leurs effets,
à leurs raisons et leurs fins, pour observer leur
action réciproque, leurs diversités et leurs ressemblances, leurs proportions et leurs harmonies, ainsi
que les lois générales qui les régissent.

Voilà ce que j'entends par le mot *penser* ; et c'est
ainsi que l'esprit s'élève à une dignité qui rappelle
humblement la grandeur de l'intelligence divine;
c'est-à-dire qu'il s'élève de plus en plus à l'unité des
vues, aux principes larges et généraux, aux vérités
universelles, à un aperçu de l'ordre et de la perfection
du divin système, et par là, à l'adoration profonde et

éclairée du Père infini. Ne vous étonnez pas comme si
je vous présentais une hauteur de pensée à laquelle on
doit désespérer d'atteindre; quiconque cherche franchement et sérieusement à voir les choses comme elles
sont, à en saisir les rapports, à donner de la consis-
tance et de l'harmonie aux idées vagues et opposées
qui traversent son esprit, approche de la dignité dont
je parle. Vous êtes tous capables de penser comme je
le recommande. Vous avez tous exercé votre esprit
dans un certain degré. L'enfant qui jette un coup d'œil
curieux sur un nouveau jouet et le met en pièces,
pour découvrir le mystère d'un mécanisme qui le
surprend, a déjà essayé le travail dont je parle; il
commence à être philosophe, à pénétrer l'inconnu, à
chercher la raison des choses. Qu'il continue comme
il a commencé, qu'il fasse une des grandes occupations de sa vie d'examiner les éléments, les rapports
et les raisons de tout ce qu'il aperçoit dans son cœur,
dans la société ou dans le monde, et quelle que soit
sa condition, il s'élèvera par degrés à une liberté et à
une force de pensée, à une largeur et à une unité de
vues qui seront pour lui comme une révélation intérieure, et le gage de la grandeur intellectuelle pour
laquelle il a été créé.

La force de la pensée sert à l'acquisition de la vérité.

Vous observerez qu'en plaçant l'élévation du travailleur et de tout homme dans la force de la pensée, je
suppose constamment que cette force sert à l'acquisition de la vérité. Je vous prie de ne jamais perdre
de vue ce motif, car il est essentiel à la dignité intellectuelle. La force de la pensée peut servir à d'autres

fins, pour amasser de la fortune, pour se procurer
des plaisirs égoïstes, pour acquérir une autorité personnelle sur les autres, pour aveugler autrui, et le prendre dans des sophismes, pour embellir le vice d'un
éclat trompeur, et donner à la mauvaise cause l'apparence de la bonne ; mais l'énergie de la pensée ainsi
employée n'est autre chose qu'un suicide. En se faisant le soutien du vice, l'instrument des passions,
l'avocat du mensonge, l'intelligence n'est pas seulement dégradée, elle est malade. Elle perd la faculté de
distinguer le vrai du faux, le bien du mal, le juste de
l'injuste ; elle est comme un œil qui ne peut plus
discerner ni les couleurs ni les formes. Malheur à qui
n'a pas l'amour de la vérité ! C'est faute de cet amour
que le génie est devenu un fléau pour le monde, que
son souffle a été un poison, que son éclat n'a servi
qu'à entraîner dans les sentiers de la peste et de la
mort. La vérité, c'est la lumière de l'Esprit infini, c'est
l'image de Dieu dans ses créatures. Rien ne dure que
la vérité. Les rêves, les fictions, les théories que les
hommes voudraient y substituer meurent bientôt.
Si nous n'avons pas la vérité pour guide, tout effort
est inutile et toute espérance sans fondement.

La recherche de la vérité est la vraie base de l'éducation.

L'amour de la vérité, la soif insatiable de la vérité,
la ferme résolution de la chercher et de la garder
fidèlement, voilà donc ce qu'il faut considérer comme
la vraie base de l'éducation et de la dignité humaines.
Toute précieuse que soit la pensée, la vérité est plus
précieuse encore ; car, sans elle, la pensée s'égare, se
ruine elle-même, et précipite l'homme dans le crime

et la misère. Le plus grand défaut de la chaire et de
l'enseignement, c'est qu'on y cherche trop peu à inculquer l'amour impartial, sérieux, respectueux de
la vérité, la résolution de travailler, de vivre et de
mourir pour elle. Que l'ouvrier soit pénétré de cet
esprit ; qu'il sache que le but de la pensée c'est la
vérité ; qu'il apprenne à regarder la vérité comme plus
précieuse que son pain quotidien, et dès lors vous
avez ouvert en lui la source d'une amélioration sérieuse et qui ne s'arrêtera plus. Il a commencé d'être
homme ; il devient l'un des élus de sa race. Et je ne
désespère pas de cette élévation de l'ouvrier. Malheureusement, jusqu'ici on a peu ou presque rien fait
pour inspirer soit aux riches, soit aux pauvres l'amour
de la vérité pour la vérité même, ou pour la vie, l'inspiration et la dignité qu'elle donne à l'âme. Les
heureux du monde possèdent ce principe aussi peu
que les classes ouvrières. Je crois, il est vrai, que le
luxe du riche lui est plus contraire que le travail et
la misère du pauvre. Avec une bonne éducation, on
peut donner ce principe aux hommes de toute condition, et former partout des philosophes, d'heureux
et nobles penseurs. Ces observations me paraissent
d'une importance toute particulière, parce qu'elles
montrent combien est intime l'union qui existe entre
la nature morale et intellectuelle, et comment toutes
deux doivent agir de concert dès le début. Toute
éducation repose sur une base morale, sur le désintéressement de l'esprit, sur la disposition de tout
sacrifier à la vérité ; sans cet élément moral, la force
de pensée toute seule ne peut servir en rien à notre
élévation.

On me dira, je le sais, que penser est chose difficile, que rassembler et concentrer son esprit pour
atteindre la vérité est plus rude que de travailler de
ses mains. Soit ! Mais sommes-nous assez faibles pour
espérer de nous élever sans peine? Est-ce qu'il est un
homme, ouvrier ou non, qui s'attende à fortifier son
esprit ou son corps sans une action énergique? Si
l'enfant grandit et se fortifie, n'est-ce pas en mettant
dans ses jeux mêmes un certain degré de fatigue, de
lutte et d'effort? La vie sans difficultés ne devient-elle
pas triste et insipide? Un vif intérêt ne peut-il changer
le travail en plaisir? Que l'amour de la vérité s'éveille,
les obstacles de la route exciteront l'esprit sans le
décourager, et ajouteront un nouveau charme à la
conquête de la vérité.

Objets sur lesquels la pensée doit s'exercer.

Jusqu'ici, j'ai parlé de la force de la pensée en général. Mes idées seront plus complètes et plus claires
quand j'aurai considéré les objets sur lesquels cette
force doit s'exercer. On peut les réduire à deux classes :
la matière et l'esprit; le monde physique qui frappe
les yeux, et le monde intellectuel. L'ouvrier est appelé
surtout à étudier la matière, puisque son métier est
de la travailler, et il la manie d'autant mieux, avec
d'autant plus de force, de gaieté et de confiance, qu'il
connaît mieux sur quoi il agit, qu'il sait mieux les
lois et les forces dont il tire parti, qu'il comprend
mieux ce qu'il fait, et qu'il peut expliquer les changements qui s'opèrent sous ses yeux. Le travail devient
chose nouvelle quand on y mêle la pensée, quand l'esprit marche en même temps que les mains. Tout fer-

mier devrait étudier la chimie, de manière à connaître
les éléments du sol, de la végétation, des engrais, et
les lois d'après lesquelles ils se combinent ou se séparent. L'artisan devrait aussi connaître les éléments
de la mécanique, les lois du mouvement, l'histoire et
la composition des diverses substances qu'il travaille.
Laissez-moi ajouter que le fermier et l'artisan doivent
cultiver le sentiment du beau. Quel charme, quelle
nouvelle valeur le fermier n'ajouterait-il pas à son
champ et à sa maison, s'il était homme de goût? L'objet
produit par l'ouvrier, qu'il soit grand ou petit, que ce
soit une maison ou un soulier, a plus de valeur, quelquefois beaucoup plus, quand on lui donne de la grâce
et de la proportion. En France, ce n'est pas chose rare
que d'enseigner le dessin aux ouvriers, afin qu'ils
acquièrent la promptitude du coup d'œil, la sûreté de
la main, et qu'ils puissent ainsi communiquer à leurs
ouvrages l'attrait de la beauté. Chacun doit tâcher de
donner cette perfection à son travail. Plus on met
d'esprit dans son œuvre, mieux elle vaut. Sans
l'habitude de la réflexion, l'homme agit comme une
brute ou une machine, plutôt que comme un homme.
Avec elle, l'âme conserve sa vivacité au milieu du
travail. On apprend à attacher un œil observateur sur
les procédés de son métier, on trouve des moyens
d'abréger la peine, on entrevoit des découvertes importantes, on peut parfois perfectionner son industrie.
Aujourd'hui même, après toutes les merveilles d'invention qui font honneur à notre siècle, nous nous
doutons peu de tous les perfectionnements mécaniques
qu'amènerait la propagation des sciences physiques
parmi les ouvriers.

La nature comme objet d'étude.

Mais je ne m'arrête pas là. La nature doit occuper notre pensée, non pas simplement pour le secours que l'ouvrier tire de la science, mais pour une fin plus haute. On doit étudier la nature pour elle-même, parce que c'est le merveilleux ouvrage de Dieu, parce que la perfection divine y est imprimée, parce qu'elle rayonne de beauté, de grandeur, de sagesse et de bonté. L'ouvrier, comme tout autre homme, doit recevoir une éducation libérale, c'est-à-dire une éducation qui lui serve non-seulement pour le soutien de son corps, mais pour la vie, le développement et l'élévation de son intelligence. Me demandera-t-on si j'espère que l'ouvrier parcourra le cercle entier des sciences physiques? Non, certes; et je ne m'attends pas non plus à ce que le marchand, l'avocat ou le prédicateur le fassent davantage. Cela n'est nullement nécessaire à l'élévation de l'âme. Les vérités scientifiques qui donnent à l'esprit le plus de dignité, ce sont ces lois générales de la création qu'il a fallu des siècles pour découvrir, mais qu'une intelligence active et bien disposée étudie en peu de temps, et comprend assez pour interpréter les révolutions naturelles qui se passent autour de nous, pour voir dans la marche de l'univers l'œuvre d'une Puissance une et infinie, et dans son arrangement la manifestation d'une Sagesse une et impénétrable.

C'est en nous-même que se trouve la vérité.

Ceci me conduit à considérer le second et grand objet sur lequel doit s'exercer la pensée, je veux dire

l'âme, l'esprit, et dans ce mot je comprends Dieu
et toutes les créatures intelligentes. C'est le sujet de
ce qu'on appelle sciences morales et métaphysiques.
C'est le grand champ de la réflexion ; car le monde
extérieur, matériel, est l'ombre du monde spirituel ;
il a été créé pour le servir. Cette étude est vaste.
Elle comprend la théologie, la métaphysique, la morale, la politique, l'histoire, la littérature. C'est une
nomenclature effrayante ; il semble qu'elle comprend une énorme quantité de connaissances nécessairement placées hors de la portée de l'ouvrier. Mais
c'est une réflexion pleine d'intérêt que de songer que
tout homme a, dans sa propre nature, la clef de ces
sciences diverses, de sorte qu'elles lui sont particulièrement accessibles. D'où me viennent mes idées sur
Dieu, sur mes semblables, sur les actions, les maux,
les motifs qui composent l'histoire universelle? Toutes
ces choses, je les comprends, par la conscience de ce
qui se passe dans mon âme. Mon esprit est un type
qui représente tous les autres, il me sert à les comprendre tous. D'où me viennent mes notions sur l'intelligence, la justice, la bonté et la puissance de Dieu?
De mon propre esprit qui contient les germes de ces
attributs. L'idée que j'en ai, je la tire d'abord de ma
propre nature, et c'est pourquoi je comprends les
autres êtres. C'est ainsi que le fond de toutes les
sciences qui traitent de l'esprit existe dans toutes les
âmes. L'homme de bien, dans ses affaires et dans sa
famille, exerce des facultés et des affections qui ont
de la ressemblance avec les attributs de la Divinité, et
avec les facultés qui ont illustré les plus grands hommes ; de sorte qu'en s'étudiant soi-même, en apprenant

à connaître les plus nobles principes et les lois de son
âme, il étudie véritablement Dieu, il étudie toute
l'histoire humaine, il étudie la philosophie qui a im-
mortalisé les sages des temps anciens et modernes.
Dans l'esprit et la vie de chaque homme, tous les
autres esprits, toutes les autres vies sont plus ou
moins représentés, plus ou moins contenus. Pour
étudier les autres choses, il faut que j'entre dans le
monde extérieur et peut-être que j'aille bien loin.
Pour étudier la science de l'esprit, je n'ai qu'à rester
au logis et à descendre dans mon âme. Les livres les
plus profonds qu'on ait jamais écrits ne font rien de
plus que de produire, que de placer sous son vrai jour
ce qui se passe dans votre pensée. Ainsi c'est près de
vous, c'est en vous que se trouve la vérité.

Ce qu'il faut comprendre et sentir pour élever son âme.

Certes, je ne m'attends pas à ce que l'ouvrier comprenne en détail les différentes sciences qui touchent
à l'esprit. Peu d'hommes, dans quelque rang que ce
soit, les comprennent ainsi. Et cela n'est pas nécessaire ; bien que, lorsqu'on en a le temps, l'étude approfondie de quelque branche spéciale et d'un intérêt
particulier offre toujours une grande utilité. Ce qu'il
faut pour élever l'âme, ce n'est pas de connaître tout
ce qu'on a pensé ou écrit concernant la nature spirituelle, ce n'est pas de devenir une vivante encyclo-
pédie, c'est de comprendre et de sentir les grandes
idées où aboutissent toutes les découvertes, ces idées
qui résument toutes les sciences, et que le philosophe
tire de détails infinis. Ce n'est pas la quantité, mais
la qualité des connaissances qui fait la dignité de

l'esprit. Un homme qui a une lecture immense, mais qui manque d'idées larges et compréhensives, est de beaucoup inférieur en intelligence à un ouvrier qui, avec peu de savoir, a cependant saisi de grandes vérités.

Ce qui éclaire et élève l'esprit.

Par exemple, je ne demande pas que l'ouvrier étudie la théologie dans les langues anciennes, dans les écrits des Pères, dans l'histoire des sectes, etc., etc.; ce n'est pas nécessaire. Toute la théologie, dispersée qu'elle est dans d'innombrables volumes, se résume dans l'idée de Dieu. Que cette idée brille nette et claire dans l'âme de l'ouvrier, il aura en lui l'essence de toutes les bibliothèques de théologie, et une lumière plus grande que celle qui éclaire des milliers de théologiens en réputation. Ce qui fait un grand esprit, ce sont quelques grandes idées, et non une infinité de détails confus. J'ai connu des hommes très-savants, qui me paraissaient très-pauvres d'intelligence, parce qu'ils n'avaient pas de grandes pensées. A quoi sert qu'un homme ait étudié minutieusement les histoires de la Grèce et de Rome, si ces annales n'ont pas allumé en lui, comme un feu vivant, les grandes idées de liberté, de beauté, de valeur et d'énergie morale. Les lumières d'un siècle ne consistent pas dans la somme de ses connaissances, mais dans les principes nobles, larges, que ces connaissances inspirent et auxquels elles servent de fondement. La vérité est que le savant le plus laborieux et le plus heureux est forcé de borner ses recherches à un très-petit nombre des ouvrages de Dieu; mais cette science limitée des choses peut

cependant suggérer des lois universelles, de larges
principes, de grandes idées : voilà ce qui élève l'esprit.
Il y a certaines pensées, certaines idées, certains principes qui par leur nature dominent toute la science,
qui ont un éclat particulier, qui sont vivifiants, qui
comprennent tout, qui sont éternels ; c'est de ces
principes que je désire enrichir l'esprit de l'ouvrier et
de tout être humain.

L'âme s'agrandit et se purifie dans l'idée de Dieu.

Pour éclaircir mon opinion, permettez-moi de citer
quelques exemples des grandes idées qui appartiennent à l'étude ou à la science de l'âme. Nécessairement, la première, la plus grande, la plus étendue,
c'est l'idée de Dieu, l'esprit créateur, l'intelligence
première, infinie. L'élévation de tout homme doit se
mesurer d'abord et surtout par la conception qu'il a de
ce Grand Être. Parvenir à nous en faire une idée juste,
claire, vivifiante ; c'est le plus noble but de l'esprit.
En vérité la grande fin de l'univers, de la révélation,
de la vie, c'est de développer en nous l'idée de Dieu.
Voir cet Être infini tel qu'il est, nous élever au-dessus
des notions basses et grossières de la Divinité, telles
que nous les donnent nos passions, notre égoïsme, les
idées étroites du monde qui nous entoure, cela demande une attention sérieuse, patiente, et qui n'est
pas sans fatigue. Il y a une idée de Dieu qui est surtout propre à nous élever. C'est celle qui nous le fait
considérer comme le « Père de notre esprit, » comme
nous ayant créé avec de grandes facultés pour arriver
à la perfection ; comme ayant ordonné tous les objets
extérieurs pour contribuer au progrès de notre âme ;

comme étant toujours présent pour nous inspirer, et
nous fortifier, pour éveiller en nous la vie intérieure ;
pour nous juger et nous reprendre quand nous er-
rons ; comme voyant avec une joie paternelle notre
résistance au mal ; comme désirant se communiquer
éternellement à nous. Cette idée seule, en se dévelop-
pant dans l'âme de l'ouvrier, est un germe d'élévation
plus fécond que toute science qui ne traite que des
choses extérieures et finies, quelque profonde et
étendue qu'elle soit d'ailleurs. Elle le place au premier rang parmi les hommes. On vous parle de grands
théologiens : celui-là seul en mérite le nom, quelle
que soit sa condition, qui, à force de réflexion et
d'obéissance, a purifié et agrandi dans son âme l'idée
de Dieu.

Étude de la nature humaine.

De l'idée de Dieu je passe à une autre grande idée,
celle de l'homme, de la nature humaine ; ce doit être
aussi l'objet de réflexions sérieuses et suivies. Peu
d'hommes ont su jusqu'ici ce que c'est que l'homme.
Ils connaissent ses vêtements, sa complexion, sa fortune, son rang, ses folies, sa vie extérieure. Mais la
pensée, mais ce qui constitue la véritable humanité,
le grand nombre l'ignore ; et cependant qui peut
vivre en homme s'il ne sait pas quelle est la marque
et le trésor d'un être humain ? Il est intéressant d'observer combien les individus sont en général fidèles à
l'idée qu'ils se font de l'homme, et comment leurs
actions répondent à cette idée. Répandez que c'est le
courage qui fait l'homme, combien en est-il qui pré-
féreront mourir plutôt que de manquer à ce caractère ?

C'est ainsi qu'une juste notion du rôle de l'homme et de sa mission élèvera l'ouvrier au-dessus de tous ceux à qui manque cette lumière.

Me demandera-t-on quelle idée je me fais de la dignité humaine. Je dirai qu'elle consiste d'abord dans ce principe spirituel qu'on nomme tantôt Raison et tantôt Conscience, qui, s'élevant au-dessus des temps et des lieux, discerne la vérité immuable et la justice éternelle ; qui, au milieu de choses imparfaites, conçoit la perfection ; qui est universel, impartial, en opposition directe avec les principes égoïstes et étroits de la nature humaine ; qui me dit avec autorité que mon prochain vaut autant que moi-même, et que ses droits sont aussi sacrés que les miens ; qui me commande de recevoir toute la vérité, quoiqu'elle combatte mon orgueil, et de faire justice à tous, quel que soit mon intérêt ; qui me fait aimer avec joie tout ce qui est beau, bon et saint, quel que soit l'être en qui se trouvent ces qualités. Ce principe est en nous un rayon de la Divinité. Nous ne pouvons pas connaître ce qu'est l'homme avant d'avoir distingué dans notre âme quelque chose de la grandeur céleste de ce principe.

L'homme est un être libre, créé pour agir et pour décider de sa propre destinée.

Il y a encore une autre grande vue de l'homme, comprise, il est vrai, dans la première, mais qui mérite d'être étudiée séparément. L'homme est un être libre, créé pour agir suivant une force intérieure, pour se former lui-même, pour décider de sa propre destinée ; intimement lié avec la nature, mais sans lui

être soumis; encore plus fortement lié avec Dieu,
mais sans être assujetti même à la Divinité; maître de
rendre ou de refuser le culte dû à son créateur; entouré de mille forces contraires, d'éléments physiques
qui sont pour lui des causes de plaisir et de peine,
environné de dangers visibles et invisibles, des influences d'un monde tentateur, et cependant ayant
reçu de Dieu le pouvoir de lutter contre toutes ces
actions diverses, de se perfectionner par le combat
même, en résistant à ce monde qui menace de l'acca-
bler. Telle est l'idée de l'homme. Heureux celui chez
qui elle est développée par des réflexions sérieuses !

De l'importance de l'individu.

Si j'avais le temps, j'aimerais à parler des autres
grandes idées qui appartiennent à la science de l'âme,
et qui résument et nous donnent dans une seule expression lumineuse les études des siècles. Je parlerais
de la vie humaine, de sa grandeur, de sa véritable
fin ; je montrerais la vertu comme le bien suprême,
absolu, je vous ferais voir ce qu'est la liberté, l'idée
la plus élevée de la science politique, celle qui, par sa
présence constante dans l'esprit du peuple, est la
principale source de la vie et de la grandeur de notre
pays; je développerais toutes ces idées; et je vous
montrerais comment on peut les faire naître chez
l'ouvrier, et lui donner ainsi une élévation qui manque
à tant de gens qui sont au-dessus du besoin. Mais,
laissant de côté tout cela, j'indiquerai seulement un
autre résultat de la science de l'âme, et l'un des plus
importants, un résultat que l'ouvrier, comme tout
homme, peut et doit atteindre, et affermir en lui par

la réflexion : c'est l'idée de son importance comme
individu. Il faut que l'ouvrier comprenne qu'il a une
valeur, et non pas seulement comme membre d'une
communauté, et contribuant à un bien général distinct
du sien propre, mais une valeur personnelle, une
valeur comme individu. Il n'est pas un ressort de machine. Dans une machine, les parties n'ont aucune
utilité, sinon en tant qu'elles servent à l'ensemble,
pour qui seul elles sont faites. Il n'en est pas de même
de l'homme : il n'est pas un moyen, mais une fin ; il
existe pour lui-même, pour le développement de sa
nature, pour la vertu, pour le bonheur. Sans doute il
doit travailler pour les autres, mais non pas comme
un esclave, non pas en étouffant son esprit, non pas
en se dégradant lui-même ; il doit travailler pour les
autres, en se respectant, en suivant les règles de la
justice et de la bienveillance, en gardant la liberté de
volonté et d'intelligence dont il a besoin pour se perfectionner. Jamais il ne doit oublier sa dignité individuelle, qui ne lui vient ni de la naissance, ni du
succès, ni de la fortune, ni de l'apparence, mais qui
consiste dans les forces indestructibles de son âme.
Je ne parle pas en rhéteur, je ne fais point de phrases,
mais j'exprime une conviction calme et réfléchie, en
disant que l'ouvrier doit avoir pour lui-même plus
de respect que n'en a pour sa propre personne le plus
fier monarque qu'enivre l'éclat de son rang.

Les grandes idées sont plus fortes que les passions.

J'ai maintenant expliqué ce que j'entends par les
grandes idées qui exaltent l'âme. On n'en peut exagérer la valeur et la force : elles sont les plus puis-

santes influences de la terre. Une seule idée suffit pour régénérer un homme. L'idée de liberté dans les républiques anciennes et modernes, l'idée d'inspiration dans plusieurs religions, l'idée d'immortalité, n'ont-elles pas souvent triomphé des intérêts du monde ! Combien n'ont-elles pas fait de héros et de martyrs ! Les grandes idées sont plus puissantes que les passions. Les faire naître est la plus haute fonction de l'éducation. Jusqu'ici on y a bien peu songé. L'éducation du peuple a consisté à lui donner des habitudes machinales, à le rompre à l'usage et aux opinions courantes, à lui enseigner la religion et la morale comme des traditions. Il est temps qu'une éducation nationale remplace cette éducation mécanique, et que, dans leur conduite, les hommes fassent une part plus grande aux idées et aux principes, et s'abandonnent moins à une impulsion aveugle et à une imitation sans discernement.

Les grandes pensées viennent du travail naturel de notre esprit.

M'opposera-t-on cette objection qui revient sans cesse, qu'on ne trouvera point de grandes pensées chez le peuple, dont les moyens de culture sont si bornés? Je répondrai à cette objection dans la prochaine conférence; mais je désire établir un fait, ou une loi de notre nature, qui donnera du courage à tous ceux qui, avec peu de fortune, ont pourtant soif d'un noble progrès. C'est que les grandes idées nous viennent moins d'un enseignement extérieur, direct, pénible, que d'influences indirectes et du travail naturel de notre esprit; de sorte qu'elles ne sont pas inaccessibles à ceux qui n'ont pu acquérir un savoir étendu.

La vérité se révèle d'elle-même aux cœurs naïfs, aux esprits droits.

Ainsi des maîtres zélés pourraient, pendant des années entières, nous parler de Dieu, de la vertu, de l'âme sans que pour cela nous restions moins ignorants qu'au début; tandis qu'un regard, une parole, une action de l'un de nos semblables qu'anime une grande idée, et que le hasard place sur notre route dans un moment favorable, éveillera et développera en nous cette même idée. C'est un fait prouvé par l'expérience, que les plus grandes idées viennent souvent à un esprit droit sans qu'il sache comment : c'est l'éclair, c'est la lumière du ciel. L'homme qui cultive sérieusement la vertu et la vérité trouve en lui-même un enseignement bien supérieur à celui que donnent les hommes. L'âme, l'intime présence de Dieu, la grandeur de la création, la gloire du désintéressement la laideur du mal, la dignité de la justice universelle, la puissance du principe moral, la vérité immuable, l'immortalité et les sources intérieures de bonheur, toutes ces révélations qui excitent la soif des choses supérieures, se présentent d'elles-mêmes à celui qui travaille humblement à s'améliorer. Parfois un aspect ordinaire de la nature, un des rapports de la vie les plus communs s'offrira à nous avec un éclat et un sens inconnus. Quelquefois une pensée de cette espèce fait époque dans la vie; elle en change tout le cours ; c'est une nouvelle création. Et ces grandes idées ne sont pas le privilége d'une seule classe ; ce sont des communications que l'esprit infini fait à tous les esprits qui s'ouvrent pour les recevoir ; même le travail est en ce point une bien meilleure condition qu'une

vie de luxe et de grand monde : il vaut mieux même
que l'étude quand elle sert d'aliment à la vanité, à l'or
gueil, à la jalousie. Une simplicité d'enfant attire ces
révélations bien mieux qu'une culture égoïste de l'intelligence, quelque étendue qu'elle soit.

Mais cette révélation ne se fait pas passivement. Elle est le résultat
de l'exercice de nos facultés.

Peut-être est-il bon de placer ici une réserve et un
conseil. En parlant de ces grandes idées qui appa-
raissent parfois d'elles-mêmes, comme une soudaine
illumination, je ne veux point dire que nous devions
les attendre passivement ou nous y livrer sans réflexion.
Il faut nous y préparer par l'exercice de nos facultés,
en profitant de tous les moyens d'éducation qui sont
à notre portée. D'ailleurs ces illuminations, quand
elles viennent, ne sont pas des vues complètes, distinctes, parfaites, mais des lueurs, des éclairs, des suggestions comme toutes les impressions qui nous viennent du monde extérieur : il y faut songer, il y faut
réfléchir longuement ; il faut que notre intelligence
et notre activité mettent ces notions en rapport avec
toutes nos autres pensées. Une grande idée sur laquelle on n'a pas réfléchi peut éblouir et égarer, peut
détruire l'équilibre et l'harmonie de l'esprit, et pousser à des excès funestes. C'est pour exciter le libre et
sérieux développement de nos facultés, c'est pour nous
faire passer de l'inertie à l'action et à la vie que les
inspirations intérieures et les enseignements du
monde sont donnés à l'esprit.

Le principe moral et religieux est la base de l'éducation personnelle.

J'ai longuement parlé de cette force de pensée que l'ouvrier doit rechercher comme sa véritable élévation, et je terminerai en faisant remarquer que pour quelque objet, que pour quelque fin qu'on emploie cette force, on doit se proposer avant tout d'acquérir une intelligence plus large et plus nette de tous les devoirs de la vie. Le champ de la pensée ne peut pas être trop étendu ; mais le but principal doit être d'acquérir des idées plus précises, plus claires de ce qui est juste et bien dans toute condition. Ne croyez pas que je parle ici comme homme de ma profession, et qu'entraîné par la force de l'habitude je reprenne sans m'en apercevoir le ton de la chaire. Le devoir est de toutes les professions et de tous les rangs. Il serait aussi raisonnable de s'imaginer qu'on peut vivre sans respiration, ou voir sans lumière, que d'exclure le principe moral et religieux de l'œuvre de l'éducation personnelle. Et je le dis, parce que vous êtes exposés à vous méprendre et à croire que la science est le progrès. La science manque son but quand elle ne mène pas à une vertu plus haute.

Grandeur de la puissance morale.

Je ne prétends pas que nous ne devions jamais penser, lire ou étudier que pour connaître nos devoirs ; il ne faut pas enchaîner l'esprit par des règles rigides. La curiosité, l'amusement, les goûts naturels peuvent jusqu'à un certain point diriger innocemment la lecture et l'étude. Mais en ce cas même, nous sommes obligés de nous perfectionner moralement aussi bien

qu'intellectuellement, en cherchant la vérité et en re-
jetant le mensonge, en nous tenant en garde contre
les souillures qui s'attachent à presque toutes les productions de l'homme. A quoi sert la force intellectuelle sans la force morale? Combien peu nous est-il
profitable d'étudier le monde extérieur si sa grandeur
ne nous apprend point à en respecter l'auteur, si ses
bienfaits n'éveillent pas en nous un amour fraternel pour
nos semblables? Combien peu nous est-il profitable d'é-
tudier l'histoire, si le passé ne nous aide pas à comprendre les dangers et les devoirs du temps présent,
si les souffrances de nos pères ne nous apprennent
pas à souffrir, et leurs grandes et bonnes actions à
agir noblement ; si le développement du cœur humain,
dans tous les siècles et dans tous les pays, ne nous donne
pas une meilleure connaissance de nous-mêmes? Quel
profit retirons-nous de la littérature, si la peinture
de la vie et du caractère, les sentiments généreux,
les exemples de désintéressement et de droiture que
l'on y trouve en grand nombre, ne nous encouragent
pas, ne nous poussent pas à vivre d'une façon plus
sage, plus pure, plus belle? Qu'il est peu solide le
bien que nous retirons de la poésie et des beaux-
arts, si la beauté qui charme l'imagination n'échauffe
pas et ne purifie pas le cœur, si elle ne nous élève pas
jusqu'à l'amour et à l'admiration de ce qui est beau,
parfait et élevé dans le caractère et dans la vie? Que
nos études soient donc aussi larges que le permet
notre condition ; mais que leur but le plus élevé soit
de nous apprendre où est notre devoir et notre hon-
heur, de nous faire connaître la perfection de notre
nature, le véritable emploi de la vie, la meilleure di-

rection de nos facultés. C'est ainsi que la culture de l'intellige ce est un bien sans mélange, quand on l'emploie religieusement pour éclairer la conscience, pour alimenter la flamme des sentiments généreux, pour nous perfectionner dans notre état, pour embellir nos actions les plus communes, pour nous donner des joies innocentes et une sainte influence, et enfin pour nous inspirer le courage, la force, la constance, au milieu des changements soudains, des terribles tentations et des cruelles épreuves de la vie,

DEUXIÈME LECTURE

Dans ma dernière lecture j'ai appelé votre attention sur un sujet d'un grand intérêt, l'élévation des classes laborieuses. Nous avons considéré d'abord en quoi consiste cette élévation ; secondement, les objections qu'on peut lui opposer ; troisièmement, les circonstances qui la favorisent en ce moment, et qui nous font espérer qu'elle s'effectuera de plus en plus vite. En traitant le premier point, j'ai commencé par établir en quoi ne consiste pas l'élévation des classes ouvrières, puis j'ai montré positivement ce qu'elle était, en quoi elle consiste. Je n'ai pas le temps de revenir sur le chemin que nous avons fait ensemble, je m'en fie à votre mémoire. Resserré en d'étroites limites, je me suis borné à l'élévation intellectuelle que l'ouvrier doit se proposer ; cependant j'ai indiqué les perfectionnements moraux, religieux, sociaux, qui intéressent sa véritable dignité. J'ai fait observer que l'ouvrier devait être un homme d'étude et de réflexion, un penseur, aussi bien qu'un travailleur, et j'ai montré comment les occupations particulières, le

travail manuel de chaque jour justifiaient cette vérité.
Je vais considérer maintenant les objections qui s'offrent à beaucoup d'esprits, quand on considère de
cette façon la destinée de l'ouvrier. Ce sera notre seconde partie.

Les livres ont moins de valeur que l'expérience et la réflexion.

On objecte d'abord que la classe ouvrière n'a pas
à sa disposition beaucoup de livres, ni beaucoup de
temps à consacrer à la lecture; comment peut-elle
donc acquérir la force de pensée et les grandes idées
dont nous avons parlé la dernière fois? Cette objection
vient de l'erreur générale qui nous fait confondre le
progrès intellectuel et la science des livres. On paraît
croire qu'il y a une espèce de magie dans une page
imprimée, que les caractères d'imprimerie donnent
plus de science qu'on n'en peut tirer d'autres sources.
La lecture est considérée comme la route royale qui
conduit à l'éminence intellectuelle. J'avais laissé de
côté ce préjugé dans mes premières considérations,
mais il est tellement enraciné qu'il faut bien s'en occuper. Je n'essayerai pas de détruire cette objection
en dépréciant les livres. De bons livres sont plus qu'un
trésor pour ceux qui les entendent; ils sont le souffle des grandes âmes du temps passé. Le génie qu'ils
nous conservent n'est pas un génie embaumé comme
on l'a dit quelquefois; c'est un génie vivant d'une vie
immortelle. Mais nous n'avons pas besoin de beaucoup
de livres pour atteindre le grand objet de la lecture.
Peu vaut mieux que beaucoup; quelques heures consacrées à étudier sincèrement ce peu de livres suffi-

ront pour animer la pensée et enrichir l'esprit. Les
plus grands hommes n'ont pas vécu dans les livres.
Washington, on l'a souvent dit, n'était pas grand li-
seur. La science recueillie dans les livres a moins de
valeur que les vérités dont nous sommes redevables à
l'expérience et à la réflexion. Et vraiment les connaissances qu'on tire aujourd'hui de la lecture, étant ac-
quises sans effort de l'esprit, sans réflexion, sans
lutte, sont plutôt l'apparence du savoir que le savoir
lui-même. Des événements qui poussent l'esprit vers
des pensées sérieuses et vers l'énergique application
de toutes ses ressources servent plus à notre éducation que la plupart des études d'aujourd'hui.

Parmi les livres que nous lisons, il en est peu qui
méritent d'être lus ; la plupart n'ont pas de principe de
vie, la preuve en est qu'ils meurent l'année même de
leur naissance. Ce ne sont pas des penseurs qui les ont
écrits, comment pourraient-ils donc éveiller la pensée?
Une grande partie de nos lectures est inutile, je dirai
presque pernicieuse. J'aurais du chagrin de voir nos
ouvriers échanger leur travail pour les lectures de nos
jeunes demoiselles et de nos jeunes messieurs, qui considèrent l'intelligence comme leur ayant été donnée
pour s'amuser, qui lisent comme ils font des visites,
pour se distraire, qui ne discutent aucune grande vérité et ne portent aucune attention aux sujets qui traversent leur esprit. Avec cette indifférence pour ce qui
fait la dignité de l'intelligence, et cette dissipation
de l'esprit dans des lectures superficielles, je ne vois
pas sur quel fondement ils peuvent se dire supérieurs
aux ouvriers, qui tout au moins entendent une chose
à fond, c'est-à-dire leur besogne, et qui font quelque

chose d'utile pour eux-mêmes et pour leurs semblables. La grande utilité des livres, c'est d'exciter en
nous la pensée ; c'est de nous porter vers les questions
qui ont occupé les grands hommes pendant des siècles,
c'est d'exercer le jugement, l'imagination et le sentiment ; c'est de nous inspirer une vie morale, puisée
dans le commerce des esprits plus élevés que nous ;
ce bienfait des livres est à la portée de ceux qui
n'ont que peu de temps pour la retraite et pour l'étude.

Chaque homme est un livre qui mérite d'être étudié.

Ceux qui désespèrent des classes ouvrières parce
qu'elles ne peuvent pas vivre dans des bibliothèques,
ne doivent pas oublier que les plus grandes sources
de vérité, de lumière, d'élévation d'esprit, ne sont pas
les bibliothèques, mais notre expérience intérieure et
extérieure. La vie humaine, avec ses joies et ses douleurs, ses peines et ses consolations, ses crimes et ses
vertus, ses besoins pressants, ses changements solennels, sa responsabilité toujours menaçante ; quelle bibliothèque ! et qui ne peut y lire ? Chaque homme
est un volume qui mérite d'être étudié. Les livres les
plus répandus sont ceux qui nous donnent des tableaux
de la vie humaine ; combien l'original est-il plus in-
structif, si nous savons l'entendre ! L'ouvrier a toujours cette page ouverte devant lui, et, bien plus, il
écrit chaque jour un volume plus rempli d'instruction
que toutes les compositions humaines, je parle de sa
propre vie. Nul chef-d'œuvre du génie ne peut nous
en apprendre autant que la voix intérieure qui nous
parle dans le secret de notre âme, dans le travail de

nos passions, dans les opérations de notre intelligence,
dans les rétributions qui attendent nos bonnes et nos
mauvaises actions, dans notre mécontentement du
présent, dans les pensées spontanées et les aspirations qui forment une part de toute vie humaine.
L'étude propre de notre histoire depuis notre enfance,
de toutes les phases de notre développement, des
bonnes et des mauvaises influences qui nous environnent, de nos changements de sentiment et de résolution, et du grand courant qui nous pousse vers le.
bonheur ou le malheur à venir : c'est là certes un travail qui peut nous procurer une noble science ; et qui
de nous n'a pas accès à cette source de vérité éternelle ? Est-ce que l'ouvrier ne peut pas étudier et
comprendre les pages qu'il écrit dans son cœur.

En faisant ces remarques, j'ai voulu détruire l'erreur dans laquelle tombent les ouvriers eux-mêmes,
quand ils pensent qu'ils ne peuvent rien faire pour
acquérir la force et la plénitude de pensée, et cela
faute de livres. Parlons maintenant de préjugés qu'on
rencontre plus souvent dans les autres classes.

Des préjugés contre l'élévation du peuple

Un préjugé trop commun, c'est qu'on ne doit pas
pousser le peuple à étudier, à développer son esprit,
parce que quelques privilégiés ont été destinés par
Dieu même à penser pour la foule. « La Providence,
dit-on, élève des esprits supérieurs, dont la mission
est de découvrir la vérité pour le reste de l'espèce. La
pensée et le travail manuel n'ont pas été faits pour
marcher ensemble. La division du travail est une

grande loi de la nature. Un homme sert la société
avec sa tête, un autre avec ses bras. Que chaque classe
reste fidèle à sa besogne. » Je proteste çontre de
telles doctrines. Il n'y a ni individu, ni classe, à qui
je reconnaisse un tel monopole. Qui donc nous mon-
trera le brevet que Dieu lui a donné afin de penser
pour ses frères, de former l'intelligence passive des
masses, d'y graver sa propre image comme sur de la
cire? Pourquoi donc une poignée d'hommes ne ré-
clamerait-elle pas le monopole de la lumière et de
l'air, de la vue et de la respiration, aussi bien que de
la pensée? Est-ce que l'intelligence n'est pas un don
aussi universel que les organes de la vue et de la respiration? Est-ce que la vérité n'est pas aussi libéralement répandue que l'atmosphère ou les rayons du
soleil? Pouvons-nous supposer que les plus nobles
dons de Dieu, l'intelligence, l'imagination, la force
morale, n'aient été accordés que pour servir aux
besoins de la vie animale? que Dieu ait refusé à la
foule le moyen de développement, c'est-à-dire l'action? qu'il l'ait créé pour s'épuiser en un pénible
labeur? Le peuple n'a-t-il été fait que pour tourner
au monstre, pour développer seulement quelques organes et quelques facultés, et laisser languir et s'étio-
ler tout le reste, ou bien a-t-il été créé pour développer toutes ses facultés, surtout les meilleures et celles
qui caractérisent le mieux l'humanité? Non, l'homme,
même le plus obscur, n'est pas tout entier dans ses
bras, ses os et ses muscles; l'esprit est plus essentiel
à la nature humaine, et plus résistant que les membres; et cet homme-là resterait mort? Penser n'est-il
donc pas le droit et le devoir de tous? La vérité n'est-

elle pas l'aliment naturel de l'âme aussi bien que le blé est la nourriture du corps? Est-ce que l'esprit n'est pas fait pour la pensée aussi manifestement que l'œil pour la lumière et l'oreille pour le son? Qui donc ose lui refuser son action naturelle, son élément naturel et sa joie? Sans doute, quelques-uns sont mieux doués que le reste, et destinés de préférence à une vie d'études; mais l'œuvre de ces hommes n'est pas de penser pour autrui; elle est au contraire de les aider à penser avec plus de vigueur et d'effet. Les grands esprits ont pour mission de faire grandir les autres : ils doivent user de leur supériorité, non pour plier le peuple à un vasselage intellectuel, non pour établir sur lui une tyrannie spirituelle, mais pour le réveiller de sa léthargie et lui apprendre à juger par lui-même. La vie et la lumière qui jaillissent dans une âme doivent être répandues partout. De toutes les trahisons contre l'humanité, il n'y en a pas de plus criminelle que d'employer une grande intelligence à opprimer l'esprit de frères moins heureusement partagés.

Les grandes idées sont à la portée de ceux qui cherchent ardemment la vérité.

Ceux qui considèrent le peuple comme n'étant pas né pour penser prétendent qu'après tout il ne peut pas apprendre grand chose, et que cela même lui fait plus de mal que de bien. « Peu de savoir, nous dit-on, est chose dangereuse. Les demi-connaissances sont pires que l'ignorance. » Le peuple, ajoute-t-on, ne peut aller au fond de rien, et en le stimulant à réfléchir, on obtiendra pour résultat une bande dange-

reuse de demi-penseurs. A cet argument, je réponds
d'abord qu'il a l'inconvénient de trop prouver ; car,
s'il est juste, il prouve que personne ne doit penser.
Quel est celui, demanderai-je, qui peut aller jusqu'au
fond des choses? Quel est l'homme dont le savoir
n'est pas petit, dont les connaissances ne sont pas
faibles? Qui d'entre nous a pénétré dans les profondeurs d'une seule production de la nature, ou d'un
seul événement de l'histoire? Qui d'entre nous n'est
pas arrêté par les mystères d'un grain de sable? Combien est resserrée la carrière de l'intelligence la plus
large? Mais parce que notre science est faible, n'a-
t-elle aucun prix? Faut-il mépriser les leçons que
nous trouvons dans le livre de la création, dans la
sphère étroite de l'expérience humaine, parce qu'autour de nous s'étend un infini que nous n'avons pas
le moyen d'explorer, où la terre, le soleil et les pla-
nètes ne sont qu'un point? Nous devrions nous rappeler que le connu, quelque faible qu'il soit, est en
harmonie avec l'inconnu infini ; c'est un pas qui
y conduit. Nous devrions songer aussi que les vérités les plus importantes peuvent sortir d'un cercle
de connaissances très-bornées. Dieu se révèle dans le
plus petit de ses ouvrages aussi bien que dans le plus
grand. On peut étudier les principes de la nature
humaine dans une famille mieux que dans l'histoire
du monde. Le fini est une manifestation de l'infini.
Les grandes idées dont j'ai parlé sont donc à la portée de tout homme qui a soif de la vérité et qui la
cherche dans la simplicité de son cœur. J'ajoute que
les ouvriers ne sont pas maintenant condamnés à des
connaissances si faibles qu'elles méritent le dédain.

Il en est beaucoup parmi eux qui en savent plus du monde extérieur que tous les philosophes de l'antiquité ; le Christianisme leur a découvert les mystères du monde spirituel que les rois et les prophètes n'eurent pas le privilége de comprendre. Doivent-ils donc être condamnés à l'inaction intellectuelle comme incapables d'une pensée utile ?

La religion est un sujet ouvert à tous les esprits.

On dit quelquefois que le peuple peut penser aux affaires ordinaires de la vie, mais non à des objets plus élevés, surtout à la religion. Il faut, dit-on, la recevoir sur parole ; et généralement les hommes ne peuvent en juger par eux-mêmes. Mais c'est précisément le sujet sur lequel l'individu ne devrait pas se soumettre aux idées d'autrui. Est-il rien où il ait un plus grand intérêt ? Est-il rien qui doive animer et occuper davantage son esprit et son cœur ? Est-il rien où il ait des moyens plus faciles de juger par lui-même ? Est-il rien, comme le prouve l'histoire, où il courre plus de chances d'être égaré par ceux qui se chargent de penser pour lui ? La religion est un sujet ouvert à tous les esprits. Ses grandes vérités ont leur fondement dans l'âme même, et leurs preuves nous entourent de toutes parts. Dieu n'a pas enfermé le témoignage de son existence dans un petit nombre de livres, écrits en langue étrangère, et mis sous clef dans les bibliothèques des Académies et des philosophes ; il a écrit son nom dans les cieux et sur la terre, sur le plus petit des animaux et la moindre des plantes ; sa parole, enseignée par Jésus-Christ, n'a

point été donnée aux scribes et aux légistes, elle a été
enseignée aux pauvres, au peuple, sur les montagnes,
dans les rues, aux bords de la mer.

On doit recevoir la religion de son propre esprit.

Qu'on ne vienne pas me dire qu'aujourd'hui le
peuple reçoit de fait la religion sur la parole d'autrui.
Je répondrai qu'une foi ainsi reçue me semble de peu
de prix. La partie précieuse, vive, efficace de la foi
du pauvre, c'est celle dont il voit la conformité avec
la raison, et dont il sent l'excellence ; celle qu'approu-
vent son intelligence, sa conscience et son cœur ;
celle qui répond aux profonds besoins de son âme, et
dont il trouve la preuve dans l'expérience qu'il a du
monde et de lui-même. Toutes les autres parties de
sa croyance, celles qu'il reçoit avec une confiance
aveugle, et où il ne voit pas les signes de la vérité et
de la divinité, lui font peu ou point de bien. Trop
souvent elles lui font du mal, en troublant la simplicité de sa raison, en substituant les fictions et les systèmes artificiels des théologiens aux vrais préceptes
d'amour, de justice, d'humilité et de confiance filiale
en Dieu. Tant qu'on a supposé que la religion servait
au monde par le frein qu'elle imposait, par la peur
qu'elle faisait ; tant qu'on en a fait une part de la
police, il a paru naturel de s'appuyer sur l'autorité
et la tradition comme moyens de propagation religieuse, il a paru désirable d'étouffer la réflexion et
l'examen. Mais maintenant que nous avons appris que
la vraie fonction de la religion est d'exciter des sentiments nobles et purs, et d'unir l'homme à Dieu par

un hommage raisonnable et un amour éclairé, il y a
quelque chose de monstrueux à mettre la religion en
dehors de la pensée et de l'étude du genre humain.

Le préjugé des distinctions sociales au point de vue de l'ordre public.

Passons à un autre préjugé. On objecte que la distinction des rangs est essentielle à l'ordre social, et
que cette distinction disparaîtra si l'on développe l'é-
nergie intellectuelle chez tous les hommes. Cette objection, sur laquelle on insiste beaucoup en Europe,
est à peu près morte en ce pays, mais cependant il en
reste encore assez pour qu'il soit bon de l'examiner.
Je dirai donc qu'on fait injure à l'ordre social en supposant qu'il exige pour sa conservation que le plus
grand nombre soit réduit à l'ignorance et à la servitude, et qu'on fait injure au Créateur en supposant
qu'il établit la société sur l'abaissement systématique de la majorité de ses créatures intelligentes.
Cette supposition est trop déraisonnable, trop mons-
trueuse, pour demander une sérieuse réfutation. Je
ne vois pas la nécessité des rangs, ni pour l'ordre
social ni pour toute autre fin. Certes, on doit désirer
une grande diversité d'occupations et de conditions.
Les hommes doivent suivre leur génie et employer
leurs facultés de toutes les manières utiles et légitimes.
Je ne demande pas un monde monotone. Nous ne
sommes que trop monotones maintenant. L'esclavage
de la mode, qui fait partie du rang, arrête continuellement la libre expansion de nos facultés. Ayons
la plus grande diversité d'occupations possible. Mais
cela n'implique pas qu'il faille diviser la société en

9.

castes, ni que certaines personnes aient droit de s'ar-
roger la supériorité, et de se séparer de leurs semblables, comme si elles formaient une race à part. Les
hommes peuvent se partager les différentes occupations
de la vie, et cependant conserver des rapports fraternels, s'honorer les uns les autres, entretenir un
commerce d'amitié mutuelle. Sans doute, on préférera
comme amis, comme société ordinaire, ceux avec lesquels on sympathise le plus ; mais cela ne fait ni une
caste ni un rang. Par exemple les intelligents recherchent les intelligents, les dévots ceux qui respectent
Dieu ; mais supposons que les hommes intelligents et
les hommes religieux se séparent du reste de la société
par quelque distinction visible, qu'ils forment une
tribu particulière, qu'ils refusent d'admettre dans
leur maison des gens d'une science ou d'une vertu
inférieures, et qu'ils diminuent autant que possible
les occasions de rapprochement ; est-ce que la société
ne se lèverait pas comme un seul homme contre cette
insolente exclusion? Et si l'intelligence et la piété ne
peuvent pas former une caste, sur quel motif s'appuie-
ront ceux qui, pour tracer autour d'eux-mêmes des
lignes de démarcation, et se constituer classe supérieure, n'ont d'autre titre que la fortune, un habit
plus élégant, de plus riches équipages, de plus belles
demeures ? Que quelques-uns soient plus riches que
les autres, c'est chose naturelle et nécessaire, qu'on
ne pourrait empêcher qu'en violant le droit de façon
énorme. Laissez chacun faire un libre usage de ses facultés, et il est des gens qui amasseront plus que
leurs voisins. Mais être heureux ce n'est pas être supérieur; ce n'est pas là ce qui devrait séparer les

hommes. La fortune ne devrait pas assurer la plus légère considération. Les seules distinctions qu'on devrait reconnaître sont celles de l'âme, de la fermeté de
principes, de l'intégrité, de la capacité, des lumières,
de l'amour de la vérité. C'est avec de pareils titres
qu'on devrait être honoré et bien reçu partout. Je ne
vois pas pourquoi l'honnête homme, quelque grossière
que soit l'étoffe de ses vêtements, pourvu qu'ils soient
propres et soignés, ne serait pas un hôte respecté dans
les plus riches demeures et les plus brillantes réunions.
L'individu a une valeur infiniment plus grande que
les salons, que les habits, et que toute la pompe de
l'univers. Il a été créé pour fouler aux pieds tout cela.
Quelle insulte à l'humanité que cette déférence de
notre temps pour un habit et pour des meubles,
comme si des vers à soie, des métiers, des ciseaux et
des aiguilles peuvaient produire quelque chose de plus
noble que l'homme! Tout cœur généreux devrait
protester contre ces distinctions fondées· sur la richesse, parce que c'est mettre ce qui est extérieur au-
dessus de l'esprit ; parce que tout cela vient d'un orgueil méprisable et contribue à l'alimenter ; parce
qu'ainsi on éloigne les frères, on brise le lien de l'humanité, on engendre la jalousie, le mépris et une
malveillance mutuelle.

Le respect du rang baisse naturellement en raison de l'élévation
du peuple.

Il est vrai que dans les pays où la masse du peuple
est ignorante et esclave, l'existence d'une classe élevée
et considérée empêche cette masse de commettre des
excès. On impose ainsi un sentiment de crainte res-

pectueuse qui prévient plus ou moins l'emploi de la
force ou du châtiment. Mais il est digne de remarque
que ce qui maintient l'ordre dans un certain état de
société peut devenir ailleurs la principale cause de mécontentement et de désordre, et cela est surtout vrai
de l'aristocratie. Dans les siècles grossiers, elle tient
le peuple dans la sujétion ; mais quand il s'est élevé
par degrés à la conscience de ses droits et de l'é-
galité, le respect du rang baisse naturellement et
se change en jalousie, en soupçon, en sentiment
de l'injustice, en disposition à la révolte. L'institution qui contenait naguère devient alors une provo-
cation. C'est par cette épreuve que passe aujourd'hui
l'ancien monde. L'étrange prestige qui fait considérer
comme étant d'une autre race celui qui porte une
jarretière, un ruban, un titre, s'efface tous les jours,
et la société traversera une série de révolutions calmes
ou sanglantes, jusqu'à ce qu'un ordre plus naturel
prenne la place de ces distinctions dont la force fut
l'origine. Ainsi l'aristocratie, au lieu de donner l'ordre à la société, la trouble aujourd'hui, tant il est
impossible que des institutions arbitraires dégradent
d'une manière durable la nature humaine et renver-
sent les principes de justice et de liberté.

Nécessité de la politesse dans les rapports de la vie.

Je sais qu'on dira « que le manque de politesse
dans les manières et dans les goûts fera toujours des
basses classes une caste inférieure, quand même
les inégalités politiques disparaîtraient. » Je reconnais ce manque de manières chez le peuple, j'ac-

corde que c'est un obstacle au rapprochement, encore bien qu'on l'exagère ; mais c'est une barrière qui doit tomber, et qui tombera à mesure que l'éducation se répandra. Ce défaut n'est pas nécessairement lié à la condition humaine. Un voyageur intelligent [1] raconte qu'en Norwége, pays qui ne jouit pas de tous nos avantages, les bonnes manières et la politesse se rencontrent dans toutes les conditions de la société, et « qu'on n'y trouve pas ce langage brusque, ces manières rudes, qui sont la marque des classes inférieures en Angleterre. » Il n'y a pas si longtemps que les rapports de la grande société en Europe étaient souillés par la grossièreté et par la violence ; mais le temps a effacé ces taches ; la même cause fait disparaître en ce moment ce qu'il y a de répulsif dans ceux qui travaillent de leurs mains. Je ne puis croire que dans aucune classe de la société, des manières grossières, des conversations bruyantes, la négligence, la malpropreté, la rudesse, l'inconvenance doivent passer comme un héritage nécessaire d'une génération à l'autre. Je ne vois pas pourquoi la propreté, la politesse, l'urbanité, les manières aisées et la déférence pour les sentiments d'autrui ne deviendraient pas des habitudes chez les ouvriers. Il y a déjà chez eux un changement dans les manières. Espérons que ce changement sera une amélioration ; qu'ils n'adopteront pas de fausses idées de politesse ; qu'ils échapperont à l'imitation servile de ce qui est hypocrite et sans sincérité. et ne remplaceront pas une politesse vraie, naturelle, par de vai-

[1] Voyez le Voyage de Laing en Norwége.

nes démonstrations. Malheureusement ils n'ont pour
se former que des modèles imparfaits. Il n'y a pas
qu'une seule condition qui ait besoin de réformer ses
manières : il nous faut à tous un nouveau commerce
de société qui nous donne la vraie politesse ; qui en
réunisse les deux grands éléments : le respect de soi-
même et une attention délicate aux droits et aux sentiments d'autrui ; qui soit libre sans grossièreté, sérieux
sans froideur, aimable et cependant animé, et dans
lequel les rapports soient francs, naturels, pleins d'é-
panchement, sans prétention, et sans crainte du ridicule que jettent les mauvais cœurs. Cette grande réforme qui approche, j'en suis persuadé, apportera
avec elle un bonheur encore peu connu dans la société.
D'où viendra-t-elle ? Les hommes sages et désintéressés de toutes les conditions doivent y contribuer,
et je ne vois pas pourquoi les classes ouvrières n'y
prendraient point de part. Vraiment, lorsque je considère la simplicité de leur vie et combien leurs cœurs
sont mieux ouverts à l'esprit du christianisme, je me
demande si l'âge d'or des mœurs ne commencera pas
chez ceux dont on désespère maintenant à cause de
leur peu de politesse.

J'ai qualifié de préjugés les anciennes opinions touchant le rang et touchant la nécessité d'empêcher le
peuple de trop réfléchir. Eh bien ! accordons que ces
opinions sont la vérité ; supposons que les priviléges
sont une condition de la politesse ; supposons que
l'âge le plus heureux fût celui de la féodalité, quand
l'aristocratie était dans sa fleur et sa gloire ; quand le
noble, supérieur à la loi, commettait plus de meurtres
en une année que le peuple en vingt ; supposons que

ce qu'il y a de mieux pour l'ouvrier, c'est de vivre et
de mourir dans l'ignorance et l'inertie. Accordons
tout cela, et de plus que nous avons raison de regretter
le passé, il y aura toujours une chose évidente,
c'est que le passé n'est plus. Le château féodal est
démantelé, les distinctions sociales s'effacent. Tout
malheureux que cela soit, le peuple commence à penser, à chercher la raison de ce qu'il fait, de ce
qu'il souffre, de ce qu'il croit ; il demande des comptes au passé. Le vieux prestige a disparu, les vieilles
idées n'existent plus. On ne peut plus maintenir les
hommes dans l'abaissement, avec une vaine pompe,
des uniformes et des cérémonies. Vous pouvez croire
que le meilleur système est celui qui fonde la société
sur la compression de la multitude, mais la multitude ne se laisse plus fouler aux pieds ; elle demande avec impatience pourquoi, elle aussi, n'aurait
pas sa part dans les avantages de la société. Tel est l'état
des choses, et nous devons tirer le meilleur parti possible de ce que nous ne pouvons empêcher. Bien ou mal,
le peuple pense ; n'est-il pas important qu'il pense
juste? qu'il soit animé de l'amour de la vérité, et qu'il
apprenne la manière de la chercher? qu'il soit con-
firmé, par une sage éducation, dans les grands principes sur lesquels reposent la société et la religion, et
qu'il soit protégé contre le scepticisme et les théories folles par le commerce avec des hommes éclairés
et vertueux? Il est évident que dans l'état actuel du
monde, rien n'est plus important que l'amélioration
sérieuse de la masse du peuple. Il n'y a de stabilité
pour nous que dans l'esprit de l'homme. Toute effrayante que soit cette vérité, il faut bien nous dire que

les institutions extérieures ne peuvent plus nous protéger. Des forces plus grandes que les institutions ont
commencé à agir chez nous : le jugement, l'opinion.
le sentiment public ; toute espérance de stabilité qui
ne repose pas sur le progrès du peuple sera trompée
infailliblement.

Le travail manuel n'exclut pas le progrès

Reste une objection plus sérieuse que toutes celles
que nous avons examinées jusqu'ici. L'ouvrier, dit-on,
ne peut gagner sa subsistance et celle de sa famille
que par un travail trop assidu pour lui permettre de
perfectionner son esprit. La nécessité ne lui laisse ni
le temps, ni la force de penser. L'économie politique,
démontrant que la population s'accroît plus vite que
les moyens de subsistance, porte sans appel contre
l'ouvrier une sentence d'ignorance et de dégradation.
Il ne peut vivre que pour une seule fin, celle de vivre.
Il ne peut consacrer ni temps ni force à son éducation
sociale, intellectuelle et morale, sans affamer sa famille, sans appauvrir la société. La nature a imposé
cette dure loi à la foule ; il est inutile d'opposer à
la nature nos théories et nos rêves de progrès.

Cette objection. s'applique avec une grande force à
l'Europe, et n'est pas sans poids dans notre pays ;
mais elle ne me décourage pas. Je réponds d'abord à
cette objection qu'elle vient d'une source suspecte :
elle vient en général d'hommes qui sont dans l'abondance et qui ont toutes leurs aises, qui font de la fortune le premier de tous les intérêts, qui s'occupent
peu de la masse de leurs semblables, qui sont tout

disposés à rejeter sur autrui toutes les charges de la
vie et prêts à défendre tout ordre social qui garantit
leur bien-être et leurs jouissances personnelles. L'é-
picurien égoïste et le spéculateur qui s'enrichit trouvent toujours nécessaire l'état de choses qui entasse
sur eux tous les biens et sur leur prochain tous les
maux de la vie. Mais celui-là seul peut juger de ce
qui est bon ou nécessaire pour le peuple, qui a de la
sympathie pour ce peuple, et dont l'équité et la bienveillance se révoltent à la pensée qu'une classe d'individus ait le monopole de tous les avantages de la vie,
et une autre classe celui de toutes les charges. J'attends
sur ce point le jugement de profonds penseurs et de
philanthropes sérieux, jugement formé après une
étude patiente de l'économie politique, de la nature
humaine et de l'histoire de l'humanité, et encore, une
telle autorité ne me ferait pas désespérer du plus
grand nombre de mes semblables.

En second lieu cette objection, quand on l'examine,
n'est qu'une répétition de la vieille doctrine, que ce
qui a été doit être ; que l'avenir ne sera jamais que
la répétition du passé, et qu'enfin la société doit toujours parcourir le sentier battu. Mais n'est-il pas
manifeste que l'état actuel du monde est sans précédent? que de nouvelles énergies, de nouveaux
principes le travaillent? que la science, appliquée aux
arts, accomplit en ce moment une révolution surpre-
nante? qu'en beaucoup d'endroits la condition de
l'ouvrier est fort améliorée et que ses ressources intellectuelles ont augmenté? que des abus, autrefois jugés essentiels à la société, et qui semblaient
entremêlés à chacune de ses fibres, ont été réformés?

Est-ce que la foule en est au même point qu'il y a quelques siècles? Une situation tellement nouvelle, si elle nous inspire des craintes, ne nous sauve-t-elle pas en même temps du désespoir? L'avenir, quel qu'il soit, ne ressemblera pas au passé. Le présent a des éléments nouveaux qui produiront un bonheur ou un malheur nouveau. Nous n'avons donc pas le droit de nous fonder sur l'immutabilité des choses humaines, pour étouffer, autant qu'il est en nous, l'espoir du progrès social.

On peut tirer non-seulement de l'histoire du monde, mais encore de l'expérience particulière de ce pays, une autre réponse à cette objection que la nécessité des travaux manuels exclut le progrès. Ici les classes ouvrières se sont élevées et s'élèvent encore en intelligence; cependant rien n'annonce qu'on y meure de faim et que nous soyons en voie de devenir le peuple le plus pauvre de la terre. Ce qu'il y a de plus intéressant à considérer dans notre pays, c'est la condition des ouvriers. Rien, chez nous, ne mérite autant l'attention du voyageur que la force de pensée et de caractère, et le respect de soi-même produits chez le peuple par notre histoire et nos institutions. Nos riches sont comme les riches des pays étrangers, quoique ayant, du moins nous l'espérons, des mœurs plus pures; mais la foule qui travaille laisse bien loin derrière elle les ouvriers des autres nations. Aucun observateur bienveillant ne peut causer avec nos travailleurs, sans être frappé et charmé des preuves qu'ils donnent d'une intelligence saine et vigoureuse, et de principes solides. Qui donc est autorisé à limiter ce progrès? Dans toute amélioration, les premiers pas sont les plus difficiles. La difficulté, c'est d'éveiller l'âme de l'homme et non de la maintenir en repos. Toute lumière, toute énergie nouvellement acquise mène à de nouveaux progrès.

La science sociale la plus élevée est encore dans l'enfance.

On peut faire encore une autre réponse. Comme aucune société n'a encore entrepris sérieusement l'éducation de tous ses membres, personne ne connaît les limites du possible. Nul essai n'a encore été fait pour déterminer jusqu'à quel point on peut fournir d'une manière libérale aux besoins du corps et de l'esprit de l'ouvrier. La science sociale est encore dans l'enfance. Nulle part les grands esprits n'ont sérieusement, solennellement entrepris de résoudre ce problème : Comment peut-on relever la majorité des hommes? L'expérience reste à faire. Bien plus, nulle part le peuple n'a compris clairement la véritable idée du progrès, et n'a résolu fermement, solennellement de la réaliser. Cette grande pensée cependant s'éveille peu à peu, et il en sortira des miracles. C'est en lui-même que le peuple doit trouver son salut. Tant qu'un ressort de son âme n'aura pas été touché, on ne peut rien pour lui; cela fait, le succès est assuré. Le peuple, comme le prouve l'histoire, peut faire des prodiges, quand il est dominé par une grande idée. En des moments de crise, que n'a-t-il pas fait, que n'a-t-il pas souffert pour la religion et la patrie? L'idée de son élévation ne fait que de naître en lui, on ne peut prédire quelle en sera l'énergie. Une idée de cette espèce, s'il la saisit claire-

ment, lui inspirera une nouvelle vie. Sous cette impulsion, il trouvera du temps, de la force pour sa
noble vocation, il ne se régénérera pas seulement lui-
même, il régénérera la société avec lui.

La plus grande force de l'univers, c'est l'Esprit : il a conquis la matière.

Encore une fois, quand je considère la puissance
de l'esprit, je ne suis pas découragé par l'objection qui condamne l'ouvrier à la misère et le pays
à l'épuisement, si le pauvre consacre un peu de son
temps et de son énergie à cultiver sa pensée. La plus
grande force de l'univers, c'est l'Esprit. C'est lui
qui a créé les cieux et la terre. Il a changé le désert
en une terre féconde, et réuni les pays éloignés en les
faisant servir mutuellement à leurs besoins. Ce n'est
pas à la force brutale, à l'effort matériel, c'est à l'art,
au talent, à l'action intellectuelle et morale que
l'homme doit de dominer le monde. C'est l'Esprit qui
a conquis la matière. Craindre donc d'appauvrir, de
ruiner le peuple en éveillant son intelligence, c'est
avoir peur d'une ombre. Je pense au contraire qu'avec
le développement de l'intelligence et de la moralité
la société verra croître sa puissance de production,
que l'industrie sera plus féconde, qu'une économie
plus sage amassera de nouvelles richesses, qu'on découvrira, dans les arts et dans la nature, des ressources
auxquelles on n'a pas encore songé. Je crois que la
vie deviendra plus aisée, à mesure que le peuple deviendra plus éclairé, plus juste, plus résolu et qu'il
se respectera davantage. On peut calculer les forces
de la nature et celles du corps, mais non les forces de

l'âme, et il n'est au pouvoir de personne de prédire quels seront les résultats d'un accroissement dans l'énergie de l'esprit. Une société pareille renversera les obstacles qu'on suppose invincibles et s'en fera des ressources. Le dehors se moule sur le dedans. La force d'un peuple est dans son esprit ; si cet esprit se fortifie, s'agrandit, il mettra les objets extérieurs en harmonie avec lui-même. Autour de lui il créera un monde nouveau en rapport avec ses besoins. Si cependant je me trompe dans cette croyance, si, en assurant au peuple du temps et des moyens de progrès, on devait rendre le travail et le capital moins productifs, je n'en dirais pas moins : Sacrifiez la richesse, mais ne sacrifiez pas l'esprit.

Du reste, je ne crois pas que le bien-être physique de la société en fût affaibli. La diminution de richesse causée par l'attention générale qu'on accorderait à l'éducation morale et intellectuelle aurait des effets bien différents de ceux d'une diminution causée par l'oisiveté, la débauche et l'ignorance. La production, il est vrai, serait moindre, mais le caractère et l'esprit du peuple amèneraient une répartition plus égale des produits ; or, le bonheur d'une société dépend bien plus de la répartition que de la somme de sa richesse. En parlant ainsi de l'avenir, je ne prétends pas au don de prophétie. Règle générale, personne ne peut clairement prédire les derniers résultats, les résultats permanents d'une grande révolution sociale ; mais quant à ce qui nous occupe maintenant, le doute n'est pas possible. C'est de la religion que de croire à l'élévation de toutes les classes de citoyens comme au moyen le plus effectif d'assurer au pays un bonheur et une prospérité durables. En douter, c'est presque un crime.

> Si cet appui nous manque,
> Les colonnes du firmament ne sont que pourriture
> Et la terre a sa base sur du sable mouvant.

Je sais, qu'en réponse à tout ce qui a été dit sur la possibilité de faire marcher de front l'éducation personnelle et le travail manuel, on peut opposer des faits décourageants. On objectera qu'en ce pays, avec des avantages inconnus autre part, il y a pourtant un nombre considérable d'individus sur qui le fardeau du travail pèse lourdement, qui peuvent à peine vivre avec tous leurs efforts, et que la dureté de leur condition prive des moyens d'éducation ; s'il en est ainsi aujourd'hui, que sera-ce quand la population sera plus pressée? Je reconnais qu'il y a beaucoup d'ouvriers malheureux dont la condition est peu favorable à l'éducation de l'esprit ; mais cette objection perdra beaucoup de sa force quand nous examinerons les causes du mal. Nous verrons alors que l'obstacle ne vient pas d'une nécessité extérieure, d'insurmontables difficultés, mais surtout de la faute ou de l'ignorance des victimes elles-mêmes ; de sorte que l'élévation de l'esprit et du caractère de l'ouvrier tend directement à diminuer, sinon à détruire le mal. Par conséquent, cette élévation trouve un argument dans ce qu'on lui oppose. Pour prouver la vérité de ces considérations, permettez-moi de jeter un coup d'œil sur les causes de la misère chez un grand nombre d'ouvriers ; voyons s'il est impossible que le travail manuel et l'éducation personnelle aillent jamais de front.

L'intempérance est une cause de misère.

D'abord quelle part de la misère ne pouvons-nous pas attribuer à l'intempérance? Que de temps, que de force, que d'argent, le peuple ne pourrait-il pas épargner par la sobriété? L'eau pure, ce remède à si bon marché, guérirait les plus grands maux chez tant de familles ignorantes et pauvres! Si l'argent qu'on prodigue pour les liqueurs fortes était consacré avec sagesse à l'élévation du peuple, dans quel monde nouveau nous vivrions! L'intempérance détruit non pas seulement les économies mais la santé et l'esprit de l'ouvrier. Combien en est-il qui, en ne prenant que de l'eau au lieu de ce qu'ils appellent boire modérément, seraient étonnés de voir qu'ils ont vécu sous un nuage, dans une demi-insensibilité, et se sentiraient une énergie intellectuelle qu'ils n'ont jamais soupçonnée. Le travail les épuiserait moins, et moins de travail deviendrait nécessaire à leur entretien ; ainsi serait écarté pour la plus grande part cette prétendue incapacité de cultiver leur âme. Les classes ouvrières, plus que toutes les autres, ont intérêt au triomphe de la tempérance, elles devraient considérer l'individu qui vit en répandant les moyens et les stimulants de l'ivrognerie, non-seulement comme l'ennemi général de la race humaine, mais comme le plus terrible ennemi personnel qu'elles puissent rencontrer.

Le défaut d'économie est une autre cause de misère.

En second lieu, quelle part de la misère des ouvriers ne peut-on pas attribuer au manque d'une stricte éco-

nomie? La prospérité de ce pays a produit une prodi-
galité qui a gagné les classes laborieuses. Ici on repousse avec dédain une nourriture que dans beaucoup
de pays on regarderait comme un luxe. Sans doute il
est important que la vie soit large dans toutes les
classes, c'est-à-dire qu'elle comprenne tout ce qui contribue au bien-être, tout ce qui donne à nos maisons
l'ordre et la propreté, tout ce qui est nécessaire pour
nous assurer une bonne santé. Mais combien de gens
prodiguent leurs économies pour des jouissances dont
ils pourraient se passer, se trouvent ainsi sans ressources dans les jours sombres, et sont toujours chan-
celants près de l'abîme du paupérisme? Ce sont ces
dépenses inutiles qui rendent trop pauvre pour qu'on
puisse s'occuper de son éducation. Et laissez-moi ajouter que des habitudes de dépense chez les ouvriers les
plus heureux s'opposent souvent à leur propre éducation et à celle de leur famille. Combien en est-il qui
sacrifient le progrès à la bonne chère! Combien en
est-il qui le sacrifient à la vanité de paraître, au désir
d'éclipser autrui, et aux habitudes de dépense qui ré-
sultent de cette insatiable passion! Dans un pays aussi
riche, dans un pays de luxe comme le nôtre, l'ouvrier
court le danger de se créer des besoins artificiels,
des goûts de malade. Pour les satisfaire, il ne songe
plus qu'à gagner, il vend son âme pour l'argent.
Notre prospérité sans égale n'a pas été un bien sans
mélange : elle a enflammé la cupidité, rendu l'imagination malade par des rêves de succès sans fin, et
elle a condamné la foule à un travail excessif, à une
concurrence fiévreuse, à des soucis qui l'épuisent.
L'ouvrier qui s'est assuré une demeure propre, simple

et élégante, et une table saine, ne devrait rien demander de plus pour les sens ; il devrait consacrer son
loisir, et ce qu'il peut épargner de son salaire, à son
éducation et à celle de sa famille, aux meilleurs livres,
au meilleur enseignement, à des relations agréables
et utiles, aux devoirs de l'humanité, enfin à la jouissance du beau dans la nature et dans l'art. Malheureusement l'ouvrier qui réussit cherche à singer le
riche au lieu de s'élever au-dessus de lui par de nobles conquêtes, comme souvent il le pourrait faire.
Les jeunes gens, surtout l'apprenti et le domestique,
prennent le goût de la mode; trop souvent ils sacrifient sur cet autel leur honnêteté, et presque toujours
l'esprit de progrès ; ils se condamnent à l'ignorance,
sinon au vice, pour une vaine apparence. Ce mal est-il
sans remède? La nature humaine sera-t-elle toujours
sacrifiée à la vanité? L'homme extérieur triomphera-
t-il toujours de l'homme intérieur? La noblesse de
sentiment ne naîtra-t-elle jamais chez nous? Est-ce
que cette réforme ne peut pas commencer chez les ouvriers puisqu'il y faut renoncer chez les heureux du
monde? Est-ce que l'ouvrier auquel sa condition impose impérieusement la simplicité dans les goûts et
les habitudes, ne peut pas résister à cet amour de la
toilette qui consume et corrompt tant de riches? Est-ce
que les classes laborieuses ne peuvent pas renoncer à
mesurer l'homme suivant sa fortune; ne peuvent-elles
verser un profond mépris sur toutes les prétentions
fondées sur l'extérieur ou la condition? Je suis convaincu que si elles s'attachent à la simplicité dans leur
vie et dans leurs vêtements, pour atteindre une élévation véritable, elles surpasseront en intelligence, en

goût, en qualités honorables, en jouissances réelles,
la plupart d s riches, amollis par la jouissance ou esclaves de la vanité. Combien, par une telle sévérité envers soi-même, ne pourrait-on pas alléger le fardeau
du travail, et trouver du temps et de l'énergie pour
se perfectionner ?

Négligence de la santé, autre cause de misère.

Une autre cause de la condition malheureuse d'un
grand nombre d'ouvriers, c'est, je crois, leur ignorance au sujet de la santé. La santé, c'est la fortune
du travailleur, il doit y veiller plus que le capita-
liste à son intérêt. La santé allége les efforts du corps
et de l'esprit ; elle permet de faire beaucoup en peu
de temps. Sans elle le gain est faible, et encore ne
l'obtient-on que par un travail lent et qui épuise.
Aussi c'est pour moi un heureux augure de voir la
presse répandre à bon marché des livres, dans lesquels on nous donne des connaissances utiles sur la
structure, les fonctions et les lois du corps humain.
C'est trop souvent par notre imprudence que la maladie et les infirmités nous atteignent ; la science y
porterait remède. Quand le peuple connaîtra comment est fait le corps humain, quand il comprendra
que la maladie n'est pas un accident, mais qu'elle a
des causes fixes qu'on peut souvent détourner, alors on
verra disparaître une grande somme de souffrances, de
besoins, et par conséquent d'abaissement intellectuel.

Utilité de l'hygiène publique.

J'espère qu'on ne m'accusera pas d'aller trop loin,
quand j'ajouterai que si la société était plus éclairée

sur ce sujet, elle appliquerait la science, non-seulement
à des usages particuliers, mais à l'administration de
la cité, et réclamerait des règlements municipaux pour
protéger la santé générale. Elle se le doit à elle-même.
Elle devrait exiger des mesures pour assurer la propreté de la ville, la distribution de l'eau, soit aux
frais du public, soit par une compagnie particulière,
elle devrait empêcher la construction ou la location de
bâtiments qui doivent nécessairement engendrer la
maladie. Combien il est triste de penser que dans
cette métropole, les bienfaits que Dieu répand avec
libéralité sur l'oiseau et la bête : l'air, la lumière et
l'eau, **sont** pour tant de familles si parcimonieuse-
ment mesurés, si mélangés d'impuretés qu'ils nuisent
au corps au lieu de le fortifier? De quel front les
grandes cités de l'Europe et de l'Amérique peuvent-
elles se vanter de leur civilisation, lorsque dans leur
enceinte des milliers de citoyens périssent faute des
biens que Dieu a si libéralement prodigués ! Pouvons-
nous espérer le progrès chez un peuple privé des jouissances que la nature accorde à tous les êtres et qui ne
profite même pas comme le sauvage de l'influence vivifiante des éléments? Dans cette ville, combien de santés,
combien de vies sont sacrifiées par l'usage de louer
des caves et des chambres sans ventilation possible,
qui manquent de lumière, d'eau, d'air pur, de propreté? Nous avons des lois pour empêcher la vente
des viandes corrompues; pourquoi ne défendrions-
nous pas la location des logements que des vapeurs
putrides, humides, malsaines, rendent aussi pernicieux
que peut l'être la plus mauvaise nourriture? Si le
peuple comprenait qu'il est aussi véritablement em-

poisonné dans de semblables tanières que par des
viandes corrompues et de mauvais légumes, ne nom-
merait-il pas des commissaires pour les maisons
comme il en nomme pour les marchés? Est-ce que la
location de logements inhabitables et la réunion dans
une seule chambre d'un grand nombre d'individus
qui engendre les maladies et les répand dans le voisinage, ne devraient pas être empêchées comme on
s'oppose à la contagion? Je me suis étendu sur ce
point, parce que je suis persuadé que les mœurs, les
manières, les bienséances, le respect de soi-même, et
le progrès intellectuel aussi bien que la santé et le
bien-être physique d'un peuple, ne dépendent d'aucune circonstance extérieure autant que de l'état des
maisons qu'il habite. Le peuple possède le remède au
mal dont nous venons de parler. L'ouvrier doit exiger
que la santé des citoyens soit un des principaux objets
de l'administration municipale, et en agissant ainsi il
protégera tout à la fois son esprit et son corps.

La paresse engendre une condition misérable.

Je citerai encore une cause de la condition misérable de beaucoup d'ouvriers, c'est la paresse, « le péché
auquel nous nous laissons aller le plus facilement. »
Combien y en a-t-il qui, travaillant faiblement et à
contre-cœur, ne font rien de bon, mettent deux heures
pour exécuter l'ouvrage d'une seule, reculent devant
les difficultés qui devraient les animer, restent pauvres par leur faute, et condamnent ainsi leur famille
à l'ignorance et à la misère!

RÉSUMÉ

J'ai essayé de montrer que les plus grands obstacles au progrès des classes laborieuses se trouvent dans ces classes mêmes, et que par conséquent on peut les surmonter. Il ne faut que de la volonté. La difficulté extérieure diminuera et disparaîtra devant le peuple dès qu'il voudra sérieusement le progrès, dès que la grande idée de s'élever s'emparera de son esprit. Je sais qu'on sourira de la pensée que j'émets, que l'ouvrier peut être amené à pratiquer l'économie et l'abstinence afin de devenir un être plus noble. Mais ces sceptiques qui n'ont jamais éprouvé la puissance d'une grande idée ne peuvent pas juger d'autrui. Qu'ils sachent cependant que l'enthousiasme n'est pas tout à fait un rêve, et qu'il n'est pas entièrement contre nature que des individus ou des associations conçoivent l'idée de quelque chose de plus élevé, de plus séduisant que ce qu'on a connu jusqu'ici.

Noblesse du travail manuel.

Après avoir traité de l'élévation de l'ouvrier, et examiné les objections qu'on lui oppose, il me reste à considérer quelques-unes des circonstances qui nous font espérer le progrès du peuple. Je serai bref, car le temps m'y force.

C'est d'abord une circonstance encourageante, que de voir combien augmente le respect pour le travail, ou plutôt combien s'évanouissent les anciens préjugés qui flétrissent le travail manuel, comme abais-

10.

sant l'homme, ou le plaçant dans une sphère inférieure. La cause de ce changement est pleine d'a-
venir ; car c'est l'intelligence, le christianisme et la
liberté en progrès, qui tous protestent contre les anciennes barrières sociales, et commandent une sympathie particulière pour ceux qui supportent les plus
lourdes charges et produisent la plus grande partie
de ce qui fait le bien-être de la vie civilisée. Ce mépris pour le travail est un reste des vieux préjugés de l'aristocratie qui jadis proscrivait le commerce
comme indigne d'un homme bien né ; il disparaîtra
avec d'autres préjugés qui ont la même origine. Et
les résultats seront heureux. Il est difficile qu'une
classe d'hommes se respecte quand, autour d'elle, tout
lui refuse le respect. Une profession, considérée
comme dégradante, est souvent une cause de dégradation pour ceux qui la suivent. Loin donc de nous l'idée
qu'il y a quelque chose de bas dans le travail manuel !
Croire que Dieu a imposé à la grande majorité du
genre humain une tâche indigne de l'homme, c'est
une pensée qui doit choquer tout esprit religieux. S'il
y avait une occupation dont on ne pût se dispenser et
qui dégradât ceux qui s'y consacrent, je dirais que
tout le monde devrait y prendre part, et la neutraliser
ainsi par une extrême division, au lieu de la laisser
peser sur quelques individus comme une charge exclusive. La prospérité de l'État n'exige l'abaissement
ni l'humiliation de personne. Le travail manuel est si
loin de mériter le mépris et le dédain, qu'on finira
par voir que, lorsqu'il est réuni à la culture intellectuelle, il donne un jugement plus sain, il favorise une
observation plus pénétrante, une imagination plus

créatrice, et un goût plus pur, qu'aucune autre profession. L'homme pense à quelques-uns, mais Dieu
pense à tous, et l'on verra enfin que tous ont sous la
main les moyens de progrès les plus efficaces.

De la littérature populaire.

Un autre caractère de notre époque, qui doit nous
encourager, c'est la création d'une littérature populaire, qui met l'instruction à la portée des classes ouvrières, quelle que soit la branche qu'elles désirent
cultiver. Au milieu des inutiles volumes que la presse
produit chaque jour sans autre but que d'amuser, on
trouve sur chaque sujet des livres excellents, publiés
au profit de la masse des lecteurs. Des mines de vérités
inappréciables sont ainsi ouvertes à quiconque veut
penser et s'instruire. La littérature, aujourd'hui, se
plie à tous les besoins, et je pense qu'elle prendra une
nouvelle forme tout à l'avantage des classes ouvrières.
Elle aura pour objet de montrer le progrès des arts
utiles, et de conserver la mémoire des hommes
auxquels le monde doit de la reconnaissance pour de
grandes découvertes. Chaque métier a de beaux noms
dans son histoire : quelques professions peuvent
compter parmi leurs représentants des philosophes,
des poëtes, des hommes d'un véritable génie. Je
demanderai aux membres de cette association si un
cours ayant pour but de faire connaître l'histoire des
métiers les plus importants, les avantages que la société
en a tirés, les hommes qui s'y sont distingués n°
contribuerait pas beaucoup à instruire et en même
temps à élever ceux qui m'écoutent. Un semblable

cours les transporterait bien loin dans le passé, leur
fournirait une instruction curieuse, et en même temps
leur apprendrait où choisir des modèles. J'irai plus
loin. Je serais heureux de voir les membres d'une
grande industrie établir un anniversaire pour la com-
mémoration de ceux qui ont illustré leur état par
leurs vertus, par leurs découvertes, par leur génie. Il
est temps que l'honneur soit accordé d'après des principes plus élevés que ceux qui ont dirigé le jugement
des âges écoulés. Certes l'inventeur de l'imprimerie,
celui qui découvrit la boussole, les hommes qui ont
appliqué la force de la vapeur à la mécanique, ont
d'autres droits à la reconnaissance du genre humain,
que la race sanguinaire des conquérants, et même que
les meilleurs princes. L antiquité a fait des dieux de
ceux qui les premiers cultivèrent le blé et les plantes
utiles, et de ceux qui les premiers forgèrent les métaux ; et nous, dans des siècles plus avancés, nous pouvons nous glorifier de noms encore plus grands dans
les annales des arts utiles. Conservons la mémoire de
ces grands hommes pour exciter une émulation généreuse chez ceux qui les suivent dans la carrière.

L'éducation des enfants des travailleurs est le plus grand moyen
de progrès.

Une autre raison d'espérer le progrès des classes ouvrières, ce sont les vues plus justes qu'elles commencent à suivre quant à l'éducation de leurs enfants.
C'est le fondement principal de nos espérances. Les travailleurs s'élèveront par l'éducation de la jeunesse. Ce
n'est pas que je prétende, comme on fait quelquefois
témérairement, que le progrès n'est possible que pour

les jeunes gens. Je ne désespère d'aucun âge. Les hommes qui ont vécu trente ou cinquante ans ne doivent pas croire que la porte leur soit fermée. Quiconque a soif de devenir meilleur a dans ce désir la garantie que ses efforts ne lui seront pas inutiles. Jamais on n'est trop vieux pour apprendre[1]. Le monde, depuis notre première jusqu'à notre dernière heure, est pour nous une école, et la vie entière n'a qu'un but, l'éducation. Mais il est vrai de dire que l'enfant qui n'est pas encore endurci, et que la corruption n'a pas encore atteint, est le sujet qui donne le plus d'espérances.

Savoir enseigner est le premier des arts et la première des sciences.

Je crois qu'on fera bien davantage pour les enfants, à mesure que se répandra une simple vérité, presque trop simple, serait-on tenté de croire, pour avoir besoin d'être exposée, mais jusqu'à ce jour obstinément négligée, savoir que l'éducation est une chimère, une déception, quand le maître n'est pas habile et accompli. On commence à comprendre la dignité du maître. L'idée que nulle fonction, sous le rapport de l'importance et de la dignité, n'est comparable à l'éducation de l'enfance, commence à poindre chez nous. Nous comprenons que le talent de former la jeunesse à l'énergie, à la vérité et à la vertu, est le premier de tous les arts et la première de toutes les sciences, et que, par conséquent, encourager les bons maîtres est le plus saint devoir qu'une société ait à remplir envers elle-

[1] Platon a dit aussi que l'éducation commençait au berceau et finissait à la tombe. L'esprit de l'homme, en effet, progresse et s'élève sans cesse par l'instruction, alors même que son corps s'affaiblit. (Ch.)

même. Je dis que la vérité commence à poindre ; il
faut qu'elle ait son jour. L'instruction des enfants de
toutes les classes, surtout des classes ouvrières, a été
jusqu'ici trop souvent confiée à des mains inhabiles
ou mal préparées ; aussi, trop souvent l'école n'est
qu'un mot. Toute la valeur de l'école, sachez-le bien,
est dans le maître. Vous pouvez entasser tout l'appareil
coûteux de l'instruction ; mais sans un homme intelligent, sans un homme de talent, tous vos sacrifices seront sans effet, tandis qu'un bon instituteur, sans aucun appareil, produira les résultats les plus heureux.
Notre Université se vante, et avec raison, de sa bibliothèque, de son cabinet et de ses instruments de physique ; mais tout cela est muet, sans vie, sans utilité,
excepté quand ceux qui s'en servent lui communiquent
leur puissance. Quelques maîtres distingués, habiles
à comprendre, à pénétrer, à vivifier les esprits de leurs
élèves, valent tous les secours. Et je dis cela, parce
que c'est une opinion généralement répandue que les
enfants des classes ouvrières ne peuvent pas être instruits, par suite de l'impuissance où sont leurs parents de leur fournir des livres et d'autres instruments
d'instruction. Mais dans l'éducation, les livres et les
instruments ne sont pas l'indispensable ; ce qu'il faut,
ce sont des maîtres supérieurs.

L'éducation éveille les facultés et enseigne à l'élève l'usage de son
propre esprit.

A vrai dire, peu de livres vaut mieux que beaucoup.
Le but de l'éducation n'est pas tant de donner une
certaine somme de connaissances, que d'éveiller les fa-

cultés, et d'enseigner à l'élève l'usage de son propre
esprit; un seul livre expliqué par un homme qui sait
atteindre ces deux fins, vaut mieux que des bibliothèques lues comme on lit ordinairement. Il n'est pas nécessaire qu'on enseigne beaucoup de choses à la jeunesse, mais qu'on lui enseigne un petit nombre de
choses, philosophiquement, avec profondeur, d'une
manière vivifiante. Par exemple, il n'y a pas de nécessité à ce qu'on promène l'auditeur à travers l'histoire
du monde, depuis le déluge jusqu'à nos jours [1]. Qu'on
lui fasse lire une seule histoire avec réflexion, qu'il
apprenne à en étudier et à en vérifier les preuves, qu'il
suive dans leur enchaînement les causes et les effets
des événements, qu'il pénètre jusque dans les motifs
des actions, qu'il observe le travail de la nature humaine dans ce que font et ce que souffrent les hommes,
qu'il juge avec impartialité des actes et des caractères,
qu'il sympathise avec tout ce qui est noble, qu'il découvre l'esprit d'un siècle sous des formes qui diffèrent
des nôtres, qu'il saisisse les grandes vérités qui sont
enveloppées dans les détails, qu'il discerne une providence morale, une rétribution, au milieu de toutes
les corruptions et de tous les changements; qu'il apprenne à lire ainsi une seule histoire, et il saura lire
toutes les histoires. Il saura étudier, si plus tard il en
a le temps, toute la série des événements humains; il
sera plus instruit avec un seul livre qu'il ne l'aurait
été par toutes les histoires écrites dans toutes les lan-

[1] Observation fort juste et dont feront bien de profiter chez nous
les examinateurs au baccalauréat ès lettres qui exigent trop souvent
des détails tels qu'ils échappent par leur insignifiance aux meilleurs
esprits. (Ch.)

gues, si on les lui avait enseignées, comme on le fait
ordinairement.

L'éducation des enfants d'ouvriers est un grand intérêt social.

Je le répète, l'éducation des enfants de l'ouvrier ne
sera jamais arrêtée faute de livres et d'instruments.
Un plus grand nombre de toutes ces choses pourrait
être utile, mais on peut s'en procurer facilement un
nombre suffisant. Ce qui manque, c'est une race de
maîtres auxquels la philosophie de l'esprit soit familière, des hommes et des femmes de talent qui respectent dans l'enfant la nature humaine, qui s'efforcent
d'éveiller et de développer ses meilleurs instincts,
ses meilleures facultés, et qui se consacrent à cette
mission, comme à la grande fin de la vie. Ce bien,
j'en suis convaincu, doit venir, mais il viendra lentement. L'établissement d'écoles normales montre
qu'on commence à sentir ce dont nous avons besoin.
Il faut que la société reconnaisse que l'éducation est
son plus grand intérêt et son premier devoir. Il faut
que les maîtres de la jeunesse aient le pas sur les
classes qui font fortune, et que les femmes du monde
le cèdent à l'institutrice. Il faut que les parents sacrifient le luxe et le plaisir pour donner à leurs enfants
tous les moyens d'instruction et les meilleurs guides
possibles. Ce n'est pas qu'on puisse créer de bons instituteurs à prix d'argent; il y faut une vocation individuelle, un véritable intérêt porté à l'éducation; mais
des avantages extérieurs secondent ce penchant. Les
moyens d'éducation seront toujours en proportion du
respect dont la société entoure l'instituteur.

Former au début de la vie la force et la justesse de la pensée.

Heureusement que dans ce pays l'idée véritable de l'éducation, de sa nature, de son importance, se propage sans bruit et gagne du terrain. Ceux qui se reportent en arrière d'un demi-siècle aperçoivent un progrès réel dans les écoles et dans l'enseignement. Ce qui devrait encourager chez nous ce mouvement, c'est que rien ne nous manque pour l'élévation intellectuelle des classes ouvrières, si ce n'est de donner une impulsion à l'enfance, et de former au début de la vie la justesse et la force de la pensée; car une fois cette conquête obtenue, les circonstances continueront presque d'elles-mêmes l'œuvre du progrès. C'est un des inappréciables bienfaits des institutions libres, qu'elles sont de constants stimulants pour l'intelligence; elles fournissent dans une succession rapide des sujets propres à vivifier la pensée et le jugement. Tout un peuple, ému au même moment par des questions d'un intérêt profond et universel, est amené à réfléchir, à raisonner, à juger, à agir, et là où la faculté de penser a reçu une sage culture, l'intelligence, sans s'en douter, et par l'effet d'une sympathie presque irrésistible, est toujours en action. L'esprit, comme le corps, est soumis à l'influence du climat dans lequel on vit, de l'air qu'on respire, et l'air de la liberté fortifie, réjouit, développe l'esprit à un point dont on n'a pas l'idée sous le despotisme. Cependant ce stimulant de la liberté ne sert qu'à ceux qui ont appris à réfléchir pour parvenir à la vérité : les hommes passionnés, les hommes qui ne réfléchissent pas sont poussés par ce même stimulant à de funestes excès.

11

Le remède aux excès de la civilisation moderne est dans une saine
application des principes chrétiens

Le dernier motif qui nous fait espérer l'élévation
de l'ouvrier, le motif principal, celui qui nous soutient le plus, c'est le développement de plus en plus
sensible des principes du Christianisme. On ne peut
pas juger d'après le passé de l'influence que plus tard
exercera la religion. Jusqu'à ce moment on en a fait
un outil politique, et on en a abusé de plusieurs manières ; mais on commence à comprendre son véritable esprit, l'esprit de fraternité et de liberté ; cet
esprit détruira l'œuvre à laquelle des principes opposés ont travaillé pendant des siècles. Le Christianisme
est le seul remède efficace contre les épouvantables
maux de la civilisation moderne ; contre ces doctrines
qui enseignent aux membres de la société à s'emparer
de tout et à s'élever au-dessus de tout, comme si
c'était là le but suprême de la vie. Les fruits naturels
d'une pareille civilisation sont le mépris des droits
d'autrui, la fraude, l'oppression, l'esprit de jeu trans-
porté dans le commerce, les entreprises hasardeuses,
les convulsions commerciales, ce qui amène l'appau-
vrissement de l'ouvrier et l'ébranlement de toutes les
conditions. Le remède doit venir, et il peut venir
seulement de la nouvelle application des principes
chrétiens, quand la justice et l'amour universels seront
la règle des institutions sociales, du commerce, des
affaires, de la vie active. Cette application a commencé,
et l'ouvrier, entre tous, doit en ressentir l'heureuse
et noble influence.

L'aurore d'un âge meilleur.

Telles sont quelques-unes des raisons qui nous font espérer l'élévation des classes ouvrières. On pourrait y ajouter d'autres grands motifs d'encouragement puisés dans les éléments de la nature humaine, dans les perfections et la Providence de Dieu, et dans les prophétiques intimations de sa parole ; mais je me contente de les indiquer. Partout je trouve de puissantes raisons d'espérer l'amélioration des masses. Je ne vois pas, et je ne puis point voir pourquoi le travail manuel et l'éducation personnelle ne pourraient marcher ensemble et du même pas. Je ne vois pas pourquoi l'ouvrier ne parviendrait pas à acquérir des habitudes et des manières polies, aussi bien que d'autres hommes. Je ne vois pas pourquoi, sous son humble toit, la conversation ne serait pas animée par l'esprit et ennoblie par l'intelligence. Je ne vois pas pourquoi, au milieu de ses fatigues, il ne porterait pas ses regards autour de lui sur la glorieuse création de Dieu, et ne se fortifierait pas et ne se reposerait pas à ce spectacle. Je ne vois pas pourquoi les grandes idées qui exaltent l'humanité, celles du Père infini, de notre affinité avec Dieu, et de la fin de notre être, ne grandiraient pas encore, brillantes et fortes, dans l'âme du travailleur. La société, j'en ai la conviction, marche vers une condition dans laquelle, en regardant en arrière, elle verra avec étonnement combien on a négligé ou perverti les facultés de l'homme. Dans le développement d'une philanthropie plus large, dans la diffusion de l'esprit chrétien de fraternité, dans la reconnaissance de l'égalité des droits pour chaque

créature humaine, nous apercevons l'aurore, la pro-
messe d'un âge meilleur, où personne ne sera empêché de s'élever que par sa propre faute ; où l'abominable doctrine, digne du prince des démons, que
l'ordre social demande l'abaissement de la majorité.
des hommes, sera repoussée avec horreur et mépris ;
où le grand objet de la société sera de rassembler les
moyens et les influences propres à éveiller et développer les plus nobles facultés de toutes les classes ; où
l'on dépensera bien moins pour le corps et bien plus
pour l'esprit ; où des hommes doués du talent d'élever
leurs semblables seront envoyés pour porter la lumière et la force dans toutes les sphères de la vie humaine ; où de vastes bibliothèques, des collections de
beaux-arts, des cabinets d'histoire naturelle, tous les
établissements faits pour polir le peuple et l'anoblir,
seront formés partout et ouverts à tous ; où enfin les
travaux de la vie deviendront, grâce à cette influence
supérieure, les instruments de l'élévation humaine.

Craintes et espérances sur l'avenir.

Telles sont mes espérances touchant l'élévation intellectuelle, morale, religieuse, sociale des classes
ouvrières. Je ne dirais pas cependant toute ma pensée,
si je n'ajoutais que j'ai aussi des craintes. Il ne me
reste pas assez de temps pour m'étendre sur ce point ;
mais la vérité ne serait pas entière si je n'en parlais
pas. Je ne veux déguiser ni à moi-même ni aux autres
le véritable caractère du monde où nous vivons. L'im-
perfection humaine jette de l'incertitude sur l'avenir.
La société, comme le monde, renferme dans son sein

de terribles éléments. Qui peut espérer que les orages
qui ont grondé sur les siècles passés aient épuisé leur
malignité? Il est possible que, par leur insouciance,
leurs passions, leur jalousie des riches, leur abandon
à des partis et à des meneurs politiques, les classes
ouvrières changent en ténèbres ces brillantes perspec-
tives, détruisent l'espérance que la philanthropie nourrit aujourd'hui, l'espérance d'un état social plus heureux et plus saint.

Dans ce mystérieux état des choses, il est aussi
possible que le mal nous vienne de causes qu'on croit
ne promettre que le bien. L'inquiétude actuelle et
le désir général, c'est d'enrichir le pays, et l'on regarde l'accroissement de la richesse comme devant
nécessairement profiter à toutes les conditions. Mais
cette conséquence est-elle sûre? Est-ce qu'un pays ne
peut pas être riche, tandis qu'une grande portion du
peuple reste plongée dans une affreuse misère? En
Angleterre, la plus riche nation du monde, combien
est triste, combien est dégradée la condition des classes agricoles et manufacturières! On pense que les
institutions de notre pays sont une garantie que l'accroissement de la richesse profitera également à toutes
les portions de la société et contribuera à leur progrès :
je l'espère, mais je n'en suis pas certain. Il s'opère en
ce moment un changement important dans notre condition. Les progrès de la navigation à vapeur ont à
moitié supprimé l'espace qui sépare l'Europe de l'Amérique, et chaque jour les deux continents se rap-
prochent. Nous saluons avec allégresse ce triomphe de
l'industrie. Nous attendons comme une ère glorieuse
dans notre histoire, le printemps prochain, où cette

métropole se trouvera rattachée à l'Angleterre par
une ligne de bateaux à vapeur. Qu'une grande impulsion soit alors donnée à notre industrie, et que
notre richesse et notre population augmentent, on
n'en peut douter ; mais c'est peu de chose. La grande
question, c'est de savoir si la masse du peuple aura
ainsi gagné en bien-être durable et plus encore en
intelligence et en caractère, s'il y aura profit pour
la culture de ses facultés et de ses sentiments les plus
nobles ! Il ne suffit pas de croître, si notre accroissement doit ressembler à celui des autres grandes villes.
Mieux vaut rester ce que nous sommes, mieux vaut
même décliner que de marcher sur les traces d'une
grande cité, soit des temps passés, soit des temps actuels. Je ne doute pas que, grâce à la Providence, le
rapprochement de l'Europe et de l'Amérique ne devienne un bienfait pour toutes deux ; mais sans notre
vigilance les premiers effets peuvent être plus ou
moins désastreux. Il est impossible de douter que
pendant quelque temps beaucoup d'entre nous, surtout dans les classes aisées, seront de plus en plus in-
fectés de la contagion étrangère, sympathiseront davantage avec les institutions, et prendront davantage
l'esprit et les mœurs du vieux monde. Comme peuple,
nous manquons d'indépendance morale[1]. Nous nous
inclinons devant les grands des autres pays, et nous
deviendrons, pendant quelque temps, de plus en plus

---

[1] Ces craintes que Channing exprimait en 1840 sont en partie jus-
tifiées aujourd'hui. Beaucoup d'Américains, qui n'ont pas su résister à
l'enivrement que produit chez les caractères faibles une fortune soudaine,
quittent le pays qui les a enrichis et où ils pourraient produire tant de
bien, pour venir s'amollir et se corrompre au contact de la société
européenne. (Ch.)

serviles dans notre imitation. Mais quoique mauvais,
ce n'est peut-être pas là le pire résultat. Je demanderai ce qui arrivera quand les classes ouvrières
d'Europe seront deux fois plus près de nous qu'elles
ne le sont aujourd'hui? Ne devons-nous pas craindre
une concurrence dont nos ouvriers auront à souffrir?
Est-ce que l'artisan de notre pays pourra conserver
son terrain en face des ouvriers d'Europe, ignorants,
affamés, qui travaillent pour toute espèce de salaire,
et qui jamais ne songent à se réserver une heure pour
leur éducation personnelle? Ne devons-nous pas craindre que l'accroissement de nos rapports avec l'Europe
ne nous amène ces divisions terribles qui partagent un
peuple en nations séparées? Plutôt que de voir nos classes
laborieuses devenir une populace d'Europe, l'homme
de bien en viendrait presque à désirer que des ouragans
continuels, repoussant chaque navire de l'Océan, sépa-
rassent entièrement les deux hémisphères. Que le ciel
nous préserve des bienfaits d'un plus grand voisinage
avec l'Europe, si avec lui doit venir la dégradation
que nous avons vue ou dont nous avons lu les récits !
Dieu nous garde de cette affreuse misère des pauvres dans les grandes cités du vieux monde, de ces ouvriers de manufactures, usés par un travail excessif,
de ces paysans ignorants et à demi abrutis ! On doit
tout tenter, tout essayer pour nous préserver des maladies sociales de l'Europe, et pour élever ici une population intelligente, honnête, et qui se respecte. Si,
pour atteindre ce but, il faut changer notre façon de
vivre, diminuer nos relations avec l'étranger, renoncer
à la concurrence commerciale et manufacturière ; s'il
faut que nos grandes villes cessent de s'étendre et

qu'une partie de notre population commerçante re-
tourne au travail des champs, ne craignons pas d'obéir
à cette nécessité. Il est évident que la civilisation de
notre époque peut mener à l'abaissement moral et intellectuel d'une grande portion de la société; et l'on
devrait songer à cette influence, l'étudier, l'observer,
y résister, avec la résolution ferme et solennelle de
n'épargner aucun sacrifice pour l'empêcher.

Peut-être que les craintes que j'exprime sont sans
fondement. Je ne vous demande pas de les partager.
J'aurai atteint mon but si je vous amène à étudier habituellement et avec ardeur l'influence des événements
et des lois sur le caractère et la condition des classes
ouvrières. Il n'est pas de sujet sur lequel vos pensées
doivent se porter plus souvent. Beaucoup d'entre vous
s'occupent d'autres questions : par exemple, du résultat probable de la prochaine élection du président,
ou des chances de tel ou tel parti. Mais ces questions-
là sont insignifiantes, comparées à la grande question
de savoir si les classes ouvrières de ce pays sont destinées à l'ignorance et à l'abaissement des classes pauvres de l'Europe, ou si elles obtiendront des moyens
de progrès intellectuel et moral? Vous vous abusez,
vous êtes traîtres envers vous-mêmes, quand vous
permettez aux politiques de vous absorber dans leurs
projets égoïstes, et de vous détourner de ce grand
problème. Dans vos pensées, donnez-lui la première
place. En sortant de cette conférence, emportez-le
avec vous ; discutez-le ensemble ; étudiez-le quand
vous serez seuls ; que les meilleurs esprits s'en occupent ; prenez la résolution de ne rien négliger
pour vous assurer à vous-mêmes et à ceux qui vien-

dront après vous le bien-être intellectuel et moral.

Dans ces lectures, j'ai exprimé le vif intérêt que je porte aux ouvriers ; mais je n'ai pas de partialité pour eux parce que ce sont des ouvriers. Mon âme est attirée vers les classes laborieuses, parce qu'elles constituent la majorité de la race humaine. Mon grand intérêt est pour l'humanité et pour la masse ouvrière, qui en forme la représentation la plus considérable. Pour ceux qui regardent l'humanité avec dédain ou avec une défiance profonde, ce langage peut paraître vide de sens ; ils peuvent dire que chez moi l'imagination et le sentiment l'emportent sur le jugement. N'importe ; je rends bien à ces sceptiques la pitié que je leur inspire. La surprise que leur occasionne ma crédulité ne peut surpasser l'étonnement douloureux avec lequel je regarde leur indifférence pour le sort de leurs semblables. Malgré leurs doutes et leurs railleries, la nature humaine m'est toujours chère. Lorsque je l'envisage telle qu'elle s'est manifestée en Jésus-Christ, dans sa perfection, je ne puis m'empêcher de la respecter comme le vrai temple de la Divinité. Lorsque je la vois telle qu'elle s'est révélée dans les hommes de bien, dans les grands esprits de tous les temps, je bénis Dieu de ces preuves multipliées, croissantes, des hautes destinées qui attendent l'humanité. Lorsque je la vois écrasée, abattue, étouffée par l'ignorance et le vice, par l'oppression, l'injustice et des travaux qui l'épuisent, je pleure sur elle, et je sens que tout homme devrait être disposé à tout souffrir pour en assurer la rédemption. J'espère, et je dois espérer le progrès de l'humanité. Mais, en parlant ainsi, je ne m'aveugle pas sur les dangers immédiats ; je ne

suis pas sûr que de sombres nuages et d'horribles
orages ne s'amoncellent pas maintenant sur le monde.
Lorsque nous reportons nos regards en arrière sur
l'histoire mystérieuse de notre race, nous voyons que
la Providence a usé de terribles révolutions pour détruire les abus des siècles et conduire le genre humain
à son progrès actuel. J'ignore si de pareilles épreuves
ne nous sont pas réservées. Notre civilisation offre
bien des sujets d'inquiétude et d'appréhension. Elle
est en opposition directe avec les grandes idées du
christianisme ; elle est égoïste, mercenaire, sensuelle.
Une telle civilisation ne peut, ne doit pas durer toujours. Comment sera-t-elle remplacée? Je ne sais,
j'espère cependant qu'elle n'est pas condamnée, comme
la vieille civilisation romaine, à s'écrouler dans le
sang. J'ai la confiance que l'œuvre des âges ne doit
pas périr par la violence, par la rapine et par l'épée
qui détruit tout. J'ai la conviction que l'état social
actuel renferme dans son sein quelque chose de mieux
que ce qu'il a déjà produit. J'ai la conviction qu'un
avenir plus brillant sortira, non de la désolation, mais
des améliorations et des changements graduels du
présent. Entre les changements dont j'attends le salut
du monde moderne, l'un des premiers, c'est l'élévation intellectuelle et morale des classes ouvrières. Probablement les impulsions qui doivent réformer et vivifier la société viendront non point des classes les
plus élevées, mais des plus obscures ; c'est là, je le
vois avec plaisir, que de nouveaux besoins, de nouveaux principes et de nouvelles aspirations commencent à se manifester. Que nos conquêtes passées nous
donnent du courage ! Que la foi dans une Providence

paternelle nous soutienne, et fussions-nous déçus
dans le présent, ne doutons jamais que les grands
intérêts de l'humanité ne soient toujours en sûreté
sous l'œil et la protection du Tout-Puissant, son
ami!

FIN DE L'ÉLÉVATION DES CLASSES OUVRIÈRES.

DE LA TEMPÉRANCE

ET

DE L'IVROGNERIF

TABLE DES MATIÈRES

AVANT-PROPOS

Une légende orientale nous conte que lorsque Noé plantait la vigne, Satan l'aperçut et que, avec sa curiosité ordinaire, il s'approcha de lui :

— Que plantes-tu là, fils de la terre? dit le prince des démons.

— Une vigne, répondit Noé.

— A quoi bon cet arbuste? demanda le tentateur.

— Le fruit en est aussi agréable à l'œil que délicieux au goût, répondit le patriarche, et on en tire une liqueur qui égaye le cœur de l'homme.

— S'il en est ainsi, reprit Satan, je veux t'aider.

Disant cela, le diable apporta un agneau, le tua et en fit couler le sang dans le fossé. Il en fit de même d'un lion, d'un singe et d'un porc ; c'est de cette façon qu'il arrosa les racines de la vigne.

Depuis ce temps, chaque fois qu'un homme boit un peu de vin, il devient doux et caressant comme un agneau. S'il augmente la dose, le voilà fort et hardi comme un lion. Mais s'il va plus loin, il est bientôt malicieux et fou comme un singe, et si, par malheur, il ne s'arrête pas, il finit par ressembler au porc, qui se vautre dans l'ordure.

Il y a du vrai dans cet apologue, et cependant l'ivresse du vin n'est rien à côté de cette ivresse furieuse que donne l'alcool. En France, il y a malheureusement trop de gens qui abusent du vin, et qui d'un bienfait font une malédiction ; mais, hormis quelques pays, où ne pousse pas la vigne, on ne voit pas des populations entières abruties et ruinées par ces eaux-de-vie de grains qui sont un véritable poison. Il n'en est pas de même en Amérique : là, comme dans les fabriques anglaises, comme dans le nord de l'Europe, l'ivrognerie est un fléau mortel que le législateur combat comme nous combattons le choléra. Mais les lois sont impuissantes contre les mœurs ; ce n'est pas par un décret qu'on rend les hommes vertueux. Elles font un bien relatif, je le reconnais ; je voudrais même que chez nous on interdît la vente de l'absinthe, comme à Boston on interdit la vente de l'alcool ; mais, pour guérir toute passion, il faut des remèdes moraux ; c'est la seule façon d'attaquer le mal à la racine et d'en préserver les générations à venir.

C'est ce que sentait Channing. Son amour de la liberté individuelle l'empêcha de se joindre aux sociétés de tempérance et d'engager son peuple à y prendre part. Il craignait la tyrannie des associations presque autant que celle des gouvernements. Mais, ainsi qu'on en jugera par son discours, il partageait entièrement les idées de ceux qui soulevaient l'opinion contre le mal de l'ivrognerie. S'il combattit en volontaire, du moins le fit-il avec un zèle, une conviction, un amour des hommes qu'on ne saurait trop admirer.

Ce discours n'est pas un acte isolé dans sa vie ; Channing ne parlait que sur des sujets qu'il avait longtemps médités. On en peut juger par quelques passages tirés de ses manuscrits, et publiés par son neveu [1].

« 1825. — Je voudrais indiquer quelques moyens de pré-

[1] *Memoir of Channing*, London 1851, p. 336-338.

venir l'intempérance. Il me semble qu'un de ces moyens, c'est de donner plus d'attention à l'éducation physique; il nous faut procurer à nos enfants une constitution vigoureuse. Un tempérament chétif, moitié maladie, moitié santé, amène à sa suite le malaise et l'inquiétude. La volonté affaiblie recherche des stimulants, et beaucoup de gens, je le crois, deviennent ivrognes par infirmité du corps. La force physique n'est pas seulement désirable par elle-même; en nous donnant la clarté et la santé de l'intelligence, elle favorise la tempérance et les autres vertus; elle écarte loin de nous ce sentiment de faiblesse, cette agitation, cet accablement qu'on ne peut comprendre, tant qu'on n'en a pas souffert.

« Il nous faut donc une meilleure éducation physique. Sans doute le principal objet de l'éducation, c'est l'esprit; mais l'esprit habite la matière; il agit par les organes, il souffre et languit avec eux. Un enfant doit peu de reconnaissance au père qui lui procure le savoir au prix de la santé. Prenez garde de sacrifier le corps à l'intelligence, car tous deux ont été créés pour travailler ensemble et s'aider mutuellement. Tout en instruisant vos enfants dans les langues étrangères, les lettres, les sciences, efforcez-vous de leur faire acquérir cette énergie musculaire qui seule leur permettra de profiter de toutes ces richesses. Ne souffrez pas que leurs premières années se passent dans ces écoles humides et sans air, où l'on respire la maladie; plus tard, ne les laissez pas sacrifier l'exercice à l'étude. On ne néglige pas impunément le corps; la faiblesse nerveuse traîne à sa suite la mauvaise humeur, l'irritation et l'intempérance.

« Il est un autre moyen de prévenir l'ivrognerie que je propose avec défiance, parce que les occasions me manquent pour arrêter et justifier mon opinion. Toutefois, je soumets mon idée à ceux qui en ce point ont plus d'expérience que moi. Je crois qu'on pourrait enrayer l'intempérance en proportionnant davantage le travail aux forces humaines. Autre-

ment dit, je crains que beaucoup d'ouvriers ne s'épuisent
par excès de travail ; cet épuisement est une des plus fortes
tentations qui poussent à l'ivrognerie. Je sais qu'en certaines
professions les ouvriers souffrent de l'insuffisance et de l'ir-
régularité du travail ; mais, dans un temps comme le nôtre,
où l'industrie déborde, je crains que beaucoup de gens ne
soient surmenés par des efforts trop grands pour leur force
physique. Il y a quelque temps qu'un homme, vénérable par
son âge et sa sagesse, faisait observer que, par suite de notre
façon de vivre plus excitante, les ouvriers d'à présent font dans
leur journée une besogne plus considérable d'un tiers ou
d'un quart que celle qu'ils faisaient autrefois. On m'assure
aussi que chez nous les entrepreneurs donnent de l'eau-de-vie
à leurs ouvriers, par calcul et comme moyen d'obtenir plus
de travail. Donner de l'eau-de-vie régulièrement et gratuite-
ment n'est pas, je le veux bien, ce qui produit l'intempérance. Mais j'estime que le corps humain ne peut pas dépen-
ser plus de forces qu'il ne le fait naturellement sans stimulants. Le surplus de travail qu'on obtient avec de l'eau-de-vie
est donc un excès qui peu à peu brise le corps. L'épuisement qui lui succède crée une soif irrésistible de stimulants
nouveaux, et l'argent qu'on a gagné par un labeur violent
se perd à réparer les forces qu'on a dissipées.

« Ne serait-il pas possible d'estimer au juste ce qu'un
homme peut faire en des circonstances ordinaires, sans compromettre sa santé, et de tirer de là la mesure des efforts
qu'on peut exiger de l'ouvrier ? Adam Smith remarque qu'un
homme qui travaille modérément et régulièrement rendra,
en fin de compte, plus de services à la société qu'un ouvrier
surmené et qui, dit notre philosophe, cherchera du soulagement dans la dissipation. Je ne puis m'empêcher d'espérer
que le nouveau système de travail qu'on essaye dans l'Ouest
est destiné à réussir. En laissant à l'ouvrier une sage liberté,
on compte qu'il accomplira sa tâche journalière en moins de
temps et avec moins de fatigue qu'aujourd'hui, et qu'il

pourra employer le reste de sa journée de la façon qui convient à un être intelligent, social et moral[1]. Oui, je compte que la société marche vers un état de choses où l'inégalité des conditions diminuera. Au lieu de souffrir comme des bêtes de somme, d'user leur vie, d'étouffer leur esprit dans un labeur continuel, pour soutenir un corps périssable, les travailleurs apprendront à connaître leur âme, ils auront les moyens de développer leurs facultés divines et sauront en user.

« Ces remarques me conduisent naturellement à un dernier moyen d'arrêter l'intempérance; il faut répandre parmi les ouvriers les jouissances intellectuelles. Sans doute cela ne suffira pas à rendre les gens tempérés; il y a là néanmoins un puissant secours. Que de gens tombent dans l'ivrognerie, faute d'une occupation qui les intéresse? Dans les grandes villes, combien n'y a-t-il pas de jeunes gens qui, ne sachant pas ce que c'est que la compagnie d'un livre et tout à fait étrangers aux plaisirs de l'intelligence, ne peuvent remplir leurs soirées qu'en courant les lieux publics et en acceptant la société qui s'y trouve? L'Angleterre, la mère des bonnes inventions, s'est préoccupée de ce mal. On fait là-bas de grands efforts pour donner aux ouvriers un degré d'instruction dont autrefois on les jugeait incapables; on les prépare à faire leur état avec plus d'intelligence; on ne veut pas s'en tenir là, on compte leur enseigner l'histoire, l'économie politique, la morale; si bien qu'un ouvrier en saura plus qu'un homme du monde n'en sait à présent[2]. C'est là une perspective qui me réjouit. C'est la résurrection de l'esprit. A Philadelphie, cette réforme commence; nous pou-

---

[1] L'essai a réussi complétement. On sait qu'aux États-Unis, la besogne restant la même, la journée est descendue à dix heures de travail effectif, et qu'en ce moment elle descend à huit heures.

[2] Grâce à cette diffusion des connaissances usuelles, il n'y a pas de communistes en Angleterre, et l'on n'y parle pas de révolution sociale. Chacun y veut devenir propriétaire, mais on n'y est pas assez ignorant pour attaquer la propriété. (*Édit.*)

vons espérer que l'habitude de réfléchir, la prévoyance, le respect de soi-même et le goût des plaisirs innocents arracheront plus d'une victime à l'intempérance. »

« 1835. — Dans une société aussi libre que la nôtre, ne comptons pas trop sur les mesures coercitives. Il n'y a que le despotisme qui puisse les pousser jusqu'au bout, et même, en ce cas, si la hache abat les branches, elle ne touche pas à la racine du mal. L'application sommaire de la force n'extirpera pas un mal qui tient profondément à notre nature et à notre état social. Pour ce vice, comme pour tous les autres, l'erreur du passé a été de le combattre par les restrictions, la terreur et la compression; c'est là une œuvre superficielle qui peut prévenir l'explosion du mal, mais n'en atteint pas la source. La meilleure façon de corriger la nature humaine, ce n'est pas de l'enfermer dans les murs d'une prison; il faut la traiter généreusement, il faut appeler à agir toutes les forces du corps et de l'âme, de l'intelligence et de la conscience, de la pensée et du sentiment, leur ouvrir pleine carrière, leur assurer le développement le plus complet. Multipliez dans la société les influences qui permettent au corps et à l'âme de grandir et de se fortifier, toutes les forces physiques, intelligentes et morales trouveront de quoi s'étendre et se nourrir; le vice, qui n'est, sous un autre nom, qu'un développement partiel de la nature humaine, un principe de vie qui a grandi aux dépens du reste, disparaîtra de lui-même et mourra de sa belle mort. »

Ce sont là de belles paroles; on ne peut trop faire pour soustraire les générations nouvelles aux misères et aux vices qui déciment les hommes faits; mais doit-on s'en tenir là? N'y a-t-il pas moyen de guérir un ivrogne? Faut-il désespérer de ceux qui se sont abandonnés à ce penchant fatal?

Channing ne le pensait pas; il n'oubliait jamais qu'il était disciple de Celui qui était venu pour sauver les brebis perdues d'Israël. Il proposait d'ouvrir des asiles où l'on traiterait physiquement et moralement les ivrognes, car, pour lui, l'ivrognerie était tout ensemble un vice et une maladie.

« Remarquez, écrivait-il en 1833, que la réforme d'un ivrogne, quand elle a lieu, est complète. L'homme qui s'abandonne à la vengeance, à l'orgueil, à l'envie, à la colère, à la fraude, à la débauche, ne guérit presque jamais de sa passion. Ces vices s'emparent de l'imagination, ils se mèlent à la pensée, ils agissent si subtilement et à de telles profondeurs, qu'une fois leur esclave on ne se rachète jamais. Il n'est pas rare, au contraire, de voir des ivrognes qui deviennent sobres, et ce qu'il y a de consolant, c'est que, aussitôt réformés, ils reviennent aux sentiments généreux, aux affections domestiques, aux goûts innocents et délicats; souvent même à l'énergie d'intelligence qu'ils avaient perdus. Vous pouvez recevoir dans votre intimité un homme qui a renoncé à boire. Vous ne pouvez jamais vous confier entièrement à celui qui a été déshonnête, encore qu'il soit rentré dans le droit chemin. Il en est de même de la débauche, elle laisse derrière elle une souillure dont l'imagination et la pensée ne se lavent jamais entièrement. Cette facilité de parfaite guérison tient, je crois, à ce que l'ivrognerie est une maladie physique plus encore que morale ou intellectuelle; cette considération, qui diminue l'horreur du vice, doit nous encourager à user de tous les moyens pour sauver les victimes. »

L'idée de Channing a germé aux États-Unis. En 1863, le gouverneur du Massachusetts, John A. Andrew, un des hommes d'État les plus remarquables qu'ait produits l'Amérique, proposait d'ouvrir un hôpital pour y traiter les ivrognes. « L'ivrognerie, disait-il, dans son adresse à la législature du Massachusetts, l'ivrognerie est une maladie aussi bien qu'un vice. Depuis longtemps nous faisons des lois pour la punir, il serait temps d'en faire pour la guérir. » L'expérience a été faite à New-York et à Boston; elle a rouvé que, soustrait au mépris public et à la dégradation,

entouré d'amis et de livres, et soigneusement tenu à l'abri
de la tentation, l'ivrogne, devenu buveur d'eau, pouvait·
guérir, alors même qu'il était tombé au dernier degré de la
maladie. Il serait bon d'étudier sur place ces essais généreux et de voir si nous ne pourrions pas en profiter.

Quoi qu'il en soit, on ne lira pas sans intérêt ce discours
de Channing; il n'est même pas besoin d'avoir en vue les
maux de l'ivrognerie pour se plaire à cette lecture. Il y a
une foule de réflexions judicieuses sur l'éducation qui sont
d'un intérêt général. C'est là, du reste, le caractère des
écrits de Channing. Tout s'y ramène à une même idée, le
complet développement de toutes les facultés de l'homme,
pour amener l'individu à ce degré de perfection qui fait
à la fois la grandeur et le bonheur de la vie. Améliorer et
perfectionner chaque individu, de façon à faciliter toutes
les réformes et à favoriser tous les progrès, toutes les libertés, c'est le grand problème de la démocratie moderne; ce
problème, Channing l'a résolu.

ED. LABOULAYE.

DE LA TEMPÉRANCE[1]

ET

DE L'IVROGNERIE

INTRODUCTION

Je vois devant moi les représentants de différentes sociétés pour l'encouragement de la tempérance. C'est une belle et grande cause ; je dois remercier Dieu, si la mission qui m'est confiée me permet de les soutenir dans l'œuvre qu'ils ont entreprise, ou de jeter une nouvelle lumière sur la route qu'ils suivent. L'occasion présente est bien faite pour animer un ministre chrétien. Quel noble témoignage cette assemblée ne rend-elle pas à l'esprit et à l'influence de la foi chrétienne ! Pourquoi cette foule est-elle réunie ? Est-ce pour un plaisir égoïste, est-ce pour une fin mondaine ? Non ; c'est pour arrêter un grand mal moral et social ; c'est pour contribuer au progrès de la vertu, de la dignité, du bien-être des hommes. Et d'où vient cette sympathie pour ceux qui sont

[1] Prononcé à la demande du Conseil de la Société de tempérance de Massachusetts, dans l'Odéon, à Boston, le 28 février 1837, jour fixé pour la réunion simultanée dans le monde entier des amis de la tempérance.

tombés, pour les coupables, pour les misérables ? L'a-
vons-nous tirée des écoles de la philosophie ancienne,
ou des temples de la Grèce et de Rome? Non. C'est
l'héritage que nous a laissé Jésus-Christ. Nous l'avons
reçu de ses lèvres, de sa vie, de sa croix. Cette réunion, si nous remontions à son origine, nous repor-
terait à Bethléem et au Calvaire. L'impulsion que le
Christ a donnée à l'âme humaine, après avoir duré
pendant des siècles, paraît aujourd'hui plus visible
encore dans les efforts nouveaux et multipliés que fait
la philanthropie pour racheter le monde, en chassant
le mal, quelle que soit la forme qu'il emprunte. Dans
l'enceinte de ces murs, l'autorité du Christ a été quelquefois mise en question, son caractère injurié. Au
blasphémateur de ce saint nom, quelle réponse que la
foule ici rassemblée! Une religion qui rapproche et
unit ainsi les hommes pour secourir, pour encourager, pour sauver leurs semblables égarés ou perdus,
porte au front le sceau, large, brillant, manifeste de
la Divinité. Soyons reconnaissants de ce que nous
sommes nés à sa lumière, et encore plus reconnaissants, si nous avons été baptisés dans son amour divin
et désintéressé.

Au point où en sont maintenant les efforts faits
pour encourager la tempérance, je ne puis sans doute
servir votre cause en apportant des idées nouvelles.
Les amis de la tempérance ont exploré tout le terrain
que je vais parcourir. Néanmoins quiconque est habitué à penser par lui-même est naturellement amené
à des vues ou à des considérations particulières, même
dans le sujet le plus familier. En concentrant son esprit, on réussit quelquefois à faire ressortir ces idées

d'une façon nouvelle, à leur conquérir le rang qu'elles méritent, à leur assurer une attention qui peut-être ne leur avait pas été accordée et qui cependant leur est due.

J'ai quelquefois pensé, peut-être sans fondement, que le plus grand mal de l'intempérance, son mal essentiel, n'était pas aussi parfaitement, aussi fréquemment indiqué que ses maux secondaires. On n'a pas une conviction suffisante de la profondeur de ses causes, et des remèdes qu'elle demande. Frappé de ces idées, j'appelle votre attention sur les points suivants : — le grand mal, le mal essentiel de l'intempérance, — l'étendue de ses tentations, — ses causes, — les moyens de la prévenir ou de la guérir.

L'intempérance est l'extinction volontaire de la raison.

Je commence par demander quel est le grand mal, le mal essentiel de l'intempérance? La réponse est que l'intempérance est *l'extinction volontaire de la raison*. Le mal est intérieur ou spirituel. L'ivrogne se dépouille, pendant un certain temps, de sa nature raisonnable et morale, il perd la conscience de ce qu'il est et l'empire sur lui-même, il produit en lui la démence, et par la répétition de cette folie il dégrade de plus en plus ses facultés intellectuelles et morales. Il pèche d'une manière immédiate et directe contre la raison, ce principe divin, qui distingue la vérité du mensonge, le bien du mal, et qui sépare l'homme de la brute. C'est là l'essence du vice, ce qui en fait l'horreur et le danger, ce qui devrait principalement frapper et animer quiconque travaille à le détruire. Les autres maux de l'intempérance ne sont rien en comparaison de celui-là ; presque tous

12

en viennent; et il est juste, il est à désirer que tous
les autres maux s'y joignent et l'accompagnent. Oui,
quand l'homme lève un bras criminel contre ce qui
fait sa vie, quand il éteint sa raison et sa conscience,
il est à désirer que lui et tous les autres soient avertis
d'une manière solennelle, effrayante, de l'énormité
du crime ; que des calamités extérieures et terribles
soient la preuve de la ruine intérieure à laquelle il
travaille ; que la condamnation et le malheur écrits sur
son visage, sur son corps, sur toute sa personne, déclarent quelle terrible chose c'est pour l'homme, la
créature raisonnable de Dieu, de renoncer à sa raison
et de s'abrutir.

Il est ordinaire chez ceux qui parlent contre l'intempérance, de dépeindre le visage aviné de l'ivrogne,
tantôt rouge, tantôt d'une pâleur mortelle. On montre
ses membres tremblants et paralysés. On fait voir sa
prospérité décroissante, sa misère, son désespoir.
On décrit sa demeure où règnent la tristesse et la
désolation, son foyer glacé, sa table pauvre, sa femme
au cœur brisé, l'aspect misérable de ses enfants, et
nous gémissons devant ce triste tableau. Mais il est
juste que cela soit ainsi. Il est juste que celui qui,
ayant été averti, éteint en lui le flambeau de l'intelligence et de la conscience, que celui qui abandonne son rang parmi les créatures que Dieu fit raisonnables, pour descendre au rang des brutes, soit au
milieu de ses concitoyens un monument de la colère divine, et qu'il enseigne partout où on le verra,
qu'il enseigne dans tout son aspect, dans chacun de
ses mouvements quel épouvantable crime c'est que
de détruire la raison ! Si nous étions constitués de

façon qu'on pût éteindre sa raison, sans que le visage
perdît de sa fraîcheur, l'extérieur de sa grâce, le
corps de sa vigueur, sans que notre prospérité en fût
affaiblie; sans qu'on aperçût aucun changement dans
notre demeure, bien loin d'y gagner, nous perdrions
les preuves visibles du soin paternel de Dieu. Son
amour et sa bonté, aussi bien que sa justice, se manifestent dans la terrible marque dont il a frappé
l'ivrogne, dans toute l'amertume des joies de l'i-
vresse. Ces maux extérieurs, si terribles qu'ils paraissent, ne sont qu'un faible emblème de la ruine intérieure. Nous devrions y voir le respect de Dieu pour
sa propre image qu'il a placée dans notre âme, ses avertissements paternels pour prévenir le crime de celui qui
anéantit en lui-même la vie morale et intellectuelle.

. Nous sommes trop disposés à fixer nos pensées sur
les conséquences ou la punition du crime, et à négliger le crime lui-même : ce n'est pas là tirer du châtiment le plus grand profit. Le châtiment est le signe
extérieur d'un mal intérieur ; il est fait pour révéler
quelque chose de plus terrible que lui-même. La
grandeur du châtiment est un moyen de personnifier,
de rendre visible la grandeur du crime auquel il est
attaché. La misère de l'ivrogne, son aspect repoussant, sa face lugubre, les souffrances physiques qui
l'abattent : tout cela n'est pas justement apprécié, si
tout cela ne nous représente la désolation plus terrible
que ce vice apporte dans l'âme.

La misère est le moindre des maux causés par l'intempérance.

Entre les maux que cause l'intempérance, on attache une grande importance à la pauvreté qui en est

la suite. Mais, tout grand qu'il est, ce mal n'est rien
en comparaison du mal essentiel de l'intempérance,
que je désire si vivement vous montrer dans tout son
jour. Qu'importe qu'on soit pauvre, si l'on porte dans
sa pauvreté 'esprit, l'énergie, la raison et les vertus
d'un homme? Qu'importe d'être obligé de vivre de
pain et d'eau pendant quelques années ? Combien et
des plus riches sont réduits par la maladie à une condition pire que celle-là? Une pauvreté honnête, vertueuse, noble, est comparativement un mal léger. La
philosophie de l'antiquité en faisait la condition de la
vertu : elle a été le sort de plus d'un chrétien. La
pauvreté de l'ivrogne doit tout ce qu'elle a d'affreux
à la cause qui la produit. Celui qui devient mendiant,
parce qu'il s'est fait brute, est vraiment misérable.
Celui qui n'a pas de consolation, qui n'a que des sou-
venirs pleins d'angoisse, et des remords déchirants,
quand il regarde son foyer glacé, sa table sans pain,
ses enfants couverts de haillons, celui-là porte véritablement un poids de douleur qui écrase. Qu'il souffre, c'est chose légère ; qu'il se soit attiré cette souffrance par l'extinction volontaire de sa raison, c'est
la pensée terrible, la malédiction insupportable.

· On nous dit qu'il faut préserver tel ou tel homme
de l'ivrognerie, pour l'empêcher « de s'adresser à la
ville, » et de devenir une charge pour la cité. Ce motif n'est pas à dédaigner ; mais je ne puis attacher
un seul moment ma pensée aux quelques centaines
ou aux quelques milliers de dollars que coûtent les
intempérants. Lorsque je vais au Dépôt de mendicité,
et que je vois la dégradation, l'hébétement, l'abjec-
tion, l'imbécillité, écrits sur le visage de l'ivrogne,

j'aperçois une ruine en comparaison de laquelle des
frais d'entretien ne sont qu'un grain de sable. Je ne
suis pas fâché que la société soit taxée à cause de l'i-
vrogne. Je voudrais qu'elle le fût davantage. Je voudrais que les charges fussent si lourdes, que nous fus-
sions obligés de nous réveiller, et de nous demander
comment on peut sauver l'ivrogne de la ruine. Dieu a
voulu, et il l'a voulu avec sagesse, que le péché éten-
dît son mal au delà de lui-même, qu'aucun être humain ne souffrît seul, que l'homme qui tombe en en-
traînât d'autres sinon dans son crime, au moins dans
une part de son malheur. Si l'un des membres du
corps social souffre, il faut que les autres souffrent
aussi ; c'est justice : c'est là une de ces dépendances
qui nous intéressent au salut moral d'autrui et nous
forcent à travailler pour relever ceux qui sont tombés.

En dehors de ses effets désastreux, l'intempérance est haïssable par elle-même.

On doit plaindre et haïr l'intempérance pour elle-
même, bien plus que pour ses effets extérieurs : ces
effets doivent ce qu'ils ont d'amer à leur source
criminelle. Nous parlons des malheurs que l'ivrogne
apporte dans sa famille ; mais retranchez sa brutalité, combien ces malheurs ne seront-ils pas adoucis ?
Nous parlons de sa femme et de ses enfants couverts
de haillons ; que les haillons restent : mais supposez
qu'ils viennent d'une cause innocente ; supposez que
l'ivrogne est un homme vertueux, un bon père, et
que c'est la maladie, et non le vice, qui a fait tomber
ainsi sa famille. Supposez que sa femme et ses enfants lui sont attachés d'un grand amour, amour mé-

rité par une vie de travail et une affection infatigable;
faites qu'ils sachent que l'épuisement de son corps
vient des peines qu'il a endurées pour leur donner
le bien-être ; supposez enfin qu'il leur dise : « Nous
sommes pauvres en biens de ce monde, mais riches
en affection et en confiance religieuse. Je vous quitte;
mais je vous laisse avec le Père de l'orphelin, le Dieu
de la veuve. » Supposez cela, combien ces haillons
seront changés! Qu'elle sera changée cette demeure
froide et nue! La chaleur du cœur peut faire résister
au froid de l'hiver, et il y a de l'espoir, il y a de
l'honneur dans cette vertueuse indigence. Qu'est-ce
qui brise le cœur de la femme de l'ivrogne? Cé n'est
pas que son mari soit pauvre, c'est qu'il soit ivrogne. Au lieu de cette face avinée, tantôt défigurée
par la colère, tantôt dépouillée de tout rayon d'intelligence, si l'épouse pouvait voir ce visage affectueux qui longtemps fut le miroir d'une âme honnête et d'un cœur fidèle, de quel fardeau ne se trou-
verait-elle pas soulagée? Mais non, c'est un époux
dont le contact est impur, dont les infirmités accu-
sent le crime, un époux qui a détruit toutes les espérances de sa femme, qui a été infidèle au serment
qu'il lui jura, un époux qui fait de sa demeure un
enfer ; ce n'est plus celui que le travail, la maladie
et la Providence ont livré aux soins de sa femme et
de ses enfants.

Nous songeons trop aux effets du vice, et pas assez au vice lui-même. C'est le vice cependant qui em-
poisonne ce que nous appelons ses effets, le vice qui
est l'amertume dans la coupe de la douleur humaine.

Tentations qui poussent à l'intempérance.

Je vais maintenant vous soumettre quelques observations sur les tentations qui poussent à l'intempérance ; et pour cela, je n'irai pas consulter les statis-
tiques ; je n'essayerai pas de compter les victimes. Je
veux exciter une vigilance universelle, en montrant
que les tentations qui nous entraînent à cet excès
sont répandues parmi toutes les classes de la société.
Nous parlons souvent comme si les ouvriers, les ignorants, les hommes sans éducation, couraient seuls des
dangers, et comme si nous-mêmes n'avions d'autre
intérêt dans cette question que l'intérêt d'autrui.
Il n'en est pas ainsi, et dans toutes les classes il y a
péril. En vérité, lorsque nous nous rappelons les tristes
histoires de gens de toute condition qu'on vit jadis
parmi les plus fermes et qui ont ensuite cédé à la tentation, nous sentons que personne ne doit bannir la
crainte, et que nous aussi peut-être nous marchons au
bord de l'abîme. Les jeunes gens sont exposés à l'intempérance, car la jeunesse manque de prévoyance,
elle aime l'excitation, elle met le bonheur dans la joie
et le bruit, elle a du penchant pour le plaisir des fes-
tins, et trop souvent elle y trouve, ou s'y fait le chemin
de l'enfer ; mais les hommes âgés ne sont pas non
plus à l'abri, car la vieillesse énerve l'esprit aussi
bien que le corps, et nous enlève sans bruit l'empire
de nous-mêmes. Les oisifs ne courent pas un moindre
danger que l'ouvrier accablé par un travail excessif ;
car de fatigants désirs naissent dans une tête inoc-
cupée, et l'on cherche avec avidité l'excitation des
boissons enivrantes comme un moyen d'échapper à
l'insupportable ennui de ne rien faire. Les gens gros-

siers et sans éducation tombent facilement dans l'intempérance, parce que la brutalité ne les dégoûte pas.
Il est plus triste de songer que des hommes de génie
et de bon sens ne sont guère moins exposés. L'extrême
activité de la pensée épuise plus encore que le travail des mains. Elle use, si je puis m'exprimer ainsi,
les esprits les plus subtils, et laisse, ou un affaiblis-
sement du corps qui demande des toniques, ou une
agitation continuelle qui cherche un soulagement dans
des calmants trompeurs. En outre il est naturel aux
intelligences les plus vives d'avoir soif d'une excitation violente, et quand on ne la trouve pas dans des
occupations et des plaisirs innocents, on la cherche
trop souvent parmi des jouissances coupables.

L'intempérance chez les hommes les mieux doués.

Ces observations s'appliquent surtout aux hommes
doués d'un génie poétique, d'une imagination ardente,
et que rend plus vive encore une excessive sensibilité.
Ces gens qui vivent dans le monde de leur création,
qui s'enflamment pour des beautés et des joies idéales,
et qui s'égarent trop souvent dans des rêveries où l'i-
magination sert le désir, où les sens triomphent de
l'intelligence, sont surtout en danger de perdre l'équilibre de l'esprit, le calme de la pensée, la clarté du
jugement et la force morale de la volonté, pour devenir les enfants du caprice, dédaigner les plaisirs
simples et ordinaires, et courir à leur ruine par une
soif fiévreuse de jouissances artificielles et enivrantes.
Chez des personnes ainsi faites, ces dispositions mauvaises sont souvent aggravées par l'irritabilité du système nerveux. De là vient que les productions de la

littérature sont si tristes ; de là vient que les plus brillantes lumières du monde intellectuel ont trop souvent
des éclipses désatreuses, et que la voix inspirée du
génie, si pénétrante et si noble, s'éteint quelquefois
dans le cri brutal ou imbécile de l'ivrognerie.

L'intempérance dans les classes élevées.

Je viens de parler des hommes intelligents du plus
haut degré ; mais on peut dire de tous les hommes
bien élevés en général, qu'ils ne doivent pas se croire
à l'abri du danger. On assure que, dans une même
condition, on pourrait trouver un nombre aussi grand
de gens intempérants parmi ceux qui ont été au collége, que parmi ceux qui n'ont pas reçu la même
éducation. Il ne faut cependant pas en conclure que la
culture de l'intelligence n'apporte aucun secours moral : la vérité est que les bons effets en sont paralysés par des causes diverses. Les hommes bien élevés succombent à la tentation aussi souvent que les autres, non pas parce que l'éducation est inutile, mais
parce que nos colléges donnent une éducation incomplète ; tout y concourt au développement de l'intelligence ; mais on ne fait que peu de chose pour la culture morale, et rien pour le corps. Une autre cause du
mal, c'est encore que les jeunes gens ayant reçu une
éducation libérale, entrent dans des carrières qui,
d'abord, donnent peu ou point d'occupation ; qui,
pendant longtemps, les exposent aux tentations de
l'oisiveté, les plus dangereuses de toutes dans un âge
d'inexpérience et de passion. Voilà pourquoi l'intempérance fait des recrues parmi cette classe qui forme
le principal espoir de la société.

L'intempérance chez les femmes.

Je voudrais qu'il me fût permis d'en rester là ; mais l'intempérance a encore une autre proie plus déplorable, c'est la femme. Je ne connais pas sur la terre de spectacle plus triste que de voir le visage de la emme, visage qui autrefois ne connut d'autre rougeur que celle d'une sensibilité exquise ou d'une sainte modestie, de le voir cramoisi, défiguré par l'intempérance. La femme même n'est pas à l'abri de ce vice! La délicatesse de son organisation physique l'expose à des défaillances qui lui font désirer le secours trompeur que donne une liqueur excitante. L'homme, avec ses nerfs de fer, sait peu ce que souffre la nature sensitive de la femme ; quelles pensées de désespoir viennent en foule la troubler dans sa solitude, combien elle est épuisée par des soucis constants, et combien l'empire de soi-même est diminué par les dérangements de son frêle système. Il faut dire la vérité. Dans toutes nos familles, quelle que soit leur condition, il y a des individus exposés ; la crainte et la vigilance sont du devoir de tous.

Ne croyez pas que j'exagère quand je vous montre combien vous êtes exposés à l'intempérance. En voyant un ivrogne dont la santé est détruite et l'intelligence corrompue, que personne ne dise : « Je ne puis jamais tomber si bas. » Lui aussi, dans ses jeunes années, craignait aussi peu que vous de tomber. Les promesses de sa jeunesse étaient aussi brillantes que les vôtres ; et même, après avoir commencé à décliner, il n'avait pas plus de méfiance que le plus ferme de ceux qui l'entouraient ; il aurait repoussé avec autant d'indignation l'avis d'être en garde contre l'intempérance.

Le danger de ce vice, c'est qu'il s'empare de nous par degrés, d'une manière imperceptible : ceux qui en meurent en ont rarement reconnu les premières atteintes. La jeunesse ne voit pas ou ne soupçonne pas l'ivrognerie dans le breuvage pétillant qui excite et double sa gaieté. Le malade ne la voit pas dans le cordial que son médecin lui prescrit, et qui donne du ton à ses organes affaiblis. L'homme de pensée, l'homme de génie, ne découvre pas le poison de la paralysie dans le breuvage qui semble une source d'inspiration pour l'intelligence et l'imagination. Celui qui aime le monde et ses plaisirs est loin de supposer que ce vin qui anime la conversation, il le boira un jour seul, et qu'il tombera trop bas pour goûter ces jouissances sociales dans lesquelles il trouve aujourd'hui tant de charmes. L'intempérance arrive pas à pas et sans bruit, et quand elle attache les premiers liens, sa main est trop légère pour qu'on la sente. Cette vérité, que nous enseigne une triste expérience, il nous faut tous la conserver précieusement. Dans toutes les classes elle doit avoir de l'influence sur les habitudes et les arrangements de la vie domestique et sociale.

Telle est l'étendue des tentations qui nous poussent à ce vice. Il est vrai de dire cependant, que bien qu'on puisse en suivre les ravages dans toutes les conditions, c'est dans la classe ouvrière, parmi les pauvres, qu'on le rencontre le plus souvent : là les crimes et les maux de l'intempérance s'élèvent à un tel degré que nous reculons épouvantés ; c'est là surtout qu'il faut la combattre. Dans les réflexions suivantes, je me bornerai donc à indiquer les causes et les remèdes du mal dans cette classe de la société.

Causes de l'intempérance.

Entre les causes d'intempérance, il en est un grand
nombre qui tiennent à l'état présent de la société, à
cet état que chacun s'efforce de consolider, et qui
donne des priviléges à la plupart d'entre nous. J'insisterai sur ces causes, parce qu'elles nous montrent
l'obligation où nous sommes de faire tout ce qui est
en notre pouvoir pour déraciner ce vice. Il est de
toute justice que ceux qui profitent de notre organisation sociale viennent au secours de ceux auxquels
elle fait du mal. Sans aucun doute, la cause première
de l'intempérance est dans les intempérants eux-
mêmes, dans leur faiblesse morale, dans leur manque
de volonté, dans leur abandon volontaire à la tentation. Cependant, la société en augmentant la tentation, et en diminuant la force de résistance, devient
responsable des vices qui se propagent, et elle est tenue d'employer tout ce qu'elle a d'énergie pour les
faire disparaître. Ceci m'amène à considérer quelques-
unes des causes d'intempérance qui tiennent à notre
état social.

Une des causes qui aujourd'hui rendent l'intempérance commune, c'est la lourde charge de soins et
de peines qui pèse sur les masses. Pour gagner leur
subsistance et celle de leur famille, une multitude de
gens sont obligés de supporter un degré de travail qui
épuise leurs forces et nuit à leur santé ; ils cherchent
un secours dans les excitants. Loin que la civilisation
ait allégé le travail de l'homme, elle l'a rendu plus
lourd ; je vois là le signe d'un vice profond dans ce
que nous appelons le progrès de la société. Le Créateur n'a pas pu vouloir que toute la vie s'usât en un

labeur pénible pour subvenir aux besoins de notre
vie animale. C'est une civilisation imparfaite que
celle où la masse des individus ne peut dérober quelques moments aux travaux manuels, pour les consacrer à la culture morale, intellectuelle et sociale. C'est
un triste spectacle que de voir des multitudes d'hommes dégradés à la condition de bêtes de somme. Un
travail excessif rend l'âme incapable de résister à la
tentation. L'homme usé par la peine, et privé, par
sa condition, de plaisirs relevés, est poussé à chercher dans les excès sensuels un soulagement trompeur. C'est sans doute une question difficile que de
savoir comment la société pourra être modifiée de
façon à ce qu'une de ses classes ne soit plus écrasée.
Ce qui est trop clair, c'est que dans nos institutions
et nos habitudes actuelles on n'aperçoit aucun remède au mal. Au contraire, riches et pauvres semblent de plus en plus accablés d'un travail continuel,
tourmentés par une inquiétude qui les épuise, par
des luttes pleines d'anxiété, par une concurrence
fiévreuse. Il en est qui attendent de la législation un
soulagement au fardeau que supporte la classe ouvrière; mais des lois égales pour tous et la liberté civile ne peuvent faire disparaître le contraste choquant
de conditions que présentent aujourd'hui toutes les
sociétés civilisées. Un progrès intérieur, spirituel est,
je crois, le seul remède assuré contre les maux sociaux. Ce dont nous avons besoin, c'est d'une propagation nouvelle de la fraternité chrétienne, pour exciter les puissants et les heureux à secourir libéralement
et à encourager les malheureux ou les faibles ; ce qu'il
nous faut, c'est une nouvelle diffusion de force mo-

rale et intellectuelle, afin que le peuple se suffise à
lui-même, s'habitue à régler sa conduite, et prenne
cet esprit d'indépendance qui dédaigne de mendier
ou de recevoir un secours inutile.

L'excès de travail.

Une autre cause, qui se rattache d'une manière intime à la précédente, c'est l'ignorance et la dégradation
intellectuelles d'un grand nombre d'ouvriers. Ceux
qui travaillent péniblement du matin au soir, sans
pouvoir donner un instant à la réflexion, à la culture
de leur esprit, ont nécessairement des facultés, des
vues, des jouissances très-bornées. Le moment présent et le corps occupent toutes leurs pensées. Les
plaisirs de l'intelligence, de l'imagination, du goût, de
la lecture, d'une société cultivée, leur sont presque entièrement refusés. Quel plaisir leur reste-t-il, excepté
celui des sens? Sans réflexion et sans prévoyance,
combien doivent être obscures leurs notions de la
religion et du devoir ! Comme ils sont peu préparés
à lutter contre la tentation ! Dans ce pays, sans doute,
cette cause d'intempérance agit moins qu'ailleurs.
Il y a chez nous moins d'ignorance brutale ; mais
d'un autre côté, la facilité de s'abandonner aux excès
est beaucoup plus grande, de sorte que pour les gens
sans éducation la tentation du vice est peut-être plus
forte ici qu'en des États moins éclairés. Notre prospérité extérieure, si elle n'est pas accompagnée d'un
progrès moral et intellectuel, pousse à l'intempérance ; c'est cette impulsion qu'il nous faut combattre.

La sensualité générale

Passons à un autre cause d'intempérance chez les

pauvres et les ouvriers, c'est la sensualité générale, la dissipation de la société. Il y a, il est vrai, beaucoup de vertu, beaucoup d'intelligence chez les riches, mais généralement on n'en voit rien ; car il y a bien plus encore de dissipation, de goût du plaisir, et c'est là ce qui efface tout le reste. La majorité vit surtout pour les sens. Là où il y a peu d'intempérance, dans l'acception ordinaire du mot, il y a néanmoins beaucoup d'excès. Des milliers d'individus, qui ne sont jamais ivres, placent leur principal bonheur dans les plaisirs de la table. Combien d'intelligences paralysées et de visages hébétés, combien d'esprits étouffés par ces dangereuses jouissances ! Quelle est la grande leçon que les riches donnent aux pauvres? Ce n'est pas la sobriété qu'ils enseignent par leur exemple ; ce n'est pas la suprématie de l'intelligence, ce n'est pas la grande· vérité chrétienne : que le bonheur de l'homme consiste dans le triomphe de l'esprit sur le corps, dans la force intérieure, dans la vie de l'âme. Le pauvre apprend du riche que le plus grand bien d'ici-bas c'est la satisfaction du corps. La voix qui sort de la bouche des heureux contredit les leçons du Christ et de la saine philosophie. C'est la sensualité de ceux qui donnent le ton au sentiment public, c'est leur dissipation qui est coupable, à un haut degré, de l'intempérance du pauvre. Comment peut-il résister à la tentation? C'est seulement par la force morale, par l'énergie de la volonté, par le principe d'abnégation qui se trouve dans son âme. Où lui enseigne t-on ces vertus? Reçoit-il une morale plus élevée de ceux que leur condition met au-dessus de lui? La grande question qu'il entend agiter parmi ceux dont l'éducation a été plus soignée

que la sienne c'est : Que mangerons-nous, que boi-
rons-nous, comment nous habillerons-nous ? Des efforts incessants pour acquérir des biens extérieurs,
pour plaire au monde, pour satisfaire les sens, causent presque toute l'activité qu'on déploie autour de
lui. Supposez que le pauvre recevra du riche des leçons de luxe et de mollesse, et cependant résistera aux
plus pressantes tentations, c'est lui supposer une force
morale qui, nous le sentons malheureusement, nous
manque tout à fait. Dans leurs difficiles épreuves,
combien peu de vérités vivifiantes, combien peu de
grandes idées ou de bons exemples les masses reçoivent-
elles de ceux que la fortune a placés au-dessus d'eux !

Manque du respect personnel chez l'ouvrier.

Une autre cause d'intempérance, c'est que, dans
l'état présent de la société, l'ouvrier n'a pas le respect de soi-même. Tant que la fortune sera l'objet
d'un culte, la mesure de l'importance individuelle, le
signe de la distinction, il y aura une disposition à se
mépriser, à s'abandonner soi-même chez ceux qui,
par leur condition, n'ont aucune chance de parvenir.
Ceux-là naturellement sentent que le grand bien de la
vie leur a été refusé : ils se voient délaissés ; leur condition leur interdit le commerce avec les hommes instruits ; ils croient n'avoir qu'une faible mise dans le
bonheur général ; il ne leur semble pas qu'ils y aient
rien à perdre. Rien ne leur rappelle la grandeur de
leur nature ; rien ne leur apprend que dans leur
obscure situation ils peuvent s'assurer le plus grand
bien du monde. Imbus, grâce au ton général de la société, de la funeste idée que la fortune est tout en-

semble l'honneur et le bonheur, ils ne trouvent dans
leur mince partage rien qui leur inspire le respect
d'eux-mêmes. Dans cette erreur, ils ne sont pas plus
dégradés que les riches ; ils ne font que répéter le cri
de la société ; mais, pour eux, cette erreur amène une
ruine profonde, immédiate. En les abaissant à leurs
propres yeux, elle les dépouille d'une puissante protection contre des vices honteux ; elle les dispose aux
manières brutales, aux plaisirs grossiers, aux penchants qui avilissent. De toutes les classes de la société ce sont peut-être les classes pauvres qu'on devrait traiter avec le plus de déférence pour empêcher
le principal danger qui les menace ; je veux dire la
perte du respect personnel. Mais à tous leurs autres
maux on ajoute l'abandon : et nous nous étonnons si
les pauvres succombent?

De l'inquiétude fiévreuse de notre temps.

Je pourrais indiquer dans notre constitution sociale
d'autres causes qui favorisent l'intempérance ; mais
je passe et me contente de vous montrer le signe caractéristique de notre époque, ce qui aujourd'hui
fortifie toutes les dispositions au vice. Notre époque
se distingue par ce qu'on nomme le besoin d'excitation, de simulants énergiques. Être stimulé, être
excité, c'est le goût universel. Au calme, à la sobriété,
au travail assidu de nos pères a succédé une inquiétude fiévreuse. Les livres qu'on lit ne sont pas les
livres modèles, les grands, les immortels ouvrages
du génie, qui exigent le calme de la pensée et inspirent des sentiments profonds ; ce sont des œuvres
éphémères qu'on parcourt avec une rapidité de che-

min de fer, et qui procurent un plaisir semblable
à l'ivresse. Les affaires sont une course; on y est
poussé par l'excitation de grands risques et l'espoir d'énormes profits. La religion elle-même a sa
part de l'agitation générale : en certains endroits,
pour faire avancer la religion, on a recours à des pratiques qui bouleversent le système nerveux et rédui-
sent presque à un état d'aliénation mentale les personnes d'un tempérament impressionnable [1]. On va à
l'église pour être excité plutôt que pour se corriger.
Cette soif de stimulants ne peut se contenir dans certains rangs ; elle gagne et pervertit toute la société ;
elle envahit ces classes qui, malheureusement, ne
peuvent se procurer qu'un seul stimulant énergique :
des liqueurs enivrantes. Chez elles l'esprit de l'époque
se manifeste par l'ivrognerie.

Des moyens d'arrêter l'intempérance.

J'ai placé sous vos yeux quelques-unes des causes
d'intempérance que nous devons à notre état social ;
je l'ai fait afin que vous sentiez que la société, dans
tous ses rangs, surtout dans les plus élevés, est tenue
en toute justice de combattre le mal. Ce n'est pas
seulement la justice, mais la charité qui demande
avec nous qu'on n'épargne aucun effort pour le prévenir et pour y remédier. Penser que parmi nous il y
a des multitudes d'individus placés sur le bord de
l'abîme, sans cesse exposés à la tentation de dégrader
et de détruire leur nature raisonnable, de s'abrutir

---

[1] C'est une allusion aux *revivals* des méthodistes, qui sont des missions en plein air et avec un appareil théâtral fait pour agir fortement
sur l'imagination. (*Édit.*)

par des excès, de sceller leur ruine en ce monde et
dans l'autre, voilà ce qui devrait peser sur nous comme
un fardeau, voilà ce qui devrait nous inquiéter plus
sérieusement que l'invasion de la peste! Oui, à cette
seule idée, quiconque a échappé à la dégradation devrait faire tout ce qui est en son pouvoir pour relever
ceux qui sont tombés et surtout pour sauver ceux qui
tombent.

Il faut développer l'énergie morale.

La question qui se présente maintenant est celle-ci :
comment arrêterons-nous, comment ferons-nous disparaître ce grand mal? Telle est notre dernière demande, et j'y réponds : il y a deux manières de relever l'homme ; il faut agir sur lui intérieurement ou
extérieurement. Nous devons ou lui donner la force
de résister aux tentations, ou écarter de lui les tentations. Nous devons augmenter la force de résistance,
ou diminuer la pression. Les deux modes d'action
sont utiles ; mais le premier est de beaucoup le plus
important. Nul homme n'est en sûreté contre le danger,
sinon celui qui est armé de force morale, dont l'âme
est énergique, les principes arrêtés, la volonté vertueuse. Le grand moyen de réprimer l'intempérance
dans les classes de la société qui y sont le plus exposées, c'est de leur communiquer, ou d'éveiller en
elles la force morale, la modération, une action plus
noble et plus énergique de la conscience et du principe religieux. Autrement dit, pour sauver de l'in
tempérance le travailleur et le pauvre, il faut mettre
en œuvre chez eux tout ce qui mène au progrès intellectuel, moral et religieux. Il nous faut les élever

comme des êtres moraux et raisonnables, et développer leurs plus nobles instincts. Il est chimérique de
croire que si le peuple ne change pas sous d'autres rapports, on pourra le guérir de l'intempérance.
Elle n'est pas un vice isolé ; c'est une partie ou un
signe de la dégradation générale. On ne peut la faire
véritablement disparaître qu'en élevant la condition
générale et le caractère du peuple. Pour guérir un
membre ou un organe malade, il faut soulager et fortifier tout le corps ; il en est de même de l'esprit.
Quand même nous le voudrions, nous ne pourrions
pas faire disparaître chez le pauvre les vices qui nous
sont nuisibles, en le laissant d'un autre côté tout
aussi corrompu qu'auparavant. Il n'y a qu'une amélioration générale qui puisse sauver le pauvre des
vices qui le rendent un fléau pour lui-même et pour
ses semblables.

Mais comment communiquer l'énergie morale aux
classes les moins heureuses de la société ? Je réponds
tout d'abord que le meilleur moyen c'est d'augmenter cette vertu chez les riches. Toutes les classes d'une
société ont des liens communs, des sympathies mutuelles. Que l'égoïsme et la sensualité règnent chez
les hommes heureux et instruits, les pauvres et les
ignorants réfléchiront ces mêmes vices sous une
forme plus grossière. Celui-là est le meilleur ami de
la tempérance, dans une haute comme dans une
basse condition, dont le caractère et la vie expriment
clairement, fortement, l'énergie morale, l'abstinence,
le triomphe remporté sur les sens et sur la cupidité,
l'élévation de sentiments et de principes. Le plus
grand bienfaiteur de la société n'est pas celui qui la

sert par des actes isolés, mais celui dont le caractère
montre une vie et un esprit plus nobles que ceux de
la masse. De pareils hommes sont le sel de la terre.
La puissance de la vertu individuelle surpasse toutes
les autres forces. La multiplication de ces hommes
qui ont la vraie grandeur et la vraie dignité de l'âme
serait le plus certain de tous les présages pour annoncer
la suppression de l'intempérance dans toute la société.

La bienveillance doit exister entre toutes les classes.

Un autre moyen, c'est d'entretenir, plus qu'on ne
le fait aujourd'hui, des rapports fraternels entre les
classes les plus et les moins instruites de la société.
Nos barrières et nos distinctions sociales devraient
être condamnées comme d'énormes violations de la loi
chrétienne, car elles restreignent la sympathie, et
substituent l'esprit de caste et l'orgueil du rang à
l'esprit d'humanité, au respect de notre commune
nature. Les classes qui possèdent les lumières, la
force et la vertu, sont tenues de communiquer ces
biens à ceux qui en manquent. Le faible, l'ignorant,
ceux qui sont près de tomber et ceux qui sont tombés
ne doivent pas être exclus de la société de leurs frères;
on ne doit pas permettre que ces malheureux agissent continuellement et exclusivement les uns sur les
autres, et qu'ils propagent ainsi sans fin leurs crimes
et leurs douleurs. Les gens de bien devraient former
une sainte ligue contre le mal, l'attaquer par des efforts isolés et unis ; ils devraient en approcher, l'étudier, prier et pleurer, et mettre toute leur âme dans
les efforts qu'ils feraient pour l'écarter. Mes amis,
vous que Dieu a faits heureux, qu'il a éclairés, dans

13.

le cœur desquels il a éveillé le respect de soi-même,
que faites-vous pour ceux qui sont tombés, pour ceux
qui sont près de tomber, pour vos frères déshérités ?
Quand un véritable chrétien songe à la masse de crimes qui, dans cette cité, n'excitent ni compassion ni
pitié, ne doit-il pas être choqué de la dureté de nos
cœurs ? N'avons-nous pas tous le même sang, la même
nature, la même origine céleste ? Les distinctions
extérieures, qui demain seront à jamais ensevelies
dans la tombe, doivent-elles nous séparer les uns des
autres et détruire la sympathie et l'aide qu'un frère
doit à son frère ? Dans une société chrétienne, on ne
devrait pas laisser tomber un être humain sans qu'il
eût reçu des conseils, des remontrances, des marques
de sympathie, des secours, de ceux qui sont plus
éclairés et plus vertueux que lui. Ne dites pas que
cela n'est pas possible. Je sais que cela n'est pas
possible sans de grands changements dans nos habitudes, nos idées, nos sentiments ; mais il faut que
ces changements s'accomplissent. Un nouveau lien
doit réunir les membres épars de l'humanité. Un nouveau sentiment de responsabilité doit animer les hommes éclairés, les hommes heureux, les hommes vertueux. Le christianisme l'exige ; le progrès de la société l'exige ; j'en aperçois d'heureux présages, et
c'est un des traits les plus brillants de notre époque.

- L'enseignement est un art supérieur.

Encore une fois, pour élever et fortifier les classes
de la société les plus exposées, il est indispensable
de leur donner une meilleure éducation. Nous nous
glorifions des moyens d'éducation fournis aux pauvres

dans ce pays ; et cependant il est vrai de dire que,
pour les riches, aussi bien que pour les pauvres, ces
moyens sont insuffisants. Pour ce qui est de l'éducation morale, on s'en occupe à peine dans nos écoles
publiques ; et pourtant élever, c'est quelque chose de
plus que d'enseigner les éléments des connaissances
qui nous servent à gagner notre vie. C'est exercer,
c'est développer les facultés et les sentiments les plus
nobles. L'éducation n'est pas l'enseignement impérieux, forcé, mécanique auquel on soumet des intelligences qui restent passives, c'est l'influence vivifiante que des âmes bien douées exercent sur l'esprit
de la jeunesse. Cette éducation, nous ne l'avons guère,
et nous ne pouvons trop la désirer. A quoi sert, permettez-moi de le demander, la richesse de ce pays,
si on ne l'emploie pas à élever une génération qui
vaille mieux que nous? A quoi bon la liberté, sinon
pour développer les plus hautes facultés dans toutes
les classes et dans chaque individu ? Quelle est la
grande fin de la société, si ce n'est le progrès de
l'humanité? Pourquoi soutenir avec tant de sollicitude les institutions républicaines si elles ne forment
pas une race meilleure, si elles n'ennoblissent pas
toutes les conditions?

Une erreur affligeante et commune chez nous veut
que les ouvriers soient empêchés, par leur condition,
d'atteindre au progrès intellectuel. Ils sont faits,
pense-t-on, pour travailler, et non pour parvenir à la
grande fin de tout être humain, c'est-à-dire au développement des facultés et des sentiments que Dieu
leur a donnés. Non, il n'en est pas ainsi! L'enfant le
plus pauvre peut et doit avoir en abondance les

moyens de se perfectionner; et si chez nous il y
avait un vrai respect de la nature humaine et du
christianisme, rien ne lui manquerait. Une lettre que
j'ai reçue dernièrement d'un voyageur intelligent qui
visite l'Allemagne, m'apprend qu'en certaines pro-
vinces on trouve chez les classes les moins heureuses
un degré de culture intellectuelle que généralement
on ne suppose pas compatible avec leur condition.
Le sentiment du beau dans la nature et dans l'art
est là-bas une source de bonheur pour des gens que
nous ne croyons guère capables de ces nobles et innocentes jouissances; les écoles du dimanche donnent un enseignement plus varié qu'ici, et l'on trouve
des livres et des connaissances scientifiques dans des
chaumières bien inférieures aux maisons de nos la-
boureurs. « En un mot, ajoute mon ami, j'ai la
preuve que l'éducation, telle qu'on la donne là-bas,
répand la lumière et le bien-être dans une classe qui
existe à peine chez nous, ou qu'on juge trop misérable pour recevoir un certain degré d'instruction, et
pour en profiter. » Des faits de ce genre doivent inspirer un nouvel espoir aux philanthropes qui travaillent à répandre la vie morale et intellectuelle
parmi tous les rangs de la société.

Influence de la religion chrétienne dans l'enseignement.

Combien ne peut-on pas faire de choses, dans notre
cité, pour propager le savoir, l'intelligence, le sentiment du beau, les plaisirs de l'imagination et des
beaux-arts, et par-dessus tout l'influence de la religion! Si les heureux, si les hommes instruits com-
prenaient qu'après avoir pourvu leurs familles, ils ne

peuvent faire un meilleur emploi de leurs biens et de
leur influence qu'en favorisant le progrès et l'élévation de la société, que Boston serait vite régénérée?
Combien d'âmes généreuses une sage libéralité pour-
rait-elle enrôler dans l'œuvre de l'éducation de leurs
semblables! Peut-on mieux employer la fortune qu'à
soulager des travaux et des soucis de la vie un certain
nombre d'hommes d'un esprit vigoureux et désintéressé, en leur procurant le temps et l'occasion de s'instruire, et en les mettant à même de consacrer toutes
leurs forces, tout leur être à l'amélioration de leurs frères. La marque la plus sûre d'une vraie civilisation, c'est
l'amoindrissement des arts qui favorisent les jouissances des sens et l'accroissement des occupations intellectuelles. Il faut que les hommes les plus capables de l'É-
tat soient de moins en moins absorbés par les travaux
matériels, afin de pouvoir se consacrer au développement de l'intelligence, de l'imagination, de la conscience, des bons sentiments, de l'énergie morale de
leurs concitoyens en général et de la jeunesse en particulier. Si ce que nous prodiguons maintenant pour notre
luxe et pour notre vanité était sagement, consciencieusement employé à fournir à tous nos concitoyens les
moyens d'une noble culture intellectuelle, cette ville
serait la merveille et la joie de la terre. Ce que nous
perdons suffirait pour donner à tous non-seulement
une bonne éducation, mais le goût des arts. La musique pourrait être aussi largement enseignée qu'en
Allemagne, et devenir l'allégement du travail, le plaisir de la société, le charme de la solitude, la consolation des plus pauvres demeures. Bien plus, ce que
nous perdons maintenant pourrait, au bout de quel-

ques années, donner à cette ville les principaux at·
traits de Paris : un autre Louvre et un jardin des
plantes, où les gens instruits de toute condition auraient l'occasion de cultiver l'amour de l'art et de la
nature. Heureusement la cause d'une éducation plus
élevée commence à trouver ici des amis. Grâces eı
soient rendues à ce noble enfant de Boston, dont les
cendres reposent sur une rive étrangère, mais qui a
laissé à la ville qui l'a vu naître un témoignage d'a·
mour filial, dans son legs magnifique pour la propagation d'une instruction libérale. Honneur au nom de
Lowell, le bienfaiteur intelligent de sa ville natale !
Une société, qui dirigerait ses efforts vers une meil·
leure éducation de la jeunesse, vers un généreux développement de la nature humaine, accomplirait des
prodiges qu'on n'a pas encore imaginés ; et c'est à atteindre ce but que nous devrions travailler[1]. Combien
sont méprisables notre ostentation et notre luxe, en
comparaison du perfectionnement de nos familles,
de nos voisins et de nos semblables !

Permettez-moi d'exprimer un sérieux désir, c'est
que nos législateurs, jaloux des progrès des autres
états, et zélés pour l'ancien honneur de la république,
adoptent enfin des mesures énergiques pour avancer
chez nous l'éducation. Nous avons besoin d'une insti-

[1] M. Lowell a laissé de nombreux imitateurs. Les États-Unis sont
couverts d'universités, de colléges et d'écoles fondés par des particuliers. Le collége Girard, fondé à Philadelphie par un Français ; l'université d'Ithaca, établie récemment dans l'État de New-York par un
ouvrier enrichi, M. Cornell, qui l'a dotée de cinq millions de francs ;
l'Institut Cooper, à New-York, sont des preuves de cette générosité
civique qui chez nous est inconnue. M. Peabody a donné plus de dix
millions de francs pour les écoles des blancs et des noirs. Ce sont là
les miracles de la liberté. (*Édit.*)

tution pour former de meilleurs maîtres ; et tant que
nous ne l'aurons pas, nous ne ferons point de progrès. Ce qui nous manque surtout, ce sont de bons
instituteurs. Nous nous vantons de nos écoles, mais
nos écoles font comparativement peu de bien, faute
de maîtres instruits. Sans un bon enseignement, une
école n'est qu'un nom. Un établissement pour former
des instituteurs de la jeunesse serait une source d'eaux-
vives qui féconderait le présent et l'avenir. Jusqu'ici
nos législateurs ont refusé aux pauvres et aux ouvriers ce suprême moyen d'élévation : nous espérons
qu'ils ne resteront pas toujours aveugles quand il s'a-
git du premier intérêt de l'État[1].

L'art d'enseigner devrait être l'une des plus hautes fonctions de l'État.

Nous avons besoin de meilleurs maîtres, et il nous
en faut un plus grand nombre, pour toutes les classes
de la société, pour les riches, pour les pauvres, pour
les enfants et les adultes. Il faut que la société use de
ses ressources pour se procurer de meilleurs maîtres ;
c'est là son intérêt le plus sérieux. La régénération
sera prochaine quand l'art d'enseigner sera considéré
comme une des plus hautes fonctions de l'État. Lorsqu'un peuple comprendra que ses plus grands bienfaiteurs et ses membres les plus considérables sont
les hommes qui se consacrent à l'instruction de toutes
les classes, à la tâche de ressusciter l'intelligence en-
sevelie, ce peuple se sera ouvert le sentier de la vraie
gloire. Cette vérité fait son chemin ; Socrate est
maintenant regardé comme le plus grand homme dans

_____

[1] Il y a longtemps que ce vœu de Channing est rempli ; il y a d'ex-
cellentes écoles normales aux États-Unis. (_Édit._)

un siècle de grands hommes. Le nom de roi a pâli
devant celui d'apôtre. Enseigner, soit par la parole,
soit par l'action, c'est la fonction la plus élevée sur
la terre On suppose généralement qu'on n'a besoin
de maîtres que dans les premières années de la vie ;
mais est-ce que l'éducation d'un être humain cesse
jamais ? Est-ce qu'elle ne peut pas être toujours per-
fectionnée par un bon enseignement ? Quelques-uns
de nous, il est vrai, peuvent se passer d'un maître, il
leur suffit d'un livre silencieux ; mais pour la grande
majorité, la voix d'un maître vivant est chose indispensable. Découvrir et satisfaire ce besoin d'enseignement donnerait un nouvel aspect à la société. Rien
n'est plus nécessaire que de voir des hommes supérieurs et bienveillants se consacrer à l'instruction des
classes les moins éclairées pour leur apprendre la
grande fin de la vie, la dignité de leur nature, leurs
droits et leurs devoirs, l'histoire, les lois et les institutions de leur pays, la philosophie de leurs occupations, les harmonies et les richesses de la nature
extérieure, et surtout l'art d'élever leurs enfants dans
la santé du corps et dans la vigueur et la pureté de
l'esprit.

L'instruction répandue dans toutes les classes est la commune richesse.

Oui, nous avons besoin d'une nouvelle profession,
dont l'objet soit d'éveiller l'intelligence dans ces sphères où elle dort maintenant. Nous honorons et nous ne
pouvons trop honorer le philanthrope qui fonde des
institutions permanentes pour le soulagement des douleurs humaines ; mais, je crois que ce serait encore un
plus grand bien que de chercher des gens habiles et

désintéressés, et de les charger d'agir immédiatement
sur la société. Le philanthrope généreux qui fournirait
à un seul de ces hommes le moyen de se consacrer à
l'éducation des plus pauvres ferait un bien incalcula-
ble. Un seul homme de talent, mettant tout son cœur
dans sa tâche, qui vivrait au milieu des ignorants pour
y répandre des connaissances utiles et des vérités vivifiantes, par la conversation et les livres, par des rapports francs et pleins d'amitié, qui encouragerait des
réunions afin de propager l'instruction, qui rassem-
blerait les ouvriers les plus capables et les exciterait
par sa présence et sa direction, qui rendrait familiers aux parents les principes d'éducation physique,
morale et intellectuelle, qui apprendrait aux familles
quelles sont les conditions de la santé et les règles de
l'hygiène, qui se servirait en un mot de toutes les mé-
thodes qu'un esprit actif et généreux découvre pour exciter l'intelligence et la vie morale ; un seul homme de
talent, ainsi dévoué, répandrait un nouvel esprit dans
un cercle considérable ; et quel résultat ne pourrait-
on pas espérer si de tels maîtres étaient multipliés
et distribués de manière à ce que la société tout entière fût pénétrée de leur influence? Nous devons
beaucoup aux écrits des hommes qui se sont distingués par leur génie, leur piété, leur science, leur
vertu ; mais la plupart de ces écrits ne sortent point
d'une sphère étroite ; il nous faut une classe de maîtres instruits dont la profession soit de faire descendre les idées des esprits supérieurs jusque dans les
dernières couches de la société. La richesse commune
devrait couler comme de l'eau pour préparer, pour
employer de semblables instituteurs, pour engager

de nobles et puissants esprits à donner l'impulsion à
leurs frères. En instituant le saint ministère, Jésus-
Christ posa les fondements de l'action intellectuelle
et morale sur laquelle j'insiste en ce moment : c'est
sur ces fondements que nous devrions construire de
plus en plus, jusqu'à ce qu'une influence vivifiante
ait pénétré dans tous les rangs. Qu'il est pénible de
penser que tant de force intellectuelle et morale, tant
d'énergie divine, reste ainsi morte en nous ! Ne ferons-nous rien pour la ressusciter? En attendant nous
pouvons élaguer les branches de l'intempérance, mais
la racine vivra ; trop heureux si son ombrage empoi-
sonné n'assombrit pas de nouveau notre pays.

Qu'on ne dise pas que les ouvriers ne peuvent trouver de temps pour l'instruction dont je parle : quand
on veut, on trouve plus ou moins de loisir dans toutes
les conditions. Qu'on ne dise pas non plus que, dans
un monde comme le nôtre, on chercherait en vain
des gens capables qui fussent disposés à se charger
d'une pareille tâche : le christianisme, qui a fait tant
de miracles de bienfaisance, qui a envoyé tant d'a-
pôtres et de martyrs, tant d'Howard et de Clarkson[1],
peut susciter encore des ouvriers pour cette moisson.
Il faut seulement une nouvelle effusion de l'esprit
chrétien, de l'esprit d'amour, une nouvelle intelligence de la fraternité humaine, pour provoquer des
efforts qui semblent impossibles dans un siècle qui
ne voit que lui-même et ses plaisirs.

Je n'indiquerai plus qu'un moyen de propager la

---

[1] M. Howard a été le réformateur des prisons et des hospices ;
Clarkson est le premier qui ait demandé l'affranchissement des nègres
et l'abolition de l'esclavage. (Édit.)

force morale et d'améliorer cette partie de la société
où l'intempérance choisit surtout ses victimes. Nous
ne devons pas seulement encourager l'éducation en
général, il faut répandre parmi les pauvres une instruction chrétienne, il faut leur envoyer des maîtres
chrétiens, qui se dévouent entièrement à leur bien-
être spirituel. Et je ne puis m'empêcher en ce moment d'exprimer ma joie en voyant les efforts qui
sont faits pour établir ici et dans d'autres cités un
ministère pour visiter les pauvres. Quoique cette institution ne trouve pas l'appui qui lui est dû, elle a encore assez d'énergie pour montrer ce qu'elle peut accomplir. Je la considère comme un des plus heureux
signes de notre temps. Elle prouve que l'esprit de
Celui qui est venu chercher et sauver ce qui était
perdu n'est pas mort au milieu de nous. Le christianisme est le pouvoir irrésistible devant lequel l'intempérance doit tomber. Le christianisme, prêché avec
foi, attaque ce vice et l'arrête, parce qu'il en appelle,
comme seul il peut le faire, aux espérances et aux
craintes de l'homme ; il parle à la conscience au nom
du juge tout-puissant ; il parle au cœur au nom du
père miséricordieux ; il offre la force à la faiblesse humaine, et le pardon au crime ; il révèle à l'individu
sa nature immortelle et l'éternité qui l'attend ; il répand sur cette vie un éclat emprunté de la vie à
venir ; il réveille les affections généreuses, il rattache
l'homme à Dieu et à ses semblables par de nouveaux liens. Mais, pour remplir cette part de sa
mission, pour arriver jusqu'à ceux qui sont le plus
exposés à l'intempérance, le christianisme ne doit
pas seulement parler dans l'église, où on rencontre

trop rarement ces malheureux ; il faut qu'en la personne de ses ministres il pénètre dans leurs demeures,
il faut qu'il communie avec eux dans le langage de
l'amitié, il faut qu'il prenne leurs enfants sous sa protection, sous sa direction. Le ministère des pauvres
exercé par des hommes dignes de leur mission sera
l'une des plus fortes barrières qu'on ait jamais élevées contre l'intempérance.

Les moyens de détruire ce vice, sur lesquels j'ai
jusqu'ici insisté, ont pour objet de fortifier et d'élever le caractère des classes les plus exposées. Je vais
maintenant indiquer quelques moyens propres à atteindre la même fin, en diminuant ou en écartant les
tentations.

Moyens de détruire ou d'atténuer l'intempérance.

Le premier moyen que j'indiquerai, pour mettre
le peuple à l'abri des tentations de l'intempérance,
c'est de lui procurer des plaisirs innocents. Je crains
qu'on n'ait pas assez insisté sur ce sujet. J'en sens
toute l'importance et je me propose de le traiter complétement, bien que quelques-uns des points que
je toucherai puissent sembler peu d'accord avec la
gravité de notre réunion. Après tout, nous ne devons pas respecter une gravité qui nous empêcherait
d'exposer franchement ce qui peut être utile à nos
semblables et contribuer à leur amélioration.

Des plaisirs qui délassent au lieu de plaisirs qui épuisent.

J'ai dit qu'on devait protéger le peuple contre la
tentation des plaisirs coupables en lui fournissant des
plaisirs innocents. Par plaisirs innocents j'entends

ceux qui excitent modérément ; ceux qui produisent
une douce gaieté et non une joie bruyante ; ceux qui
délassent au lieu d'épuiser ; ceux qui reviennent fréquemment plutôt que ceux qui durent longtemps ;
ceux qui nous renvoient à nos devoirs journaliers le
corps et l'esprit fortifiés ; ceux auxquels nous pouvons nous livrer en la présence et dans la société d'a-
mis respectables ; ceux qui s'accordent avec une
douce piété, et qui même la favorisent ; ceux enfin
que sanctifie le respect de soi-même et qui ne font
pas oublier que la vie a un but plus élevé que l'amusement. Dans toute société il *faut* des plaisirs, des
récréations, et des moyens d'excitation agréable. Si
on n'en trouve pas d'innocents, on en cherchera de
coupables. L'homme a été créé pour jouir, aussi bien
que pour travailler ; l'état de la société doit répondre à ce principe de la nature humaine. La France,
surtout avant la Révolution, est représentée comme
un pays de tempérance extraordinaire ; fait qui s'explique, du moins en partie, par la gaieté naturelle
de ce peuple, et par l'habitude des plaisirs simples
et innocents, surtout chez les paysans. Souvent on
boit avec excès pour secouer l'abattement de l'esprit,
ou pour satisfaire une soif insatiable d'excitation ;
ces motifs-là ne se rencontrent pas dans une société
enjouée. Une société trop sérieuse, où l'on trouve
peu de récréations innocentes, doit nécessairement
abonder en ivrognes, si l'occasion ne manque pas. Le
sauvage boit avec excès, parce que ses heures de sobriété sont tristes et monotones, parce qu'en perdant
la conscience de sa condition et de son existence, il
ne perd rien de ce qu'il désire conserver. Les ou-

vriers sont les plus exposés à l'intempérance, parce
qu'aujourd'hui ils n'ont guère d'autres jouissances.
Celui qui, après son travail, trouve des distractions
innocentes, est moins tenté qu'un autre de chercher
l'oubli de soi-même : il goûte trop les plaisirs de
l'homme pour chercher ceux de la brute. Encourager
les jouissances simples et innocentes est donc un bon
moyen de faire triompher la tempérance.

La musique.

Ces observations montrent combien il est à propos
d'encourager les efforts qu'on fait chez nous pour répandre le goût de la musique dans tous les rangs. On
se propose de faire de la musique une branche essentielle de l'enseignement de nos écoles ; tous les
amis du peuple doivent souhaiter que cette expérience réussisse. Je n'ai pas à parler en ce moment
de l'excellente influence de la musique, surtout de la
force qu'elle peut et doit donner au sentiment religieux, et à toutes les émotions pures et généreuses.
Considérée simplement comme un plaisir délicat, elle
exerce une action favorable sur les mœurs publiques.
Que le goût de cet art aimable se répande parmi
nous, chaque famille aura une nouvelle ressource. Le
foyer aura un nouvel attrait : les rapports de société
seront plus gais, et l'on aura fourni à la population
un plaisir public innocent. Les amusements publics,
qui rassemblent un grand nombre d'individus pour
les animer d'une même émotion, ou pour leur faire
partager la même joie innocente, ont une action ci-
vilisatrice ; et peut-être que, parmi ces liens de société, il n'en est pas un qui produise un bien aussi

pur que la musique. Quelle richesse de jouissance
notre créateur n'a-t-il pas placée à notre portée en
nous entourant d'une atmosphère qui peut se changer
en douces harmonies! Et cependant ce bienfait est à
peu près perdu pour nous, faute de cultiver l'organe
qui est destiné à en jouir.

La danse.

La danse est un amusement que les gens vertueux
n'ont pas voulu encourager, et non sans raison. Dans
leur esprit les idées de danse et de bal se tiennent, et
le bal est un des plus mauvais plaisirs de la société.
Le temps perdu en préparatifs, l'extravagance de la
toilette, les veilles, l'épuisement, le risque de la santé,
la langueur du lendemain, ces maux et d'autres encore que le bal entraîne après lui sont de fortes raisons pour le proscrire. Mais ce n'est pas à dire qu'il
faille interdire la danse : au contraire, une des raisons pour bannir le bal, c'est qu'ainsi la danse, au
lieu de rester un plaisir rare, et qui demande des arrangements compliqués, peut devenir un amusement
de tous les jours et se mêler à nos relations ordinaires.
Cet exercice est des plus sains; le corps aussi bien
que l'esprit se ressent de son agréable excitation : il
n'y a pas d'amusement qui semble plus naturel. L'a-
nimation de la jeunesse déborde naturellement en
mouvements harmonieux. L'idée véritable de la danse
doit la faire aimer. Sa fin est d'exprimer la grâce par
le mouvement; et qui ne sait que le sentiment de la
grâce est l'un des plus nobles priviléges de notre nature? Il serait à désirer que la danse devînt chez nous
une chose trop ordinaire pour qu'on en fît l'objet de

préparatifs particuliers, comme on fait pour le bal ;
il faudrait que les membres d'une même famille,
quand un temps défavorable les retient au logis, eussent recours à la danse, comme à un exercice, comme à
un amusement ; que les branches d'une même famille égayassent ainsi leurs réunions ; qu'elle occu-
pât une heure dans toutes les assemblées où il y a
des jeunes gens. Il serait à désirer que ce talent
se répandît chez les ouvriers, non-seulement comme
plaisir innocent, mais comme moyen d'améliorer les
manières. Pourquoi la grâce ne serait-elle pas répandue dans toute la société? La nation française est
une preuve qu'un certain degré de grâce et de politesse
dans les manières peut se rencontrer dans toutes les
conditions. Le philanthrope et le chrétien doivent désirer de renverser les barrières qui séparent les hommes dans la société ; et l'un des moyens d'y parvenir,
c'est de faire disparaître la gaucherie dans le maintien, gaucherie dont on a conscience et que donne
l'atelier. Un talent qui procure des mouvements aisés et gracieux ne rapproche pas sans doute les hommes autant que la culture intellectuelle ou morale,
cependant il contribue à réunir ceux qui le possèdent.

Le théâtre.

J'aborde maintenant un autre sujet, sur lequel les
opinions sont encore plus divisées, je veux parler du
théâtre. Tel qu'il est aujourd'hui, le théâtre ne mérite aucun encouragement : c'est un foyer d'immo-
ralité ; il nourrit l'intempérance et le vice. En parlant ainsi, je ne veux pas dire que cet amusement

soit radicalement, essentiellement mauvais. Je conçois un théâtre qui serait le plus noble de tous les plaisirs, et qui tiendrait la première place parmi les moyens d'épurer le goût et d'élever le caractère d'un peuple. Les douleurs profondes, les grandes et terribles passions, les sublimes émotions de la véritable tragédie sont faites pour exciter en nous un vif intérêt pour nos semblables, la conscience de ce que l'homme peut faire, oser, et souffrir, et un sentiment profond des terribles mystères de la vie. L'âme du spectateur est émue dans ses profondeurs ; la léthargie, dans laquelle tant d'hommes sont plongés, fait place, du moins pour quelques instants, à une certaine vivacité de pensée, à un certain degré de sensibilité. Le drame répond à une fin élevée quand il nous place en présence des événements les plus frappants, les plus solennels, et que, mettant à nu le cœur humain, il nous en montre les œuvres les plus puissantes, les plus touchantes et les plus glorieuses. Mais combien peu le théâtre répond-il à son objet? Fait-il autre chose que de se déshonorer par la façon dont il défigure la nature humaine, et plus encore par son impiété, sa grossièreté, son indécence, ces basses plaisanteries qu'une femme digne de ce nom ne peut entendre sans rougir, et qu'un homme ne peut goûter sans se dégrader? Est-il possible qu'un peuple chrétien, un peuple délicat, fréquente des théâtres où on lui offre des danses qui ne conviennent qu'à des lieux infâmes, et où se rend en foule la classe la plus débauchée de la société, qui vient à front découvert, pour tenter et perdre ses victimes? Tolérer le théâtre dans son état actuel, c'est une honte pour la

société. S'il tombait, un drame meilleur pourrait le
remplacer.

De la déclamation.

En attendant, n'y a-t-il pas un amusement ayant
de la ressemblance avec le drame et qu'on pourrait
introduire utilement chez nous? Nous voulons parler de séances de déclamation. Une œuvre de génie
déclamée par un homme de goût, susceptible d'enthousiasme et doué du talent de l'expression, est un
plaisir très-pur et très-noble. Si cet art était cultivé et
encouragé, un grand nombre de ceux qui aujourd'hui
sont insensibles aux plus belles compositions en sentiraient l'effet et l'excellence. Il n'est pas de moyen
plus sûr pour répandre la délicatesse de goût dans
une population. Le drame, sans doute, s'adresse plus
fortement aux passions que la déclamation, mais cette
dernière fait mieux ressortir l'intention de l'auteur.
Shakspeare, bien lu, serait mieux compris qu'à la
scène. Puis, avec la lecture, nous échappons à l'ennui
d'écouter de mauvais acteurs, qui, après tout, occupent le théâtre la plus grande partie du temps. Une
lecture suffisamment variée, et qui comprend des
morceaux spirituels et purs, pathétiques et sublimes,
convient aussi bien à l'éducation de notre temps que
le drame lui convient peu. Si ce genre d'amusement
était introduit chez nous et qu'il réussît, il aurait pour
résultat de développer le goût de la déclamation, et ce
serait un nouveau plaisir dans nos réunions et dans
notre intérieur.

Les livres, comme amusement, valent tout le luxe de la terre

J'ai parlé de la culture intellectuelle comme d'nne défense contre l'intempérance, parce qu'elle donne de la force et de l'élévation à l'esprit. Comme source d'amusement, elle fait aussi beaucoup de bien, et pour cette raison elle mérite d'être répandue dans toute la société. On peut dire qu'un esprit cultivé a près de lui une source infinie de plaisirs innocents. Tout l'intéresse, car tout est pour lui sujet de réflexion ou de recherches. Les livres, considérés simplement comme amusement, valent tout le luxe de la terre. Le goût des lettres procure une occupation agréable pour les heures d'oisiveté et d'ennui ; et combien de personnes, en de pareils moments, sont-elles poussées vers des plaisirs grossiers et brutaux faute de distractions innocentes ? Combien ne trouverait-on pas de jeunes gens qui, n'étant pas habitués à trouver un compagnon dans un livre, et étrangers à l'activité intellectuelle, sont, pendant les longues et tristes soirées d'hiver, entraînés vers les repaires de l'intempérance et dans des compagnies dépravées. C'est un des heureux signes de notre époque, que les cours de littérature et de sciences commencent à prendre place parmi les récréations publiques, et attirent même plus que les théâtres. C'est un des premiers fruits de notre éducation intellectuelle. Quelle moisson ne devons-nous pas attendre, si elle est plus largement répandue ?

L'éducation physique ne doit pas être négligée.

J'ai insisté sur l'importance qu'il y avait à mul-

tiplier les plaisirs innocents dans la société. Deve-
nons un peuple plus gai, nous deviendrons un peuple
plus tempérant. Pour augmenter notre goût des plaisirs innocents, et pour détruire plusieurs des souffrances qui poussent à des habitudes vicieuses, il serait bon qu'on accordât une attention plus grande à
l'éducation physique. Il y a trop ordinairement chez
nous une disposition, moitié maladie, moitié santé,
qui, en produisant la mélancolie, l'inquiétude, en
affaiblissant l'énergie de la volonté, pousse à l'u-
sage des stimulants nuisibles. Souvent l'intempérance a sa cause dans la faiblesse du corps. La vigueur physique n'est pas seulement bonne en elle-
même, elle favorise encore la tempérance en ouvrant
l'âme aux impressions de la gaieté, et en écartant
ce sentiment indéfinissable d'abattement, d'inquiétude, de découragement, que l'expérience seule nous
fait comprendre. J'ai demandé l'éducation de l'esprit; mais rien n'est gagné si l'on sacrifie le corps.
Ne cherchons pas la culture intellectuelle aux dépens
de la santé. Ayons soin que nos enfants, dans leurs
premières années, ne soient pas instruits dans des
salles étroites, où il n'y a point de ventilation établie,
et où ils respirent pendant de longues heures un air
vicié. Notre nature entière demande nos soins. Il faut
que nous devenions un peuple plus gai, plus animé;
et pour cela nous devons nous proposer dans nos systèmes d'éducation de fortifier tout ensemble le corps
et l'esprit.

Les idées que je viens d'exprimer ne rencontreront
pas une égale faveur chez tous les amis de la tempérance. Pour quelques-uns, pour beaucoup peut-être,

religion et amusement semblent deux choses incompatibles. Qui parle en faveur de l'un peut être soupçonné d'être infidèle à l'autre. Mais combattre notre nature, ce n'est pas servir la cause de la piété ni la saine morale. Dieu, qui nous a faits ce que nous sommes, qui nous a donné un corps et un esprit également incapables d'effort continu, qui a mis en nous le goût de la récréation après le travail, qui nous a créés pour le sourire plus que pour les larmes, qui a fait du rire la plus contagieuse de toutes les émotions, lui dont le Fils sanctifia par sa présence et sa sympathie une fête nuptiale, lui qui envoie l'enfant, sortant de sa main créatrice, développer sa nature dans des jeux pleins d'action, et qui a disposé jeunes et vieux à trouver une vive jouissance dans les saillies de l'esprit et de la gaieté ; Dieu qui nous a ainsi formés, ne peut nous avoir destinés à une vie triste et monotone ; il ne peut pas s'offenser de plaisirs qui soulagent nos fatigues et reposent notre esprit pour le travail à venir. Il est non-seulement possible de concilier le plaisir avec le devoir, mais on peut encore en faire le moyen d'efforts plus énergiques, d'attachements plus fidèles, d'une piété plus agréable. La vraie religion a tout à la fois un caractère d'autorité et de douceur : elle nous appelle à souffrir, à mourir plutôt que de nous écarter d'un cheveu de ce que Dieu nous a commandé comme juste et bon ; mais elle nous enseigne aussi que, dans les circonstances ordinaires, il est juste et bon de joindre la récréation au travail, de recevoir les dons de Dieu avec joie et d'alléger le cœur, dans l'intervalle des occupations, par les plaisirs que procure la société. Une religion qui donne-

14.

rait de sombres idées de Dieu et qui inspirerait une crainte superstitieuse des amusements innocents, au lieu de favoriser la sobriété diminuerait la force morale de ses sectateurs en les rendant tristes et abattus ; elle les pousserait à chercher dans l'intempérance un refuge contre le découragement et le désespoir.

Reste à parler de deux autres moyens propres à détruire la tentation, ces moyens sont de flétrir l'usage et d'empêcher la vente des spiritueux.

Nécessité d'empêcher la vente des boissons spiritueuses.

Premièrement, nous devons empêcher l'usage des spiritueux. Il est évident, trop évident, pour qu'on ait besoin d'insister, qu'écarter ce qui enivre c'est écarter l'ivresse. Que les liqueurs fortes soient bannies de nos maisons, de nos tables, de nos réceptions ; que ceux qui ont de l'influence et de l'autorité dans la société s'abstiennent d'en user et qu'ils engagent ceux qui sont dans leur dépendance à s'abstenir, aussitôt les occasions d'excès diminuent, la tentation disparait. On objecte, je le sais, que si nous voulons renoncer aux choses dont on abuse, il faudra renoncer à tout, car il n'est rien dont l'homme n'abuse. J'avoue qu'il n'est pas toujours facile de fixer les limites en ce point. S'il nous fallait renoncer à l'une des principales douceurs de la vie, parce qu'on en abuse et qu'on en fait un instrument de crime et de malheur, il serait bon d'examiner et de délibérer avant d'agir. Mais il n'en est pas ainsi : les liqueurs spiritueuses ne sont pas une des principales douceurs de la vie ; elles ne sont nullement une douceur ; elles ne donnent point de forces ; elles ne contribuent en rien à la

santé ; on peut y renoncer sans le moindre inconvénient. Elles n'aident ni à porter le fardeau, ni à remplir
les devoirs de la vie ; et, en parlant ainsi, je reste au-
dessous de la vérité. Ce n'est pas assez de dire qu'elles
ne font jamais de bien ; elles font généralement du
mal. Alors même qu'on en fait un usage modéré,
elles agissent ordinairement de façon défavorable sur
le corps et sur l'esprit. Suivant l'opinion de médecins
distingués, elles ne se digèrent pas comme la nourriture, elles circulent dans le corps sans être assimilées,
et comme un poison. Comme tous les poisons, elles
peuvent parfois servir de médicaments ; mais comme
breuvage de gens bien portants, elles ne font jamais
de bien et sont généralement pernicieuses. Elles n'ont
pas plus été destinées par la Providence pour nous
servir de boisson, que l'opium ne l'a été pour nous
servir de nourriture.

Considérez ensuite que les liqueurs fortes, non-
seulement ne font pas de bien, quand on en use modérément, mais qu'elles excitent une soif ardente, fiévreuse, à laquelle une foule de gens n'ont pas la force
de résister ; que dans certaines classes de la société,
un grand nombre d'individus devenus leurs victimes
sont privés de leur raison, ruinés de corps et d'âme,
perdus dans cette vie et dans l'autre ; qu'avec elles
la désolation entre dans les familles, les pères sont
précipités prématurément dans la tombe, et les enfants élevés pour le crime et la honte. Considérez
tout cela, et alors, comme si vous étiez en présence
de Dieu, jugez si vous n'êtes pas tenus d'user de toute
votre influence pour bannir de la nation l'usage des
spiritueux, comme une des habitudes les plus per-

nicieuses. Si, à la suite de ce breuvage, vous deviez
voir une maladie dégoûtante et mortelle éclater pério-
diquement dans tous les rangs, et décimer la part la
moins heureuse de la société, n'élèveriez-vous pas la
voix contre ce poison? Est-ce que le résultat actuel,
répété, de l'usage des liqueurs spiritueuses, n'est pas
un mal plus terrible que la peste? Cet usage, vous
êtes tenus de l'empêcher ; et comment? En vous abstenant vous-mêmes entièrement des liqueurs fortes,
en les bannissant de votre table, en donnant tout votre
poids et toute votre autorité à cette exclusion. Cette
condamnation solennelle, prononcée par des hommes
de bien, par des gens respectables, ne peut que répandre dans toute la population une opinion salutaire.
C'est surtout notre devoir dans ce moment où les
hommes religieux et les philanthropes unissent leurs
efforts contre le mal, dans un moment où il a été fait
sur la société une impression qui dépasse les espérances les plus hardies. Aujourd'hui, celui qui fait
usage de boissons fortes, ou en offre à ses hôtes, celui-là se place de fait parmi les ennemis de la tempérance et de l'humanité. Il ne donne pas seulement
à ses enfants et à ses domestiques un exemple dont
un jour il se repentira amèrement ; il résiste aux gens
de bien dans leur lutte pour la vertu et le bonheur du
genre humain. Il déserte la bannière de la réforme
sociale et se jette dans les rangs ennemis.

Il résulte de ces observations que nous devons empêcher la vente des liqueurs spiritueuses. On ne doit
pas vendre comme boisson ce qu'on ne doit pas boire.
Personne n'a moralement le droit de fournir ce qu'interdit le bien de la société. Nous savons tous que l'in-

tempérance est augmentée de façon effrayante par le
nombre des boutiques auxquelles on permet la vente
en détail des spiritueux : tout homme de bien désire
qu'elles soient fermées. La loi, je le sais, ne peut agir
que jusqu'à un certain point, ou seulement dans quelques parties du pays qui sont plus favorisées. Ici la loi
est la volonté du peuple ; le législateur ne peut rien
faire s'il n'est soutenu par la voix publique. Former
une opinion éclairée et puissante qui demande la
suppression de ces pépinières brevetées de l'intempérance, c'est donc un devoir que tout homme de
bien est tenu de remplir, et un service auquel chacun
peut contribuer. Et non-seulement on devrait empêcher la vente des spiritueux dans ces repaires impurs,
mais on devrait en considérer la vente par des gens
respectables comme un mal public. Le détaillant,
pour s'excuser, se met derrière le marchand en gros ;
n'a-t-il pas le droit de le faire? Pouvons-nous espérer qu'il s'abstiendra de répandre, sur une petite
échelle, ce que d'autres répandent largement, sans
encourir de reproche? Pouvons-nous croire que sa
conscience sera troublée, quand il marche sur les
traces des gens considérés? Je ne m'établis pas juge
du caractère de ceux qui vendent des spiritueux : ils
ont vieilli dans la croyance que leur commerce était
innocent ; cette conviction ils peuvent la conserver
sincèrement. Mais l'erreur, quoique sincère, n'en est
pas moins l'erreur. Le bien et le mal ne dépendent
pas du jugement ou de la volonté des hommes. La vérité et le devoir peuvent rester cachés pendant des
siècles ; mais ils restent inébranlables comme le trône
de Dieu, et lorsque la Providence les révèle à un ou

à plusieurs, il faut qu'on les proclame, quelle que soit
la résistance opposée. La vérité, la vérité, voilà l'espoir du monde! Il faut qu'elle soit annoncée avec
douceur, mais avec énergie.

Espérance de succès.

J'ai indiqué quelques-uns des moyens de résister à
l'intempérance. Je serais heureux de vous présenter
d'autres réflexions si le temps le permettait; mais il
faut m'arrêter. J'ajouterai seulement que tout ami de
l'humanité a bien des motifs d'encouragement pour
combattre l'intempérance. Le succès si manifeste des
sociétés instituées à cet effet doit donner du courage
et de l'espoir. Mais quand même ces associations et
ces efforts échoueraient, je ne désespérerais pas. De
l'excès même du mal, nous pouvons tirer de l'énergie
et de la confiance pour lui résister. Il n'est pas possible que Dieu ait créé un être moral pour devenir une
brute, ou qu'il l'ait placé dans des circonstances qui
le poussent d'une manière irrésistible à renoncer complétement au bien propre de sa nature. Il y a, il faut
qu'il y ait, des moyens de prévenir ou de guérir cette
maladie morale, cette maladie mortelle. Le malheur,
c'est qu'un trop grand nombre d'entre nous, qui s'appellent les amis de la tempérance, n'ont pas assez de
vertu et assez d'amour pour user fortement des armes
de l'esprit afin de secourir ceux qui sont tentés et ceux
qui sont tombés. Nous sommes nous-mêmes trop sensuels pour préserver les autres de la sensualité. La
différence qui existe entre nous et les intempérants
est trop faible pour que nous puissions suffire à leur
délivrance. Mais qu'il y ait des moyens de combattre

l'ivrognerie; que ce soit le dessein et la tendance
du christianisme de susciter des hommes dignes et
capables de réussir, et qu'il y en ait toujours quelques-uns de préparés à nous diriger dans cette œuvre sainte, c'est ce dont je ne puis douter. Je vois, il
est vrai, une terrible énergie dans les appétits et les
passions de l'homme, mais je ne me décourage pas.
La vérité est plus puissante que l'erreur; la vertu plus
forte que le vice, Dieu plus fort que le méchant. En
luttant sérieusement contre l'intempérance, nous avons
le secours, l'amitié de celui qui est le Tout-Puissant.
Nous avons des alliés dans tout ce qui est pur, raisonnable, divin, dans l'âme humaine, dans l'intelligence
progressive du siècle, dans tout ce qui élève le sentiment public, dans la religion, dans la législation, dans
la philosophie, dans les inquiétudes du père, dans les
prières du chrétien, dans les enseignements de la
maison de Dieu, dans l'influence de l'esprit de Dieu.
Avec de tels alliés, de tels amis, de tels secours, les
gens de bien ne peuvent désespérer; qu'ils soient
fermes dans leur foi, ils moissonneront un jour, s'ils
ne faiblissent pas.

La liberté entretient le respect de soi-même.

J'ai parlé des causes d'intempérance qui existent
dans notre état social. Ce serait cependant manquer
à la société à laquelle j'appartiens que de laisser croire
que notre condition présente n'offre que des excitants
au vice. Il y a des obstacles aussi bien que des facili-
tés ; c'est ce qui doit nous encourager dans les efforts
que nous sommes tenus de faire pour l'extinction de
l'intempérance. Le progrès des lumières est un puis-

sant secours. A mesure que nous éveillons et que nous
fortifions les facultés de l'homme, nous l'aidons à s'é-
lever au-dessus d'une vie brutale ; nous l'arrachons à
l'influence du moment présent, nous agrandissons sa
prévoyance, nous lui procurons des moyens de réussir dans la vie, nous lui ouvrons des sources de plaisirs
innocents, et nous le préparons à tenir le même rang
que nous dans la bonne société. Il est vrai que l'intelligence ou le savoir n'est pas la vertu. Les lumières
peuvent ne pas vaincre l'égoïsme ; mais elles rendent
l'amour-propre plus sage, plus réfléchi ; elles nous font
mieux entendre notre intérêt, elles nous enseignent
sinon la générosité, du moins la prudence, et de cette
manière elles sont une protection efficace contre des
excès ruineux.

Nous avons, dans notre liberté, une autre défense
contre les excès. La liberté entretient le respect de
soi-même, et en faisant disparaître tout ce qui peut
gêner l'emploi de nos forces, en nous procurant le
moyen d'améliorer notre sort, elle favorise un travail
actif et fructueux ; c'est ainsi qu'elle sauve un peuple
de l'abattement, du découragement, de l'abandon,
causes principales de l'abrutissement. On dit, il est
vrai, que la liberté entraîne toute espèce de licence,
et par conséquent l'intempérance. Mais je crois que
c'est un fait bien établi que ce vice a diminué depuis
la guerre de l'indépendance. Les habitudes et les
mœurs de la génération précédente étaient plus dangereuses que les nôtres ; dans les relations sociales
il y avait plus d'excès. Les hommes d'un âge mûr
fréquentaient les tavernes ; les jeunes gens ne pouvaient guère se réunir sans s'exposer à noyer leur

raison dans le vin. C'est une idée fausse que de penser
que nous soyons entièrement redevables de notre réforme aux sociétés de tempérance. Elles ont fait beaucoup de bien et méritent de grands éloges; mais
l'influence que nous ressentons est plus ancienne :
elles en sont l'effet et non pas la cause. Un changement important se faisait dans nos habitudes avant que
ces sociétés fussent établies ; c'est là, ce me semble,
un point de vue important et une des principales raisons qui doivent encourager nos efforts réunis ou individuels pour l'extinction du vice. Si je pensais que
notre condition sociale n'offrît que des aliments à l'intempérance, que les influences opposées en fussent
exclues, et que tout notre espoir ne reposât que sur
les sociétés de tempérance, je serais près de désespérer.
De pareilles sociétés produisent peu d'effet, sinon
quand elles concourent avec des causes générales. Ces
causes existent; le grand avantage des sociétés de
tempérance, c'est de leur imprimer une action plus
vive et plus étendue.

Je n'ai pas insisté sur un des moyens dont on attend un grand effet, l'influence de l'opinion publique.
Amener l'opinion à combattre l'intempérance est con-
·sidéré par un grand nombre de personnes comme le
principal moyen de dompter le mal. Je crois que l'on
fonde trop d'espoir sur cette action. Il est évident que
les classes les plus exposées à l'intempérance se trouvent très en dehors de la puissance de l'opinion.
Mais, sans nous arrêter à cela, je pense que nous de-
mandons généralement à cette puissance plus qu'elle
ne peut accomplir. Nous lui supposons plus de poids
qu'elle n'en a : l'opinion publique, quand on la sub-

15

stitue à l'effort individuel, peut même agir contre la cause qu'elle était destinée à soutenir. Qui est tempérant, parce que l'opinion publique le demande, n'a pas la vertu de la tempérance; ses habitudes de modération ne reposent pas sur un fondement solide. Cette remarque s'applique surtout à notre époque. Autrefois l'opinion était plus constante qu'aujourd'hui; il y avait peu ou point de causes qui vinssent déranger les idées générales. La société était presque immobile; des siècles s'écoulaient, et on n'apercevait que de légers changements dans les habitudes et dans les manières de penser. Mais notre siècle est un siècle révolutionnaire. La société ayant brisé ses vieilles amarres, est ballottée sur un océan toujours agité, toujours soulevé par la tempête. L'opinion ne présente plus cette direction solide qui autrefois remplaçait le jugement particulier et le ressort individuel. Il n'y a pas de vérité que le sophisme n'attaque aujourd'hui, point de mensonge qui ne puisse devenir le mot d'ordre d'un parti. Le grand œuvre auquel la religion et la bienfaisance sont maintenant appelées ne consiste pas à emporter d'assaut les masses, à charger les hommes des chaînes fragiles et temporaires de l'opinion, mais à enraciner chez l'individu une conviction profonde, réfléchie, à éveiller sa raison à la vérité éternelle et sa conscience au devoir immuable. Nous sommes trop disposés à rechercher pour la vertu le pouvoir de la mode; il faut lui assurer le pouvoir de la conviction. Le changement est l'essence de la mode; rien n'est certain que la vérité; nul autre fondement ne saurait soutenir une réforme permanente. La tempérance, qui repose sur l'opinion

et l'exemple d'autrui, n'est pas la vertu propre de l'individu, mais le reflet de ce qui existe autour de lui,
elle est à la surface, elle n'a pas pénétré dans son âme.

Que l'opinion puisse exercer une influence grande
et utile, c'est incontestable ; mais il faut que ce soit
une opinion éclairée, qui en appelle à la raison et
à la conscience de l'individu et non à la passion, à
l'intérêt, à la crainte : une opinion qui ne proscrive
pas quiconque pense autrement. Il faut que l'opinion
publique favorise la tempérance, mais il faut qu'elle
agisse avec raison et générosité, sans passion, sans tyrannie ; on ne pousse pas de force les hommes à la
modération. Que les tempérants deviennent un parti,
qu'ils respirent la violence de l'esprit de parti, ils
susciteront des adversaires aussi violents qu'eux-
mêmes. Les amis de la vérité ne doivent pas appeler
la passion à leur secours, car ceux que domine l'erreur ou le vice ont un plus grand fonds de passion
et savent mieux se servir de cette arme. Ce n'est ni
par le nombre, ni par les cris que les gens de bien
triompheront des méchants. Leur bonté, leur foi dans
la vérité, leur amour universel, doivent se manifester
par des appels clairs, énergiques, bienveillants, faits
à la raison et au cœur. Il faut qu'ils parlent en amis
de l'humanité ; ce ton sera beaucoup mieux entendu
que les clameurs d'un parti.

Il me semble, et c'est une remarque importante,
que l'opinion publique ne peut pas faire pour la vertu
ce qu'elle fait pour le vice. C'est l'essence de la
vertu que de regarder par delà l'opinion. Le vice est
compatible avec la servitude de l'opinion ; c'est de
là très-souvent qu'il tire sa force L'opinion est donc

un moyen dont il faut se servir avec précaution, parce
que l'esprit qui lui cède d'une manière passive, sentira bientôt que c'est une influence qui débilite plutôt
qu'elle ne fortifie. L'indépendance morale, qui peut
résister au sentiment public, est la seule sauvegarde
des hommes. Toutes les fois que le sentiment public
sera assez éclairé pour favoriser cette force supérieure,
ce sera un noble ressort. Combattre cette indépendance, c'est détruire la seule base d'une réforme essentielle et durable.

C'est quelquefois chose hasardeuse que de tenter
de déraciner un vice général en le déshonorant et le
marquant d'infamie. Si le vice ne se rencontre que
chez les pauvres et les obscurs, il est vrai que l'on
peut facilement le stigmatiser ; mais lorsqu'il a pénétré plus haut et qu'il a été pris sous le patronage
de la mode, il peut non-seulement parer les coups
que lui portent ses adversaires et repousser le dés-
honneur qu'ils lui préparent, mais tourner leur arme
contre eux-mêmes. La mode a une habileté extraordinaire à se servir du ridicule. Ce qui lui manque en
raison, elle peut le remplacer par le rire et par la mo-
querie. Quelquefois elle se couvre de l'indifférence
comme d'une cotte de mailles. Elle possède surtout
l'art d'attacher à une bonne cause une idée de vulga-
rité ; et quelle est la vertu qui a assez de courage
pour braver cette forme de l'opinion publique, qui
fait pâlir les plus hardis ?

FIN DE LA TEMPÉRANCE.

LES DROITS

ET LES

DEVOIRS DES PAUVRES

TABLE DES MATIÈRES

AVANT-PROPOS

Le paupérisme est le grand problème de la démocratie ;
mais il faut s'entendre sur ce mot : Paupérisme n'est
pas synonyme d'indigence. Dans tous les temps, dans tous
les pays, il.y a eu des vieillards, des malades, des in-
firmes, des veuves chargées d'enfants, des orphelins incapables de travailler et retombant à la charge de la charité
privée ou publique. Secourir ces misères inévitables, c'est
le premier devoir de toute société qui reconnaît les préceptes
de l'Évangile ou qui écoute la voix de l'humanité. Le paupérisme est autre chose ; c'est la condition de ces nombreux
ouvriers qui n'ont d'autre ressource que leurs bras et qui
vivent au jour le jour. Quand le travail abonde, leur situation n'est pas mauvaise, quelquefois même ils ont une certaine aisance ; mais, si les affaires s'arrêtent, ils sont ruinés. Le chômage les met sur le pavé, sans argent et sans
pain. Dans la vie de l'ouvrier, et surtout de l'ouvrier des
fabriques, il y a donc quelque chose d'aléatoire ; il n'est
jamais sûr du lendemain. Pour lui, la chance de s'élever
est petite, la chance d'être misérable n'est que trop grande ;

faut-il s'étonner si, devant un avenir aussi douteux, le commun des ouvriers cherche à s'étourdir? faut-il s'étonner si les esprits les plus ardents demandent une réforme sociale qui leur garantisse la sécurité?

Le paupérisme n'est pas le fruit de la révolution, ni de la philosophie, comme on le répète à de bonnes gens qui ont l'innocence de le croire; il n'est pas vrai que sous l'ancien régime la condition de l'ouvrier fût meilleure, ou du moins plus assurée qu'à présent. Tout au contraire, rien n'était plus misérable et plus incertain que la vie de ces malheureux dont personne ne se souciait. Mais ils vivaient isolés, dispersés, et pouvaient souffrir ou mourir sans que l'administration ou la société y prît garde. Aujourd'hui, les ouvriers forment un corps considérable. C'est une armée en vue et avec laquelle il faut compter. Une crise dans l'industrie, c'est la misère qui s'abat d'un seul coup sur des milliers d'hommes, de femmes et d'enfants; et ces hommes sont des citoyens, des membres du souverain. Dès qu'ils souffrent, la presse répand au loin leurs plaintes, l'opinion s'éveille, le gouvernement s'inquiète. Loin de prouver que notre temps vaut moins que le passé, tout ce bruit, toute cette agitation attestent au contraire que la société moderne a pour ses enfants déshérités une sollicitude qui manquait à nos devanciers. Je n'accuse point nos pères; l'ignorance dans laquelle on les tenait est leur justification. Mais au dernier siècle, qui donc s'occupait de la condition des ouvriers? Chez nous, le travail et le chômage jouent dans l'État un plus grand rôle que les querelles des partis; la question sociale prime la question politique.

Mais si le paupérisme est une question de si grande importance, s'il n'est pas de gouvernement ni de parti qui n'en désire la solution, il faut avouer que cette solution, on ne l'a pas trouvée. La maladie est connue, mais non pas le remède; c'est ce qui explique le succès passager de tous les empiriques qui viennent offrir leur panacée. Quand on

souffre depuis longtemps, on croit volontiers aux charlatans
qui promettent de vous guérir ; mais quand on est ignorant, on y croit bien davantage. Or, le peuple souffre, et
il est aussi ignorant en affaires qu'en politique. On lui
répète que le gouvernement, que la société, que la propriété, que le capital sont la cause de tous ses maux ; il
trouve juste qu'on lui propose de changer le gouvernement,
la société, la propriété, le capital. On lui dit qu'il est victime d'une mauvaise organisation sociale ; il regarde comme
ses amis ceux qui lui promettent de réformer ce système
et de le remplacer par un meilleur ; il considère comme
ses ennemis ceux qui demandent le maintien de ce qui
existe. Ce sont des gens qui exploitent sa misère et s'enrichissent à ses dépens. Pour détromper le peuple, pour lui
faire toucher du doigt les sophismes ou les erreurs de ceux
qui l'abusent, il faudrait vivre avec lui, l'instruire, lui
montrer que la cause de sa souffrance n'est pas ce qu'on
lui dit ; il faudrait surtout chercher avec lui le remède d'un
mal qu'on ne peut contester. Mais qui vit avec le peuple ?
qui lui parle ? qui se fait le conseil et l'ami de l'ouvrier ?
On écrit de bons livres d'économie politique ; on réfute de
façon invincible des systèmes dangereux ou ridicules, mais
si le peuple ne lit pas, à quoi bon tous ces volumes, petits
ou gros ? Ce sont des lettres qui n'arrivent pas à leur
adresse. Cependant la plaie s'irrite et s'envenime ; le peuple
s'abandonne à ceux qui flattent sa passion ; car ceux-là
du moins ont l'air de s'intéresser à lui.

Il y a quarante ans, à une époque où la question du paupérisme était à peine née en France, Channing s'en inquié-
tait aux États-Unis. Et cependant, en Amérique, le paupérisme est bien moins à craindre, car le travail est abondant,
les bras sont rares, la main-d'œuvre est chère, et enfin,
quand le chômage arrive, il y a de la terre à cultiver pour
tout le monde. Mais ce qui touchait Channing, ce qui le
rendait soucieux, c'était la séparation, de jour en jour plus

grande, qui s'établissait entre les riches et les pauvres. Il est bon sans doute que la Constitution proclame l'égalité ; mais cette égalité devant la loi, qui n'est autre chose qu'une égale liberté pour tous les citoyens, ne peut empêcher que par le cours naturel des choses, les uns ne s'enrichissent, tandis que les autres restent dans la pauvreté. L'intelligence, le travail, l'économie, les circonstances, mille raisons diverses font que la richesse, ou, sous un autre nom, le capital, tend sans cesse à s'accroître dans toute société que ne trouble ni la révolution, ni la guerre. En soi la richesse est chose excellente, car elle représente tous les moyens matériels dont l'homme dispose pour satisfaire ses besoins ; mais elle a cet inconvénient inévitable qu'elle grossit les différences qui déjà séparent les individus. Quand elle n'est pas trop inégalement répartie, elle fait de la socié é une hiérarchie régulière (je ne parle qu'au point de vue économique) ; on passe de la pauvreté à la richesse par de nombreux degrés intermédiaires qui sont occupés par de petites ou de médiocres fortunes. Telle est par exemple la situation actuelle de la France en ce qui touche la détention du sol, et cette situation est bonne ; de la plus petite à la plus grande propriété, il y a une échelle infinie de domaines de toutes grandeurs. En fait, la propriété est accessible à tous. Aussi faut-il une foi plus que robuste pour s'imaginer qu'en France on remanierait aisément la propriété du sol et ses conditions. Mais, dans l'industrie, les capitaux s'accumulent de façon plus inégale ; l'extrême pauvreté s'y heurte à l'extrême richesse, et si l'on n'y prend garde, la société, dans les centres industriels, se coupe en deux : d'un côté les pauvres, de l'autre les riches. Il y a là deux peuples en présence, et deux peuples qui, ne se connaissant pas, sont tout près d'être ennemis.

Voilà ce qui effrayait Channing ; il sentait que le progrès de l'industrie, dont nous sommes si fiers, n'était pas cependant sans danger pour l'ouvrier. Il voyait que la spéculation, l'agiotage, le monopole, les crises commerciales et financières, ont une action directe sur l'intérêt de l'argent, le prix des choses, le taux des salaires, et que toutes ces causes réunies exercent une influence souvent désastreuse sur ceux qui n'ont pour tout capital que leur force et leur esprit. Comment arrêter l'accroissement incessant du paupérisme? C'était là une de ses grandes préoccupations.

Il faut évidemment assurer à l'ouvrier une certaine indépendance ; il faut qu'il ne soit pas, comme un esclave, à la merci de celui qui lui jette un morceau de pain. Mais comment assurer cette indépendance? Par des moyens extérieurs, par la tutelle de l'État, par le droit au travail, c'est-à-dire par des ateliers nationaux? Channing n'y songeait pas. Tous ces systèmes protecteurs ne font qu'aggraver le mal qu'ils prétendent guérir. L'ouvrier n'est plus dans la main du fabricant, mais il est dans la main de l'État, c'est à dire du plus incapable, du plus exigeant, du plus dur de tous les maîtres. Non, il n'y a pour l'ouvrier d'autre indépendance que celle qu'il peut conquérir lui-même, par un libre effort. Tout ce qui l'éclaire, tout ce qui l'instruit, tout ce qui le moralise, tout ce qui lui donne le goût du travail et de l'économie, contribue à son affranchissement. C'est l'individu seul qui peut payer la rançon de sa liberté ! Le problème social n'est pas un problème administratif ; c'est un problème moral.

Est-ce à dire que la société n'a rien à faire? Ce n'était pas l'opinion de Channing. Il croyait au contraire qu'on ne ferait point de réforme durable si l'on ne commençait par établir des relations nouvelles entre les classes laborieuses et les classes privilégiées de la fortune. Il voulait qu'avant tout on abattît d'un commun effort le mur qui sépare les riches et les pauvres; qu'on ne laissât pas les premiers s'engourdir et se corrompre dans leur opulence, tandis que les seconds s'étourdissent et se perdent dans leur misère, leur ignorance et leur dégradation. Il voulait que les heureux du monde se mêlassent à leurs frères moins fortunés, bien convaincu que tous y gagneraient, et les riches peut-être plus encore que les pauvres.

Cette fusion de toutes les classes, cette fraternité de tous les hommes, Channing la demandait en se réclamant de l'Évangile. Le plus beau nom pour lui était celui de *Philanthrope chrétien.* Nous sommes aujourd'hui si loin de ces idées que, à première vue, elles étonneront plus d'un lecteur. Par des raisons qu'il serait trop long d'expliquer, on s'éloigne du christianisme, dans notre pays de France, on le considère comme inconciliable avec la liberté. C'est là, je ne crains pas de le dire, la plus fausse de toutes les idées. La liberté moderne est sortie de l'Évangile, la souveraineté de l'indivi u n'existe que chez les peuples chrétiens. Toutes les autres religions du monde, paganisme, brahmanisme, bouddhisme, mahométisme, n'ont enfanté que la souveraineté de l'État et le despotisme d un maître. Nous sommes trop disposés à rendre l'Évangile responsable des prétentions qu'a affectées, en un autre temps, une Église étroitement unie à l'État, qu'elle dominait. Aux États-Unis, on ne peut avoir des préjugés semblables. L'Église et l'État sont séparés, et l'Église à laquelle appartient Channing, l'Église unitaire, a rompu avec tous les symboles et réduit la religion à l'amour de Dieu et des hommes. Or, il suffit de lire l'Évangile pour y voir à chaque page un amour des pauvres et des petits, une tendresse pour ceux qui souffrent, qu'on ne trouve dans aucune philosophie et dans aucun système. On oublie trop que Jésus-Christ a été un charpentier, qu'il a vécu du travail de ses mains, qu'il a maudit l'égoïsme du riche et béni la misère et la souffrance. Où donc trouver un enseignement plus pur? La morale de l'Évangile est à la fois la morale de l'humanité et la morale de la liberté.

C'est là que Channing avait puisé ses nobles inquiétudes pour l'avenir de la civilisation. C'était à l'Évangile qu'il demandait de résoudre le problème qui nous tourmente; et cette solution, il était convaincu que l'Évangile seul pouvait la donner.

« Il me semble, écrivait-il vers 1831, que les signes des temps nous indiquent l'*approche d'un grand changement dans la société*. L'idée, le principe essentiel de cette réforme, sera que l'objet principal de la société, c'est l'élévation de tous ses membres, considérés comme êtres intelligents et moraux ; il faudra que chacun contribue à l'œuvre dans la mesure de son pouvoir. Le système actuel, système antisocial, doit céder le pas à l'idée chrétienne, et je désire que nous ayons une large part dans la meilleure de toutes les révolutions.

« Je crois aussi que le temps est venu où l'on estimera les Églises *par le bien qu'elles feront*. Les symboles seront de moins en moins la marque du chrétien. Celui-là sera reconnu pour approcher le plus près de la vérité, qui aura travaillé pour ses frères avec le plus de courage et de succès [1]. »

Il écrivait en 1833 :

« La distinction que la richesse établit dans la société est peut-être la preuve la plus forte qu'on puisse alléguer du peu d'influence qu'exerce l'Évangile. En regardant les nations chrétiennes, qui donc soupçonnerait que leur divin Maître a béni le pauvre et a déclaré que l'opulence est un des plus grands obstacles de la vertu et du salut ? qui soupçonnerait que le Christ lui-même a vécu dans la pauvreté, et qu'il a choisi parmi les pauvres les principaux et les plus illustres ministres de son royaume ? Peut-on nier que l'amour de la richesse est le plus grand ennemi de l'esprit chrétien, esprit d'humanité et de fraternité ? Je ne désire pas seulement qu'on établisse un ministère des pauvres, je désire que ce soit l'esprit chrétien qui anime ce ministère, afin que nous apprenions à considérer les pauvres et à les aider, non point comme des inférieurs, mais comme des frères. Il

---

[1] *Memoir of Channing*, p. 340.

faut que ce ministère leur donne la véritable élévation ; qu'il
écarte de leur cœur l'idée que leur sort est une dégradation;
qu'il leur enseigne la grandeur et le prix de leur âme devant
Dieu ; qu'il leur apprenne à user de la souffrance même
comme d'un moyen pour s'élever à la vertu, à l'énergie morale, au bonheur. Il n'y a d'autre dégradation que celle où
les hommes tombent par leurs vices ; et, à ce point de vue,
la fortune ne vaut pas mieux que la pauvreté ; il y a autant
de gens qui deviennent riches qu'il y a de gens qui deviennent pauvres, par le crime. La supériorité de l'âme immortelle sur toutes les distinctions extérieures, est le fondement
même de la vie chrétienne ; la piété, la philanthropie, ne
peuvent avancer que par une conviction profonde et éclairée
de cette vérité. Heureuse la communion chrétienne qui sera
caractérisée par cette conviction !

« On nous reproche souvent, à nous autres unitaires, que
notre façon de comprendre le christianisme convient aux gens
qui ont reçu de l'éducation, aux riches, aux hommes du
monde, mais non pas aux pauvres. Cette accusation, si
elle était fondée, serait la plus forte de toutes. Nous savons qu'elle est fausse. Mais pourquoi nous l'a-t-on inten-
tée ? C'est, je le crains, que nous y avons donné prise en
n'ayant pas assez reconnu et manifesté l'esprit céleste du
christianisme. Il nous a manqué cet amour universel, ce
respect sincère pour la nature humaine, cette sympathie
particulière pour ceux qui sont pauvres et exposés, ce travail
patient et sérieux pour élever les âmes, qui est la marque
même du christianisme. Faute de ces vertus, nous n'avons
pas su intéresser la masse de l'humanité. D'autres Églises ont
trouvé dans la terreur, dans le mystère, le moyen de s'emparer de la foule. Ces moyens nous les avons rejetés. Mais
la véritable méthode pour atteindre l'homme, quelle que
soit sa condition, comment en avons-nous usé? nous sommes-
nous intéressés aux pauvres comme à des frères ? avons-nous
reconnu cordialement qu'ils sont comme nous, fils immor-

tels de notre Père qui est aux cieux? leur avons-nous
fait sentir que cette parenté nous était plus chère et nous
araissait plus noble que tous les liens qui nous unissent
aux grands et aux heureux du monde? leur avons-nous
exprimé notre foi dans la perfectibilité de toute âme humaine? leur avons-nous parlé le langage du cœur? Non,
les préjugés de la société dans laquelle nous vivons, joints à
notre ambition et à notre égoïsme, nous ont séparés de nos
frères. Est-il donc étrange que nos idées ne répondent pas à
leurs besoins et ne puissent les intéresser [1]? »

Le ministère des pauvres dont parle Channing avait été
fondé par son ami le docteur Tuckerman. Il avait pour objet
de visiter les pauvres à domicile, de les instruire, de les consoler et de les aider. On lira plus loin les pages que Channing
a consacrées à l'excellent pasteur ; rarement l'amitié chrétienne a parlé un langage plus touchant et plus vrai. Mais
Channing n'était pas de ces hommes qui se contentent d'ap-
plaudir au bien sans s'y mêler. Dès le premier jour il voulut
s'associer à Tuckerman, comme plus tard il voulut s'associer
à Horace Mann. Partout où il était question d'éclairer et d'é-
lever le peuple, il était au premier rang. Ce poitrinaire,
qui n'avait que le souffle, trouvait des forces pour encourager, soutenir, aider tous ceux qui se dévouaient à la cause
de l'humanité.

Il enrôla toutes les Églises protestantes de Boston, sans
distinction de symbole, en les appelant à soutenir le ministère des pauvres. Le discours qu'il prononça à cette occasion, sous le titre de *the Ministry at large*, est celui que
nous avons intitulé *des Droits et des devoirs des pauvres*.
Nous nous sommes permis ce changement, parce que le titre
anglais n'aurait rien dit aux lecteurs français et que,
d'ailleurs, dans ce discours, Channing s'occupe plutôt des
pauvres que du ministère qui leur est consacré On l'ra, je

---

[1] *Memoir of Channing*, p. 341.

crois, ce morceau avec intérêt et profit. Il n'est qu'un pas-
sage sur lequel je crois devoir faire une réserve. Dans son
désir de prouver aux pauvres qu'ils ne sont pas plus malheureux que les riches, Channing va trop loin quand il dit
qu'il y a plus de gens qui meurent d'indigestion que de
faim, et que la toilette de la femme riche est plus meur-
trière que les haillons qui ne défendent pas du froid la femme
pauvre. Quand les faits seraient vrais, ce dont je doute, ils
auraient le tort de ne rien prouver. Le pauvre répondrait aisé-
ment-que si le riche se tue, c'est sa faute, tandis que si
l'indigent meurt, c'est la faute de la misère, sinon même
la faute de la société. Il n'y a aucune comparaison à établir
entre des faits qui n'ont pas la même cause, quoiqu'ils puissent amener le même résultat. Mais à côté de cette tache
légère, que de belles choses on trouvera dans ce discours,
quel sentiment de la dignité humaine ! quel mépris de
l'apparence et de l'éclat qui séduit la faiblesse ou la vanité !
quelle estime du travailleur ! quel amour des hommes ! Plus
on lit Channing, plus on se sent pénétré par cette âme de
feu. Il est impossible de vivre avec lui sans devenir meilleur.

Les gens qui ont dans leur poche un mécanisme pour faire
le bonheur du genre humain, les grands génies qui s'imaginent qu'avec trois lignes d'écriture sur papier blanc ils
régénéreront la société, auront sans doute une estime mé-
diocre pour cet honnête pasteur qui, pour réformer le monde,
ne connaît d'autre moyen que d'instruire, de moraliser,
d'aider et d'aimer chaque individu. Mais, depuis que la civilisation existe, je ne connais pas encore de système social ou
d'utopie qui ait réussi, ni de législateur qui, du jour au
lendemain, ait changé un peuple. Tout ce qu'on nous dit de
Minos, de Lycurgue, etc., sont autant de fables ; l'exemple
de la révolution française est là pour le prouver. Tout au
contraire, la méthode que recommande Channing a toujours
eu plein succès quand il s'est trouvé des hommes pour l'employer. Le christianisme s'est propagé d'individu à individu.

en commençant par les pauvres et les esclaves; c'est du fond de la société païenne qu'il s'est élevé et qu'il a fini par tout couvrir. Il en est de même des idées de liberté et d'égalité. Défendues par quelques apôtres méconnus ou persécutés, elles ont fait lentement leur chemin; mais aujourd'hui elles dominent les gouvernements et les rois. Pourquoi n'en serait-il pas de même de l'idée de fraternité? pourquoi le peuple ne finirait-il pas par comprendre que l'éducation est son salut et que lui seul peut s'affranchir en s'élevant? Channing a été le propagateur de cette doctrine, elle triomphera si chacun de nous s'y associe dans la mesure de ses forces. Nous ne trancherons pas le nœud gordien; cela est bon pour les Alexandre, qui croient résoudre les questions quand ils détruisent ou qu'ils tuent; pour nous, plus modestes, nous essayerons de défaire ce nœud terrible qui menace d'étouffer la démocratie. Laissons des ignorants ou des ambitieux semer la haine et l'envie et promettre à la foule ce qu'ils ne peuvent pas lui donner; mais ne nous lassons pas d'aimer le peuple et de nous mêler à lui. Saisissons toute occasion de lui dire la vérité; quand nous pouvons lui parler, parlons; quand nous ne pouvons pas lui parler, écrivons; semons le bon grain dans les champs, sur les chemins, dans les places publiques: il finira par lever. Au grand jour toutes les ombres disparaissent. A la lueur de la vérité, tous les sophismes s'envolent. A mesure qu'il s'instruira, le peuple reconnaîtra ses vrais amis, ceux qui ne l'ont pas flatté, ceux qui ne l'ont pas trompé, et au premier rang de ces amis, j'espère que l'ouvrier français, imitant l'ouvrier américain, comme l'ouvrier anglais, placera le bon et vertueux Channing.

Clatigny-Versailles, octobre 1869.

ÉD. LABOULAYE.

LES DROITS

DEVOIRS DES PAUVRES[1]

Nous nous réunissons pour le premier anniversaire
de la Confrérie charitable des Eglises, institution établie afin de créer un ministère pour les pauvres et
de communiquer ainsi les bienfaits moraux et spirituels à la portion la plus malheureuse de la société.
Nous devons rendre grâces à Dieu de ce que nous
vivons dans une société où un tel dessein trouve un
appui sincère. Ce gage du progrès qu'a fait l'humanité doit nous réjouir. L'homme n'est jamais resté
insensible aux souffrances et aux besoins extérieurs
de l'homme, mais cette institution prouve qu'il comprend aussi ce qu'exigent des besoins plus profonds,
des nécessités plus grandes. Cette institution est une
des formes qu'a prises l'esprit du christianisme, es-

---

[1] Discours prononcé à Boston, le 9 avril 1835, devant la Confrérie
charitable des Églises (*the Benevolent Fraternity of Churches*), sur
ce texte de Luc, iv, 18 : « L'esprit du Seigneur est sur moi, car il m'a
sacré pour prêcher l'Évangile aux pauvres. »

prit de respect et d'amour pour l'âme humaine, de
sympathie pour sa chute, d'ardent désir pour sa rédemption.

Droits des pauvres au point de vue de la morale publique.

Dans cette circonstance, il n'est qu'un sujet dont
je puisse vous entretenir, celui des droits du pauvre
considéré comme être moral et intelligent, et ce sujet, je l'aborde avec le sentiment de mon insuffisance.
Je comprends les prétentions du monde, les exigences
des choses extérieures; je puis considérer sans émotion la richesse, la pompe, le rang ; je puis regarder
en face les dignités sociales sous leurs formes les plus
imposantes; mais ce n'est qu'avec une crainte pleine
de respect que j'approche de l'âme immortelle, même
quand je la contemple dans le dernier et le plus misérable des hommes. Là j'aperçois un mystère où se
perdent mes facultés. Je vois une existence, près de
laquelle la durée du monde et des cieux n'est que
d'un moment. Je dis que je la vois; je ne suis point
le jouet de mon imagination; j'ai le sentiment de la
vérité, ou plutôt j'ai le sentiment que je suis au-
dessous de la vérité. Je sens donc combien je suis
incapable de traiter ce sujet comme il faut. Mais nous
devons agir suivant nos forces. Quelque faible qu'il
soit, le témoignage qu'on rend sincèrement à de
grands principes n'est jamais perdu. Une puissance
supérieure à l'homme se plait souvent à user du plus
faible mortel quand il est sanctifié par l'amour simple et humble de la vérité. Puisse cette puissance
nous couvrir de ses ailes, opérer en nous, et ouvrir
les âmes à la vérité!

Leur plus grand malheur est la dégradation morale.

Exciter un intérêt moral, spirituel, pour les pauvres, tel est mon but. Je ne veux pas diminuer votre sympathie pour leur condition extérieure, je voudrais au contraire l'augmenter. Mais leurs souffrances physiques ne sont pas leur plus grand mal. Le grand malheur des pauvres, ce n'est pas leur pauvreté, à prendre ce mot dans le sens ordinaire : c'est la dégradation qu'amènent leurs besoins et la bassesse de leur condition. Donnez-leur l'esprit chrétien, leur sort ne sera plus insupportable. Écartez la misère qu'ils appellent sur leur tête en faisant le mal, ôtez de leurs souffrances inévitables ce que le vice y ajoute de douleurs, leur fardeau deviendra léger comparé au poids qui les accable maintenant.

La condition des pauvres est dure, je le sais. Je ne la considère pas avec l'insensibilité d'un stoïcien ; je ne nie pas que la douleur soit un mal et que la privation soit la perte d'un bien ; mais quand je compare les différentes classes de la société, je ne trouve point que la différence entre les riches et les pauvres, en ce qui touche la souffrance physique, soit aussi grande qu'on l'imagine. Quelques-uns de nos indigents meurent faute d'une nourriture suffisante, cela est malheureusement vrai ; mais il y a bien plus de gens qui meurent de trop manger, il y en a bien plus qui meurent d'excès que de besoin. Il en est de même du vêtement ; le pauvre sous ses haillons frissonne de froid, mais le riche, sous ses habits d'une mode absurde et nuisible, souffre peut-être davantage. La riche toilette de nos filles les conduit plus

souvent au tombeau que la nudité n'y mène les men-
diants. Le travail est souvent excessif pour les pauvres; mais ils souffrent moins de leur fatigue que ne
souffrent de leur oisiveté ces riches qui n'ont rien à
faire, rien pour remplir leur vie, rien pour satisfaire
au besoin d'action, qui chez l'homme est infini. Par
suite de notre système d'éducation, combien de nos
filles sont victimes de l'ennui, malheur inconnu aux
pauvres, et plus insupportable que l'accablement qui
suit un labeur excessif. Le jeune oisif qui passe la
journée à donner sa personne en spectacle dans la rue
ne doit pas exciter l'envie de l'ouvrier surchargé de
travail, et ce n'est que chez les riches qu'on trouve ces
promeneurs inutiles.

Les pauvres peuvent avoir leur part de bonheur.

Je le répète, le pauvre mérite toute sympathie ;
mais gardons-nous, en exagérant ses peines, de perdre
de vue les causes principales, les causes intimes de
sa misère. La condition de la plupart de nos indigents
serait acceptée comme un bien-être partout ailleurs.
Assurez au paysan d'Europe du pain de froment en
abondance pendant toute l'année, il bénira son heureux sort. Chez nous, plus d'une famille pauvre, si
elle était condamnée à ne vivre que de pain, mur-
merait contre ce dur régime; aussi la table de nos
indigents est-elle chaque jour couverte de plats et
d'assaisonnements que le travailleur de l'ancien continent n'a jamais vus dans sa chaumière. L'habitant
du Groenland et le Lapon qui demeurent dans des
huttes, et pour qui la nourriture de nos pauvres serait
l'abondance, se trouvent plus que satisfaits de leur

sort : ils ne changeraient pas leurs solitudes pour nos
terres les plus fertiles et nos plus glorieuses cités. Ce
n'est donc pas la souffrance physique du pauvre qui
fait sa principale misère, ce sont ses rapports avec le
reste de la société, le manque de ressources intellectuelles, l'influence dégradante de sa position.

Qu'on ne dise pas que la condition du pauvre est
nécessairement misérable. Donnez-lui l'esprit chrétien, il trouvera dans son état les principaux éléments du bonheur. Par exemple, les affections domestiques existent et se développent chez le pauvre aussi
bien que chez le riche; et pour tous les hommes elles
sont la principale source de bonheur ici-bas. Et il est
à remarquer que, dans la famille, si les pauvres ont
des désavantages, ils ont aussi des avantages. Leur condition étroite les oblige à s'entr'aider plus que ne
font les riches ; cette nécessité, on le sait, donne à
l'amour des pères et des enfants, des frères et des
sœurs, une force, une tendresse, qu'on ne rencontre
pas toujours parmi les gens heureux, chez qui la richesse détruit la dépendance réciproque, et le besoin
de secours mutuel. Qu'on ne dise pas que le pauvre
ne peut avoir de bonheur domestique, faute de moyens
pour instruire ses enfants. Dans l'éducation, un jugement sain et le goût de l'honnêteté ont plus de prix
que toute la richesse et que tous les talents. Faute de
ces qualités, les enfants d'hommes de génie, d'hommes
opulents, sont souvent les plus mal élevés de la société; et si, par nos efforts. nous pouvons donner au
pauvre le sens moral, nous lui ouvrirons la source du
seul bonheur domestique qui soit sans mélange.

Les pauvres pourraient jouir des avantages les plus

importants que donne la richesse, s'ils avaient une
éducation morale et religieuse en rapport avec leur
condition. Quelque chétive que soit une demeure, les
livres y pénètrent, et surtout le livre qui contient plus
d'aliment que tous les autres ensemble pour l'intelligence, pour l'imagination et pour le cœur : la Bible.
Je suis convaincu que, parmi les pauvres, il en est
qui trouvent dans ce seul livre plus de consolation,
plus de vérité vivifiante, plus d'images belles et élevées, plus d'éducation pour l'âme entière, que des
milliers de savants n'en trouvent dans leurs études
générales et bien plus que des millions de riches n'en
rencontrent dans cette littérature superficielle et éphé-
mère à laquelle ils consacrent toutes leurs heures de
lecture.

Les pauvres ne sont pas même exclus des plaisirs
que donne un goût délicat; une éducation morale
bien dirigée peut les leur procurer. Il est vrai que
leurs demeures ne sont pas tapissées des ouvrages de
l'art; mais la beauté vivante de la nature s'étale aux
yeux de tous ses enfants; et l'histoire des hommes de
génie qui se sont formés eux-mêmes nous montre que
l'habitant d'une misérable cabane en portant ses regards sur un ciel serein, un nuage éclairé, un soleil
couchant, a quelquefois reçu dans son esprit ravi des
impressions de majesté et de beauté divines que le
langage brûlant de la poésie n'exprime que faiblement. Il est vrai que les riches peuvent visiter des
contrées lointaines et repaître leurs yeux des plus
rares merveilles de la création; mais la terre et le ciel
révèlent partout dans la variété de leur aspect une
grandeur aussi imposante que le Niagara ou les Andes;

et le pauvre dans ses promenades ordinaires n'a besoin que d'un œil plus intelligent pour discerner une beauté qu'on n'a pas encore fait passer dans les chefs-d'œuvre de la peinture et de la sculpture.

Ainsi donc, pour les pauvres comme pour les autres hommes, il y a des sources de bonheur; et, chose remarquable, leur bonheur a une dignité particulière. Il est plus honorable d'être content dans la médiocrité que dans l'affluence, plus beau d'être gai dans la gêne que dans la fortune. Un homme pauvre, vivant de pain et d'eau, parce qu'il ne veut pas demander plus que n'exigent les premiers besoins, et menant une vie calme et douce, grâce à ses sentiments affectueux, à la joie qu'il trouve dans l'accomplissement de son devoir, à sa confiance en Dieu, est un des véritables héros de la terre; il entend mieux le bonheur que nous, qui ne nous trouvons à l'aise que « vêtus de pourpre, et assis devant une table somptueuse, » ou entourés et parés de tous les produits de la nature et de l'art. Sa pauvreté extérieure est le signe de sa richesse intérieure, tandis que l'esclavage du luxe et de la mollesse où nous vivons trahit la misère de notre esprit et de notre cœur.

J'ai présenté le beau côté de la condition du pauvre. J'ai montré les avantages qui sont à sa portée; mais je ne dis pas pour cela qu'il soit heureux. Ces avantages, il les perd trop souvent faute d'éducation. Les pauvres sont généralement misérables tout en ayant le moyen d'être heureux. Ne craignez pas que je représente leur état sous de fausses couleurs; il est assez triste pour exciter une profonde sympathie; mais le malheur des pauvres ne vient pas tant de causes

physiques insurmontables que d'une misère morale.
L'influence morale de leur condition, du rang qu'ils
occupent dans la société, de leurs rapports avec les
autres classes, ces influences sont plus terribles que
la faim ou le froid, et c'est sur elles que je désire appeler votre intérêt.

La pauvreté détruit le respect personnel.

Quelle est donc cette influence morale de la pauvreté qui demande toute notre attention? Je remarque, en premier lieu, comme l'un de ses effets les
plus funestes, qu'elle diminue et souvent détruit le
respect personnel. Je sais, et c'est pour moi une
grande consolation, que nos institutions contre-ba-
lancent cet effet de la pauvreté ; mais il n'en existe pas
moins, et trop souvent c'est une cause de dégradation.
Tous nous avons de la peine à bien comprendre
notre nature, mais combien cela est-il plus difficile
pour les pauvres! Comme on ne leur a pas appris
quelle est l'importance et la dignité de leurs facultés
morales et intellectuelles, ils s'estiment naturellement
selon le rang qu'ils tiennent dans la société. Vivant au
milieu des adorateurs de la richesse, ils se regardent
comme dégradés parce qu'ils n'ont rien. Dans les regards, dans le ton, dans les manières du monde, ils
lisent la preuve qu'on les considère comme une race
inférieure, et ils manquent de force morale pour repousser ce cruel mensonge qui les décourage. Le nom
de *respectable*, ils ne l'entendent donner qu'aux autres classes de la société ; pour eux, ce sont des gens
de *basse* condition. Or, rien n'écrase l'esprit comme
d'être habituellement exposé au dédain ou au mé-

pris. Il est difficile qu'un homme se connaisse et
s'apprécie, au milieu des humiliations. Il n'y a pas
de plus grand homme que celui qui a foi en lui-même
quand autour de lui tout le renie et l'abandonne.
Étonnons-nous maintenant que les pauvres, ainsi délaissés, acceptent leur sort et que dans leurs haillons
ils voient le signe d'une dégradation intérieure aussi
bien qu'extérieure?

Une autre cause qui détruit chez eux le respect
personnel, c'est la dépendance où les met le besoin.
Il est difficile de demander l'aumône sans que l'esprit se courbe. La dépendance engendre la servilité,
celui qui s'est abaissé devant autrui ne peut être
juste envers soi-même. Le manque de respect personnel dispose à toute espèce de mal. Dégradés à leurs
propres yeux comme à ceux d'autrui, les pauvres ne
connaissent plus le frein salutaire de l'opinion, et
n'ayant point de rang à perdre, point d'honneur à
compromettre, ils s'abandonnent avec insouciance aux
vices les plus grossiers.

La pauvreté épuise l'esprit.

La condition du pauvre est encore défavorable à
l'action et au développement de l'intelligence; c'est
un cruel malheur pour un être raisonnable. Il est vrai
que, chez la plupart des hommes, les occupations matérielles rétrécissent l'intelligence : on perd le sentiment de ce qu'elle vaut par le misérable emploi qu'on
est forcé d'en faire. Cependant la diversité et l'étendue
des plans qu'on suit pour s'enrichir ou pour vivre
donnent à l'esprit un certain degré d'activité. Les besoins du corps font songer à l'avenir, engagent dans

des entreprises qui exigent de l'invention, de la sagacité et du talent. Le malheur des pauvres, c'est
qu'ils sont absorbés par des besoins immédiats; il
leur faut la provision du jour, le prochain repas, le
soulagement du fardeau qui les gêne. Aussi leurs facultés « vivent et se meuvent dans l'heure présente, »
ou plutôt s'y flétrissent et s'y perdent. L'espérance et
l'imagination, ces ailes de l'âme, faites pour la transporter et l'élever, languissent chez le pauvre, car l'avenir n'a point d'encouragement pour lui. Les ténèbres
du présent couvrent les années futures. La grande
idée qui chez les autres hommes fait naître un monde
de réflexions, l'idée d'un sort meilleur, à presque
disparu de l'âme du pauvre. Il n'espère plus rien ni
pour ses enfants, ni pour lui-même. L'amour paternel même, qui chez le grand nombre est le principal stimulant de l'intelligence, est paralysé chez lui
par le désespoir. C'est ainsi que la pauvreté épuise
l'esprit.

La pauvreté produit le même effet d'une autre manière sur laquelle j'appelle toute votre attention.
Les pauvres n'ont d'autre société que leurs pareils,
ils ne voient que des gens pour qui le champ de la
pensée est des plus étroits. Nous savons tous que
c'est du contact avec d'autres esprits, et surtout avec
des esprits plus actifs et plus élevés, que l'intelligence
reçoit sa principale impulsion. Peu d'entre nous
pourraient échapper à l'influence énervante d'un
commerce perpétuel avec des hommes ignorants, in-
dolents et bornés; et par là vous voyez combien les
pauvres souffrent de notre civilisation trop vantée,
qui repose tout entière sur l'idée de propriété. Dans

les sociétés peu avancées en richesse, il n'y a pas
comme chez nous des barrières insurmontables qui
séparent les différentes conditions. Les moins instruits ne sont pas tenus à distance de ceux qui, grâce
à des dons naturels ou à des causes particulières, ont
plus d'idées que les autres. Pourquoi une pareille
division existe-t-elle? Combien sont cruels, combien
sont peu chrétiens, l'orgueil et le préjugé qui font
des hommes éclairés une caste, et laissent les ignorants et les malheureux fortifier et propager sans fin
l'ignorance et l'erreur !

Influence de la pauvreté sur les affections domestiques.

Parlons d'un autre mal de la pauvreté, de son influence désastreuse sur les affections domestiques.
Faites naître ces affections dans la cabane du pauvre,
vous lui aurez donné les éléments du plus grand
bonheur dont on puisse jouir ici-bas. Mais dans les
demeures de l'indigence bien des choses refroidissent
les sentiments les plus délicats. Une famille entassée
dans une seule pièce, souvent étroite, qui doit servir
à la fois de salon, de cuisine, de chambre à coucher,
de chambre d'enfants et de malades, manque nécessairement de propreté, d'ordre et de bien-être, à
moins d'une grande énergie morale et d'un profond
respect personnel. Ses membres sont sans cesse exposés à se mêler d'une façon gênante. Les convenances
sont difficilement observées. La femme, mal tenue et
sale, perd son charme. Les jeunes filles grandissent
sans cette réserve et cette délicatesse qui sont la principale défense de la chasteté. La grossièreté de manières et de langage, conséquence trop certaine d'une

vie en commun, devient habitude d'enfance, elle endurcit l'esprit, que plus tard le vice ne dégoûtera
plus. Le manque d'un intérieur propre et rangé est
un des plus grands maux de la misère [1]. Entassés dans
l'ordure, les pauvres cessent de se respecter les uns
les autres. Les affections dépérissent au milieu du
bruit perpétuel, parmi la confusion et la lutte des
intérêts.

En ce point la condition du pauvre est pire que celle
du sauvage. Ce dernier, il est vrai, a une hutte plus
grossièrement construite, mais ses habitudes et ses
goûts le font vivre au dehors. Autour de lui s'étend
une nature sans bornes, sans maîtres, qu'il parcourt
à son gré et où il satisfait sa passion pour la liberté.
Endurci dès l'enfance contre les éléments, il vit à la
brillante lumière et à l'air pur du ciel. A la ville, il
faut que le pauvre choisisse entre sa chambre resserrée
et la rue étroite. L'appropriation du moindre coin de
terre et les usages de la société ne lui permettent pas
de rassembler sa famille ou de se réunir à ceux de sa
tribu sous l'ombrage d'un arbre touffu. Il a une maison, sans le bien-être d'un intérieur ; il ne peut pas

---

[1] Ces intérieurs domestiques si nécessaires à l'éducation de l'enfance,
au développement de la vie de famille, à ses douceurs, à la moralité
publique, manquent aussi, à Paris non-seulement aux pauvres, mais
encore aux classes presque aisées. C'est aujourd'hui la principale cause
des dissipations de la vie privée. Beaucoup d'ouvriers, de petits em-
ployés, chefs de famille, en sont réduits à prendre leurs repas dans
des lieux publics. Quel enseignement, pour les enfants, qui entendent
tout ce qui se dit et qui cherchent à tout comprendre ! Pour ces familles il n'y a pas de foyer domestique. Le logement n'est plus pour
eux qu'un abri contre la nuit. Cet état de choses est dû principalement
aux travaux qui, en transformant Paris avec tant de précipitation et
parfois avec tant de légèreté, y ont profondément altéré les conditions
ordinaires de la vie.   (Ch.)

l'égayer en invitant ses voisins à partager son repas.
Il n'y a guère de sujet de conversation entre lui, sa
femme et ses enfants, si ce n'est celui de leurs communs besoins. Aussi les plaisirs des sens sont-ils pour
lui le seul moyen de satisfaire ce besoin de jouissance
qu'on ne détruira jamais chez l'homme. Ces plaisirs,
dans d'autres demeures, sont plus ou moins raffinés.
La table est servie avec ordre et propreté ; et pendant
le repas on observe une bienséance qui prouve que
l'homme est plus qu'une créature sensuelle. Au contraire, la table du pauvre, couverte de restes et dont
on s'approche rarement avec politesse et convenance,
ne sert trop souvent qu'à satisfaire un appétit égoïste
et brutal et à rapprocher encore plus de l'animal ceux
qui y prennent place. Je ne dis pas que cela soit nécessaire et universel ; la pauvreté, sous l'action de
saintes influences, peut trouver le ciel dans son misérable intérieur ; mais je parle d'un penchant prononcé
qu'une forte influence religieuse peut seule surmonter.

Le pauvre souffre du spectacle de la richesse.

Je passe à une autre influence qui pèse d'une manière funeste sur les pauvres. Ils vivent en face et au
milieu d'innombrables plaisirs, d'innombrables jouissances qui ne sont pas à leur portée. Leurs rapports
avec les riches ne sont pas assez intimes pour que leur
intelligence y gagne, mais c'en est assez pour exciter
des appétits, des désirs, des besoins qu'ils ne peuvent
satisfaire. De leurs tristes réduits ils contemplent les
palais du luxe. A l'heure de leur repas froid et grossier, ils entendent les équipages qui portent les autres

à ces tables qui plient sous l'abondance des plats, qui
sont chargées de vins pétillants, parfumées des fruits
de tous les climats. Épuisés de fatigue, ils en rencontrent d'autres qui, pensent-ils, sont exempts et de
travail et de soucis. Ils croient que tous les biens de
la vie sont échus en partage aux autres. De là le désir
brûlant ; de là le sombre mécontentement ; de là l'envie et la haine ; de là enfin, le crime, justifié jusqu'à
un certain point à leurs yeux par ce qu'ils nomment
les inégalités, les injustices de la société. Ce sont là
quelques-unes des misères de la civilisation. Le sauvage n'est pas irrité par la vue d'une condition meilleure que la sienne. Entre l'idée qu'il se fait du
bonheur et son sort il n'y a pas de disproportion :
chez le pauvre la disproportion est infinie. Vous savez
tous comme nous jugeons de notre état par comparaison. Les édifices qui, il y a un siècle, étaient pour
nos pères des maisons de luxe, nous semblent à peine
confortables, parce que des demeures plus belles et
plus commodes les entourent.

Nous ne pensons guère à la tristesse que le voisinage
du riche apporte à l'indigent. Il est dévoré par des
besoins artificiels que le crime seul peut satisfaire. Il
est entouré de jouissances qu'il ne peut se procurer
que par la ruse ou la violence. Malheureusement l'esprit dominant chez les riches, j'allais dire toute leur
conduite, augmente les tentations du pauvre. Il est
très-rare que des rangs élevés de la société descende
jusqu'à lui une voix distincte, la véritable voix de la
sagesse, pour lui dire que les richesses ne sont pas le
bonheur et que tous les hommes ont à leur portée une
félicité que l'argent ne saurait acheter. L'adoration de

la richesse, c'est la seule pensée des gens du monde,
et c'est le plus puissant moyen d'inoculer au pauvre
le mécontentement et le crime. Les riches croient
avoir tout fait en donnant l'aumône ; ils songent peu
au don fatal de l'exemple qu'ils répandent continuel- ·
lement. Ils songent peu que leur esprit et leur vie,
leurs plaisirs et leur matérialisme, leur idolâtrie de la
fortune et leur dédain pour les conditions inférieures enseignent sans cesse au pauvre qu'il n'y a qu'un
seul bien sur la terre : l'argent, et que ce bien, il n'y
a point de part. Ils songent peu que, par leur conduite, ils irritent, ils aigrissent et dégradent l'esprit
des malheureux, qu'ils les attachent à la terre et détruisent leur communication avec le ciel.

La pauvreté se réfugie dans les plaisirs dégradants.

Je passe à une autre terrible épreuve pour les pauvres. Tandis que leur condition, comme nous l'avons
vu, leur refuse beaucoup de jouissances qui de tous
côtés frappent leurs regards et enflamment leurs désirs, elle met aussi à leur portée des plaisirs dégradants. La nature humaine a une soif ardente des plaisirs qui surexcitent et qui rompent la monotonie de
la vie. C'est ce besoin qui fait sortir le riche de son
agréable intérieur pour aller chercher des scènes
nouvelles, des amusements qui le remuent. Combien
doit-il tourmenter plus fortement ceux que le poids
des inquiétudes et des privations accable! combien le
pauvre doit il désirer d'oublier un instant les pénibles réalités de la vie! Et quels sont les moyens que
la société lui procure ou lui laisse pour y échapper?
quel présent la science et la civilisation lui font-elles?

Une boisson forte, des liqueurs ardentes, un poison liquide, un feu liquide, image du feu de l'enfer! Dans son voisinage chaque pauvre trouve un fleuve du Léthé qui le plonge pour un instant dans l'oubli de toutes ses humiliations et de tous ses chagrins. Ceux d'entre nous dont la soif de plaisir est régulièrement satisfaite par une suite de distractions innocentes, et qui ne rencontrent autour d'eux que des choses qui les charment et les animent, comprennent peu la force de cette tentation. Le pauvre qui n'a point reçu d'éducation, qui n'a pour ressources ni des livres, ni sa famille, ni une table bien servie, ni un logement gai, ni lieux de réunion et de divertissement, le pauvre, écrasé sous le poids du désespoir, des dettes, de la servitude et de travaux qui l'épuisent, est poussé par une impulsion terrible dans les repaires de l'intempérance : et là il se plonge dans une misère plus cruelle que toutes les tortures que l'homme a inventées. Il éteint la lumière de la raison, foule aux pieds les caractères de l humanité, efface autant qu'il est en lui l'image de Dieu et devient une brute. Misère terrible! Et cette misère, ne l'oubliez pas, lui vient de la civilisation au milieu de laquelle il vit. Il est victime du perfectionnement de la science et des arts, car la science et les arts multiplient le poison qui le détruit. Il est la victime des riches; car c'est le capital des riches qui élève les distilleries et les entoure de tentations mortelles. Il est la victime d'un progrès partiel de la société, qui l'environne de plaisirs et de séductions, sans éveiller en son âme une force morale suffisante pour y résister.

Tels sont les maux de la pauvreté. C'est une condi-

tion qui présente des obstacles nombreux et particuliers au développement de l'intelligence et du sentiment, qui enseigne mal à se respecter et à se dominer
soi-même. Les pauvres sont exposés à se faire d'eux-
mêmes, de la nature et de la vie humaines, des idées
qui les découragent. La conscience de leur force morale et intellectuelle est endormie. Leur foi dans la
bonté de Dieu, dans la vertu, dans l'immortalité, est
obscurcie par ce qu'il y a de sombre dans leur destinée. Ignorants, découragés, fortement tentés, n'ont-ils
pas des droits sacrés sur leurs frères pour en obtenir
des secours que, jusqu'à présent, ils n'ont jamais
reçus ?

J'ai montré, je crois, que les plus grands maux
de la pauvreté ont une origine morale et un caractère moral ; c'est pour ces maux que je veux exciter
votre intérêt. Nous avons de la pitié pour les souffrances physiques ; quand donc nos cœurs seront-ils
émus d'une misère plus grande ? Est-ce qu'il n'y a rien
qui nous touche dans ce fait que dans toutes les
grandes villes habite une multitude d'êtres humains,
tombant ou tombés dans la dernière dégradation, vivant dans des maisons sombres et sales, dans des
caves humides où l'air n'est jamais renouvelé, où
jamais l'œil ne voit rien de beau, où l'oreille est
constamment blessée, où les ténèbres extérieures sont
l'image des ténèbres de l'âme, où l'on n'entend le
nom de Dieu que quand il est profané, où l'on ne connaît la charité que comme ressource de la paresse, où
l'enfant est élevé au milieu des habitudes grossières,
des paroles impures, des vapeurs de l'intempérance,
jusqu'à ce qu'on l'envoie rôder comme un mendiant.

De ces demeures part un cri plus aigu et plus perçant
que le cri de la faim ; il vous demande des secours et
de la force. Je ne dis pas que tous les pauvres soient
tels que je viens de les décrire. Loin de là ; parmi eux
se trouvent le sel de la terre, les lumières du monde,
les élus de Dieu. Il n'y a pas de lien nécessaire entre
l'indigence et le crime. Le christianisme ne connaît
pas les distinctions de rang, il répond également aux
besoins de toutes les conditions ; mais il est vrai que
la misère incline à la dégradation morale, et combattre
ce danger devrait être regardé comme un des devoirs
les plus sacrés, comme un des plus précieux priviléges
que le Christ ait légué à ses fidèles.

Des améliorations à introduire dans la condition des pauvres.

De l'idée que nous avons donnée des plus grands
maux de l'indigence, il résulte que le plus grand bienfait qu'on puisse conférer aux pauvres, c'est une éducation morale et religieuse. Ce n'est pas à dire pour
cela que leur condition physique ne demande aucun
secours. Non ; il faut que la charité les soulage dans
leurs souffrances et leurs pressants besoins ; mais songeons bien que la charité ne produit point de bien
permanent si elle ne va plus loin que le corps, si elle
ne parvient jusqu'à l'âme, si elle ne touche les res-
sorts intérieurs du progrès, si elle n'éveille quelque
force de volonté, quelque pieux et généreux sentiment, quelque respect de soi-même. La charité la plus
utile est celle qui écarte de la route du pauvre les
obstacles au bien et les tentations du mal, et qui l'encourage à lutter pour atteindre son bien véritable.
Une législation sage peut aussi faire quelque chose

pour le bien-être moral des indigents ; je ne parle pas
des lois des pauvres, mais des lois qui écartent autant que possible tout ce qui dégrade la condition
des malheureux. Les lois devraient, par exemple, défendre la location de demeures inhabitables, malsaines,
sans ventilation, où manquent les conditions essen-
tielles de la propreté. De pareilles ordonnances, jointes
à des mesures prises pour le nettoiement des rues
et pour la distribution abondante en chaque demeure
d'une eau pure et salubre, feraient beaucoup pour la
santé, la propreté et le respect personnel des pauvres ;
et de là dépend en grande partie leur bien-être moral.

La culture morale et religieuse est indispensable aux pauvres.

Mais, après tout, nous devons placer notre confiance
dans des moyens plus directs, plus puissants que la
législation. Les pauvres ont besoin d'une culture morale et religieuse comme ils n'en ont jamais connu ;
il faut qu'ils la reçoivent. Je dis culture, et je choisis ce mot, parce qu'il exprime le développement de
l'âme, et sans cela on ne peut rien faire d'utile ni
pour les riches, ni pour les pauvres. Malheureusement, la plupart du temps, la religion a été enseignée
aux pauvres de façon mécanique, superficielle, comme
une tradition. On la leur a imposée comme un frein
ou comme une formule ; on s'est adressé aux sens ou
l'imagination et non à des facultés plus élevées. Pour
agir sur leur esprit on a trop souvent employé comme
moyen le plus puissant un enfer ou un ciel tout matériel. Il faut davantage ; il faut un travail plus profond, une culture intérieure, le développement de la
raison, de la conscience, du sentiment et de la vo-

17

lonté. La véritable religion est une vie qui se développe en nous; ce n'est pas quelque chose qu'on y force du dehors. Pour résister à la dépression de son sort, le pauvre a besoin d'une puissance intérieure qui l'élève. L'éducation est le seul secours efficace que nous puissions lui prêter; que sa misère parle pour lui et qu'elle nous décide à faire en ce point tout ce qui est en notre pouvoir.

Les principes moraux et religieux répondent à tous les besoins.

Si le temps le permettait, je vous montrerais que les principes de la religion et de la morale, quand ils sont bien établis dans l'âme du pauvre, répondent à tous les besoins et combattent tous les maux dont j'ai tracé le tableau. Ils donnent au malheureux la force de résister à l'adversité de sa condition, ils lui inspirent le respect de soi-même, ils adoucissent ses mœurs, animent ses facultés intellectuelles, lui ouvrent les sources de la paix domestique, lui apprennent à voir sans murmure les jouissances des autres, et le préservent des excès dans lesquels la faim et le désespoir poussent un si grand nombre de misérables. Mais je suis forcé de laisser de côté ce sujet trop étendu et presque rebattu, quoiqu'on n'en sente pas assez toute l'importance. Peut-être réussirais-je mieux à exciter en vous un intérêt spirituel pour cette classe de la société en me bornant à un seul point, en vous montrant que la culture morale et religieuse que je demande pour les pauvres est la plus noble culture que l'homme puisse recevoir.

L'âme pour s'élever n'a besoin que des moyens accessibles à tous.

Nous sommes tous, je le crains, aveuglés sur ce sujet par les erreurs et les préjugés de notre éducation. Nous sommes disposés à nous imaginer que la seule éducation importante pour l'homme est celle qui lui vient des bibliothèques, des institutions littéraires, de riches établissements, c'est-à-dire de choses qui ne sont pas à la portée du pauvre. Les avantages que procure la richesse nous paraissent le grand moyen, le moyen essentiel pour développer l'esprit humain. Peut-être sourions-nous quand on parle de l'éducation des pauvres. Les plus grandes lumières que comporte leur condition paraissent des ténèbres en comparaison des connaissances qu'on va chercher dans nos savantes écoles ; et la plus grande activité d'esprit qu'on puisse exciter chez eux est comparée avec dédain à celle que les leçons de la philosophie et les chefs-d'œuvre du génie excitent chez ceux que la fortune a mieux traités. Il est beaucoup de gens qui regardent avec mépris l'éducation qu'on peut donner au pauvre et le bien qu'il en peut tirer ; de là cette indifférence générale à lui fournir les moyens de développer son intelligence. C'est là un préjugé dont nous devrions rougir. J'affirme que l'éducation la plus relevée est à la portée du pauvre non moins que du riche. J'affirme que le riche peut faire partager au pauvre ses biens les plus précieux. Il n'y a rien dans l'indigence qui exclue les plus nobles progrès. Le Père commun, dans son impartialité, a destiné à tous les hommes ses dons les plus excellents. Les richesses exclusives, ou celles dont quelques privilégiés seulement peuvent jouir,

sont choses sans valeur si on les compare à ce qui est
donné à tous. Le bien essentiel est le plus libéralement répandu. Il est temps de nous débarrasser de
nos idées puériles sur le progrès humain ; il est temps
d'apprendre que des avantages qui sont le monopole
de quelques préférés ne sont pas nécessaires au développement de la nature humaine ; l'âme pour s'élever
n'a besoin que de moyens qui sont accessibles à tous.

Le fait est qu'il n'y a point pour nous d'éducation
digne de ce nom si ce n'est celle qui commence et
finit avec notre nature morale et religieuse ; nul autre
enseignement ne peut faire un homme. Nous nous
efforçons, il est vrai, de développer l'âme par l'emploi exclusif de stimulants et d'aliments intellectuels,
par les écoles et les collèges, par les lettres et les
beaux-arts. Nous espérons former des hommes et des
femmes par la littérature et la science, c'est en vain.
Nous saurons un jour que la culture morale et religieuse est le principe et la force de toute véritable éducation ; nous défigurons la nature par les moyens sur
lesquels nous comptons pour la développer ; le pauvre
dont on éveille la conscience et le sentiment moral
commence sous des auspices plus heureux que le riche
qui met tout son espoir dans la culture de l'intelligence et du goût.

La vérité morale et religieuse est le trésor de l'intelligence.

C'est chose ordinaire que de mesurer l'éducation
des hommes à leur savoir. Assurément c'est un élément et un moyen important de progrès ; mais le
savoir est varié ; il diffère chez les individus suivant
l'objet qui les occupe, et c'est d'après cet objet qu'on

doit en apprécier la valeur. Ce n'est point l'étendue,
mais la nature du savoir qui donne la mesure de l'é-
ducation. De vrai c'est de la folie que de parler d'un
savoir étendu. Le plus grand philosophe est d'hier et
ne sait rien : Newton disait qu'il n'avait recueilli que
quelques petits cailloux sur les bords d'un océan sans
limites. Aussitôt que nous essayons de pénétrer un
sujet, nous nous apercevons qu'il a une profondeur
incommensurable. Le connu nous indique un inconnu
infini. Chaque découverte nous conduit à un abîme
d'obscurité. Dans toute chose, depuis le grain de sable
jusqu'aux étoiles, le sage trouve des mystères, devant
lesquels sa science s'anéantit. Il faut donc mesurer le
progrès de l'individu non pas sur l'étendue, mais sur la
nature de ses études; or, l'étude qui seule élève l'homme
est à la portée de tous. La vérité morale et religieuse,
tel est le trésor de l'intelligence : on est toujours pauvre
sans cela. Elle est au-dessus de la vérité physique,
autant que l'esprit est au-dessus de la matière, ou le
ciel au-dessus de la terre. Les sciences naturelles perdent leur dignité, quand elles se séparent de la morale, quand elles ne servent pas à protéger, à confir-
mer et à illustrer la vérité spirituelle

Les germes des grandes idées morales sont dans toutes les âmes.

La véritable éducation de l'homme consiste dans le
développement des grandes idées morales ; c'est-à-dire
l'idée de Dieu, l'idée du devoir, du droit, de la justice,
de l'amour, du sacrifice, de la perfection morale telle
qu'elle s'est manifestée dans le Christ, du bonheur,
de l'immortalité, du ciel. Les éléments ou les germes
de ces idées sont dans toutes les âmes, en constituent

l'essence, et sont destinées à une expansion sans fin.
Voilà les priviléges de notre nature ; voilà ce qui constitue notre humanité ! Développer ces idées est le grand
œuvre de la vie. L'éclat qu'elles prennent, l'amour
qu'elles inspirent, la force de volonté qu'elles excitent et qui leur fait dominer toutes nos actions, telles
sont les seules mesures d'après lesquelles on peut
apprécier une éducation humaine.

L'éducation la plus haute est à la portée du pauvre.

Ces vues nous montrent que l'éducation la plus haute
est à la portée du pauvre. Ce n'est pas une science ver-
sée du dehors, c'est le développement des principes et
des éléments de l'âme elle-même qui constitue le véritable progrès de l'individu. La science est sans doute
essentielle pour mettre en jeu ces éléments ; mais ce
qui y contribue le plus est à la portée du pauvre aussi
bien que du riche. La société et l'expérience, la nature et la révélation, qui sont nos grands maîtres de
religion et de morale, ceux qui vivifient nos âmes,
n'ouvrent pas leurs écoles pour quelques privilégiés,
ne révèlent pas leurs mystères à quelques initiés seulement; elles ont été ordonnées de Dieu pour répandre
leur lumière et leurs bienfaits sur tous les hommes.

L'éducation la plus élevée, je le répète, est à la portée des pauvres, et quelquefois ils y parviennent : sans
science ils sont souvent plus sages que le philosophe.
L'astronome les dédaigne, mais leurs regards portent
plus haut que les astres. Le géologue les méprise,
mais leurs regards pénètrent plus bas que le centre de
la terre ; ils voient clair dans leur âme, ils y découvrent
des éléments plus puissants, plus divins, que ceux

qui ont soulevé les continents. En d'autres termes,
les grandes idées dont j'ai parlé peuvent être et sont
souvent plus développées chez le pauvre que chez les
savants ou les gens en réputation ; et dans ce cas
c'est le pauvre qui est le mieux élevé.

Supériorité de l'éducation, morale et religieuse sur la culture
intellectuelle.

Prenez, par exemple, l'idée de justice. Supposez un
homme éminent par son savoir, mais chez qui cette
idée n'est que faiblement développée. Sous le nom de
justice il n'entend guère autre chose que le respect de
la propriété. Que ce mot signifie le respect de tous
les droits, et surtout des droits moraux de tout homme,
du plus humble comme du plus élevé, c'est une idée
qui peut-être n'est jamais entrée dans son esprit, et
qui à plus forte raison ne s'est ni développée ni transformée en une conviction puissante et vive. Supposez
maintenant un pauvre à qui la parole du Christ a
rendu l'idée du juste réelle, claire, brillante, forte ;
qui reconnaît le droit de propriété dans toute son
étendue, quoique ce droit lui soit contraire ; mais qui
ne s'arrête pas là ; qui comprend les droits les plus
élevés des hommes, considérés comme êtres moraux
et raisonnables, leur droit d'exercer et de développer
toutes leurs facultés, leur droit d'obtenir des moyens
de progrès, leur droit de chercher la vérité et d'é-
noncer leurs convictions honnêtes, leur droit de consulter avant tout la règle qui est dans leur âme et de
la suivre partout où elle les conduit, leur droit d'être
estimés et honorés selon leur conduite morale ; leur
droit, si on leur fait injure, d'être soutenus et défen-

dus contre toute oppression. Supposez, dis-je, que le
pauvre s'élève jusqu'à comprendre aussi largement la
justice, à la révérer, à en faire la règle souveraine de
ses actions, à rendre à tout homme, ami ou ennemi,
loin ou près, tout ce qui lui est dû, à s'abstenir consciencieusement, non-seulement d'actions injustes,
mais de pensées, de jugements, de sentiments et de
paroles injustes : n'est-il pas mieux élevé, ne tient-il
pas la vérité plus solidement et plus sûrement que le
savant, qui, avec toutes ses connaissances, ne comprend pas les premiers droits de l'homme, dont les
travaux sont peut-être dégradés par l'injustice avec
laquelle il traite ses rivaux, et qui, enfin, s'il en avait
le pouvoir, enchaînerait toute intelligence qui menace
de surpasser la sienne?

La grande idée sur laquelle repose avant tout l'é-
ducation de l'homme, c'est celle de Dieu. C'est dans
cette idée que se résument toute beauté, toute gloire,
toute sainteté, tout bonheur. Elle surpasse d'une manière infinie en valeur et en dignité toute la science
entassée dans les encyclopédies et les bibliothèques;
mais cette idée peut se développer aussi bien chez
le pauvre que chez le riche. Ce n'est point une idée
qui demande une étude approfondie, le loisir, la richesse. Les éléments en sont dans toutes les âmes;
on les trouve surtout dans notre nature morale, dans
l'idée du devoir, dans le sentiment de respect, dans
notre approbation de la vertu, dans nos affections
désintéressées, dans les besoins et les aspirations qui
nous portent vers l'infini. Il n'y a qu'une seule manière de développer ces germes de l'idée de Dieu,
c'est d'être fidèle aux convictions arrêtées que nous

nous sommes faites à l'endroit du devoir et de la volonté divine. On connaît Dieu quand on lui obéit, quand on lui ressemble, quand on l'aime ; c'est une science qui est à la portée du riche comme du pauvre ; plus d'un savant ne l'a pas connue. L'orgueil de la science, comme un nuage épais, a caché au philosophe le soleil des intelligences, la seule lumière véritable, et, faute de ce rayon vivifiant, il est tombé, sous le rapport de l'éducation, au-dessous, bien au-dessous du pauvre.

Ces remarques m'ont été suggérées par le penchant qui entraîne notre époque à placer l'éducation de l'homme dans les sciences naturelles, portées à ce degré de recherches où la majorité du peuple ne peut atteindre. Je ne veux nullement nier le prix de ces sciences ; mises à leur place, elles sont pour l'homme un grand moyen de progrès. J'admire la force intellectuelle qui domine et combine les faits épars, et qui, par l'analyse et la comparaison, s'élève aux lois générales du monde matériel. Mais le philosophe qui ne voit pas dans la force de la pensée quelque chose de plus noble que la nature extérieure qu'il analyse ; celui qui, en suivant des actions mécaniques ou chimiques, ne sent pas que dans son âme il y a une action plus haute ; celui que toutes les puissances finies ne mènent pas au Tout-Puissant, et qui dans l'ordre et la beauté de l'univers n'aperçoit pas quelque lueur de l'Intelligence et de la Perfection divine, celui-là s'arrête au seuil du temple de la **vérité**. Elle est misérable et étroite l'étude qui confine l'âme dans la matière, qui la tourne aux choses de dehors comme s'il y avait là rien qui fût plus noble qu'elle-même. Je

17.

crains que l'esprit de la science, aujourd'hui, ne soit
trop souvent la dégradation plutôt que la véritable
éducation de l'âme; c'est l'esprit, ce fils du ciel, qu'on
fait plier devant la matière brutale. On cherche le savoir plutôt pour atteindre un bien matériel et passager, que pour en faire l'aliment de cette vie intérieure
qui ne doit pas périr ; et cependant les adorateurs de
la science plaignent ou méprisent le pauvre, parce
que cette éducation lui manque. Malheureux pauvres !
exclus des bibliothèques, des laboratoires et des établissements scientifiques ! devant la sagesse de ce
monde il ne vous sert de rien que votre nature manifestée dans votre âme et dans celle des autres, que
la parole et les œuvres de Dieu, que l'Océan, la terre
et les cieux vous soient ouverts ; que vous puissiez
connaître les divines perfections, le caractère du Christ,
les devoirs de la vie, les vertus, les généreux sacrifices, les belles et saintes émotions qui sont la révélation et le gage du ciel. Tout cela n'est rien, tout cela
ne peut vous élever au rang d'homme instruit, parce
que les mystères du télescope, du microscope, de la
machine pneumatique et du creuset, ne vous ont pas
été révélés. Je voudrais qu'ils vous fussent révélés.
Je crois que le temps approche où la bienfaisance
chrétienne se plaira à répandre toutes les vérités, tous
les arts, dans tous les rangs de la société. Mais en
attendant, ne perdez pas courage ! Un seul rayon de
vérité morale et religieuse vaut toute la sagesse des
écoles. Une seule leçon du Christ vous élevera plus
haut que des années d'étude sous ces maîtres qui sont
trop éclairés pour suivre le guide céleste.

Vous qui m'écoutez, ne méprisez pas le pauvre à

cause de son ignorance. A-t-il vu la justice ; a-t-il
senti la force obligatoire des lois éternelles de la morale ; la beauté de la vertu s'est-elle révélée à lui sous
quelqu'un de ses aspects : s'il en est ainsi, il est entré
dans la plus grande école de la science ; il a été éclairé
par une lumière qui vaut toutes les sciences naturelles
de tous les mondes. Je suis presque hors de moi quand
j'entends le savant, qui à chaque pas rencontre des
ténèbres impénétrables, mettre la science au-dessus de
l'idée du devoir, au-dessus de l'idée du bien, au-dessus de l'idée de Dieu. Et cependant il est vrai, et on
devrait comprendre qu'on aura beau sonder, torturer,
disséquer la nature, jamais elle ne révélera des vérités
aussi sublimes, aussi précieuses que celles que contient la conscience de l'individu le plus humble, et
que la parole du Christ offre à tous les yeux.

L'éducation morale et religieuse est-l'amie de toutes les vérités.

De ce que j'indique la supériorité de l'éducation
morale et religieuse, on ne conclura pas, je l'espère,
qu'il faille négliger ou mépriser les sciences naturelles : non, l'éducation morale et religieuse est l'amie
de toutes les vérités et n'est l'ennemie d'aucune ; elle
est favorable à l'intelligence, elle encourage à la recherche des lois et de l'ordre de l'univers. Ceci demande un court éclaircissement, parce qu'une opinion contraire a prévalu, parce qu'on a reproché à l'é-
ducation religieuse de rétrécir l'esprit et d'empêcher
que la lumière de la science n'y pénètre. Il n'y a pas
d'accusation moins fondée. La superstition rétrécit et
obscurcit l'esprit : mais cette foi vive dans la vérité
morale et religieuse, que je défends comme la plus

haute éducation du riche aussi bien que du pauvre,
n'est nullement étroite ou exclusive. Elle n'enchaîne
pas l'esprit à quelques doctrines stériles. A mesure
qu'elle grandit, elle seconde toute notre nature, donne
un large champ à la pensée, ouvre l'intelligence à la
vérité et l'imagination à la beauté. Les grands principes de la science morale et religieuse sont, plus
que tous les autres, féconds et vivifiants; ils tiennent
intimement à toutes les autres vérités. L'amour de Dieu
et de l'homme, qui est le centre où tous les principes
aboutissent, est le véritable esprit qu'il faut porter
dans l'étude de la nature. C'est alors un charme sans
fin que de découvrir les harmonies, la grande et bienfaisante ordonnance de la création ; cet esprit inspire
pour les ouvrages du Père de l'Univers un intérêt plus
profond, plus vif, plus durable que ne peut le faire la
curiosité philosophique. Je pense aussi que la foi dans
la vérité morale et religieuse a d'étroites affinités avec
l'esprit scientifique et par conséquent contribue à le
perfectionner. Tous deux, par exemple, ont le même
objet, c'est-à-dire les vérités universelles. Comme autre
coïncidence, je ferai remarquer que c'est la plus haute
prérogative du génie scientifique que d'interpréter des
signes obscurs, de s'élancer d'une faible donnée jusqu'aux plus sublimes découvertes, de lire dans quelques fragments l'histoire des siècles écoulés et des
mondes évanouis, de découvrir dans la pomme qui
tombe la loi qui régit les sphères. Or, c'est le propre de
la foi morale et religieuse de voir dans le fini la manifestation de l'infini, dans le présent le germe de l'avenir
sans bornes, dans le visible l'incompréhensible invisible, dans les facultés et les besoins de l'âme son impé-

rissable destinée : telle est l'harmonie qui existe entre
l'esprit religieux et l'esprit philosophique. C'est d'une
éducation morale et religieuse plus haute que j'attends
une plus haute interprétation de la nature. Les lois de
la nature, nous ne devons pas l'oublier, ont leur source
dans l'intelligence divine ; elles en sont le produit,
l'expression, le type ; et je ne puis m'empêcher de
croire que l'homme qui comprend le mieux la pensée
divine, qui y participe le plus largement, possède pour
interpréter la nature une puissance qui n'est accordée
à aucun autre. Il est en harmonie avec le système qu'il
doit expliquer. Il a en lui-même les principes auxquels
la création doit son origine. Jusqu'ici la science a pénétré à peine au-dessous de la surface des choses. Les
principes de la vie animale et de la vie végétale, dont
tous les êtres organisés qui nous entourent ne sont que
des modifications différentes, les forces auxquelles est
soumise la matière ou qui la constituent, les liens qui
rattachent la matière à l'esprit, sont encore envelop-
pés de ténèbres ; et combien peu sont connus les rapports du monde physique et du monde spirituel ! D'où
viendra la lumière pour éclairer ces abîmes de la sagesse créatrice ? Je l'attends de l'esprit philosophique,
baptisé, sanctifié, exalté, éclairé par une nouvelle culture des principes religieux et moraux de l'âme humaine.

Elle nous donne une supériorité sur nous-mêmes.

Le sujet s'élargit à mesure que j'avance. La supériorité de l'éducation morale et religieuse sur toutes les
autres est confirmée par une foule d'arguments que je
n'ai pas encore touchés. La sagesse particulière que

donne cette éducation, en nous révélant la fin, le bien
suprême de notre être, que nulle autre étude ne nous
enseigne ; la puissance particulière qu'elle nous donne
sur nous-mêmes, et qui est bien supérieure à tout
empire sur la nature extérieure ; la nécessité d'une
telle direction, pour que la science devienne un bienfait, pour l'empêcher de devenir une malédiction : ce
sont là d'importantes considérations qui se pressent
dans mon esprit, mais sur lesquelles je n'ai pas le
temps d'insister. Toutes démontrent que l'éducation
du pauvre vaut toutes les autres, et qu'en faisant agir
sur lui des influences morales et religieuses, on lui
donne le plus grand bien d'ici-bas.

Chacun doit contribuer à l'éducation morale du pauvre.

Mes amis, je vous ai fait connaître les plus grands
maux qui menacent le pauvre, je vous ai montré la
valeur et la dignité de l'éducation qui est à sa portée.
La conviction que j'ai voulu faire entrer dans tous les
cœurs, c'est que nous sommes solennellement tenus
de prendre un vif intérêt moral et religieux pour les
pauvres, et de leur donner, autant qu'il est en notre
pouvoir, les moyens d'une culture morale et religieuse. Encore une fois je ne veux pas diminuer votre
sympathie pour leurs besoins et leurs peines physiques. Sous prétexte de prendre soin de leurs âmes, il
ne faut pas négliger leurs corps ; mais, d'un autre
côté, il ne faut pas nous imaginer qu'après avoir
pourvu à leurs besoins extérieurs, nous avons rempli
toutes les obligations du chrétien. Ce n'est pas assez
de faire quelquefois l'aumône de notre superflu ; il
faut que nous regardions les pauvres comme exposés

à de plus grands maux que la faim et le froid, et comme créés pour un bien plus élevé que du pain ou la chaleur d'un foyer. L'amour du Christ pour eux ne devrait pas nous paraître une folie, un enthousiasme aveugle, mais un amour dû à la nature humaine sous toutes ses formes. Voir au delà du corps ce qu'il y a de spirituel dans l'homme, c'est le grand caractère de l'amour chrétien. Il faut, si je puis m'exprimer ainsi, que l'âme de notre frère ressorte et devienne plus visible, plus saillante pour nous que son corps. Reconnaître et estimer la nature spirituelle du pauvre, c'est une science plus grande que de mesurer la terre ou le ciel. La développer en son cœur, c'est une œuvre plus haute que de bâtir des cités. Donner la vie morale à ceux qui sont tombés, c'est plus que de faire sortir les morts de leurs tombeaux. Voici la philanthropie qui caractérise notre religion ; et sans elle nous ne pouvons faire aux pauvres de bien efficace.

Le devoir que j'enseigne est difficile, mais il est grand. Acquérir et conserver la conviction sincère que, chez l'homme, l'élément spirituel vaut mieux que tout le reste, ce n'est pas chose facile, surtout pour les heureux du monde ; cependant rien n'est plus essentiel. Dans le pauvre qui passe dans nos rues, l'œil hagard et la démarche incertaine, nous devons voir quelque chose de plus grand que toute l'opulence et la splendeur qui éclatent autour de lui. C'est sur ce fondement du respect dû à toute âme humaine que reposent tous les devoirs sociaux, et sans ce respect aucun né peut être complétement rempli. Je sens qu'en ce point je n'use pas d'un langage outré. Les mots ne peuvent pas exagérer la valeur de l'âme. Tous,

quand nous avons porté nos regards vers le ciel, nous
avons senti qu'il y avait là-haut un infini que nous ne
pouvions explorer. Eh bien, quand je pénètre dans
l'esprit de l'homme et que j'y vois les germes d'une
vie immortelle, je sens plus vivement encore que là
aussi il y a un infini caché par delà ce que je vois.
Dans l'idée du devoir qui naît dans le cœur de tout
homme j'aperçois une loi plus sacrée, plus illimitée
que la gravitation, une loi qui rattache l'âme à un
univers plus glorieux que celui auquel l'attraction
rattache le corps, une loi qui durera quand les lois de
la nature auront cessé. Tout sentiment moral, toute
action intellectuelle, est pour moi l'indice, le signe
prophétique d'une faculté spirituelle qui doit se développer à jamais; c'est ainsi que le faible rayon d'une
étoile éloignée révèle un éclat que l'imagination ne
peut se figurer. Si cela est vrai, est-ce qu'il n'est
pas lésé dans son droit, et grandement lésé, l'homme
qui n'éveille chez ses frères aucun intérêt moral et qui
n'en reçoit aucun secours spirituel?

C'est la gloire de notre pays que les droits civils et
politiques de chacun y sont protégés; que la loi impartiale veille également sur le riche et sur l'indigent.
Mais l'homme a d'autres droits, et de plus importants
que les droits civils; et cela est surtout vrai du pauvre.
Que sert à celui qui ne possède rien, de vivre dans un
État où la propriété est inviolable? quel avantage est-ce
pour lui que chaque citoyen puisse par l'élection arriver au pouvoir, quand sa condition est une barrière
infranchissable qui lui défend d'avancer? Pour les
pauvres, comme pour tous les hommes, les droits les
plus importants sont les droits moraux; c'est le droit

d'être traités suivant leur nature, d'être traités, non comme des animaux ou des outils, mais comme des humains ; c'est le droit d'être estimés et honorés, selon leur fidélité à la loi morale ; c'est le droit à tous les secours que peuvent leur donner des frères pour favoriser leur progrès moral, pour développer leurs plus hautes facultés. Ces droits sont fondés sur la suprématie de l'âme, et tant qu'on ne les reconnaît pas, les pauvres sont victimes d'une grande injustice.

Ainsi donc tous nos rapports avec les pauvres doivent tendre à exciter en eux la conscience de leurs facultés morales et de leur responsabilité, à élever leur esprit et leur espérance au-dessus de leur condition. Par la manière dont nous les apprécions, nous devons les aider à se connaître eux-mêmes. Ils doivent être préservés du mépris d'eux-mêmes en voyant le respect d'autrui pour le grand objet de leur vie. Nous pouvons parler des malheurs, mais jamais de la bassesse de leur condition. S'ils sont fidèles à la lumière qu'ils ont reçue, ils sont entre les plus élevés, ils n'ont point de supérieurs, hormis ceux qui suivent une lumière plus brillante et plus pure. Leur refuser le respect, c'est enlever à leur vertu un appui qui constitue un des droits les plus sacrés de l'homme. Sont-ils tombés et perdus moralement, notre pitié sincère doit encore leur apprendre quel est le prix de l'âme même déchue, et leur faire sentir qu'il n'est rien pour nous d'aussi terrible que leur dégradation.

our le salut du riche aussi bien que du pauvre, il ne doit y avoir qu'une
seule caste, celle de l'humanité.

Cet intérêt moral et spirituel pour les pauvres,
nous devons l'exprimer et le rendre efficace, en les
approchant, en allant les voir autant que nos autres
devoirs le permettent. Il faut vivre avec eux, non pas
comme avec une autre race, mais comme avec des
frères. Il faut que la religion opère un nouveau mi-
racle, il faut qu'elle exorcise et chasse l'esprit de
caste. Il faut que les distinctions extérieures nous paraissent non pas un abîme profond, mais des lignes
superficielles, que les chances d'un jour peuvent effacer et qui ne sont larges que pour les esprits étroits.
Comment les hommes instruits et éclairés peuvent-ils
se communiquer à leurs frères moins favorisés de la
fortune, si ce n'est en allant à eux? Rien ne caractérise mieux la force, le bonheur et la véritable civilisation d'une société que cette union fraternelle de toutes
les conditions. Sans elle il y a une véritable guerre
civile dans l'État. Pour le salut du riche, aussi bien
que du pauvre, il faut qu'ils soient liés par un intérêt
mutuel : il ne doit y avoir qu'une seule caste, celle de
l'humanité.

Tous nous devons contribuer à cette œuvre.

Pour rendre ces rapports intéressants et utiles, il
nous faut apprécier et cultiver la faculté d'agir moralement sur les pauvres. Il n'y a pas d'art plus divin
que de toucher et de vivifier d'autres esprits. Ne dites
pas que cette tâche est au-dessus de vos forces. Quoi !
vous vous prétendez bien élevés, et vous ne pouvez

approcher et secourir vos frères ignorants ! A quoi donc
sert l'éducation si elle ne nous habitue pas au commerce de nos semblables? Que notre jeunesse a été
mal employée, si nous avons seulement appris le
dialecte et les manières d'une classe d'élite, si nous
ignorons le langage de l'humanité, si on ne nous a
point appris à nous mêler avec nos frères et à agir sur
eux ! Comment êtes-vous au-dessus du pauvre, si vous
ne pouvez ni le comprendre, ni le guider, ni le gouverner? Il vous reste encore à apprendre le premier talent de celui qui vit en société, le talent de communiquer ce que vous avez de vrai et de bon dans l'âme.
Vous ne pouvez l'acquérir trop tôt.

Oui, je vous invite à acquérir et à employer le talent
de parler à l'ignorant, au pauvre, et surtout à l'enfant
pauvre. Que chacun de vous essaye de procurer au
moins à un seul individu le bonheur pour lequel Dieu
l'a créé. Éveillez en lui quelque activité morale, car
c'est de cette activité, et non d'un enseignement purement extérieur, que dépend le progrès du riche et
du pauvre. Essayez de l'élever au-dessus des besoins
écrasants du corps en lui montrant la grande fin de
son être, cette fin si propre à l'animer. Montrez-lui
que la source de tout bonheur est en nous, et que
cette source peut être ouverte également dans toutes
les âmes. Montrez-lui combien de vertu, combien de
calme il peut se procurer par sa fidélité à remplir ses
devoirs domestiques ; quels progrès il peut faire en
usant de l'occasion avec ardeur et résolution ; quelle
étroite union il peut contracter avec Dieu ; quelle influence bienfaisante il peut exercer dans son étroite
sphère ; quel héroïsme il peut montrer parmi les pri-

vations, et les peines ; comme il peut changer la souffrance en gloire ; comme le ciel peut commencer ici-
bas dans la condition la moins prospère. Certes, celui
qui peut apporter de pareilles vérités à un être humain
a reçu d'en haut une glorieuse mission.

Particulièrement les ministres de la religion chrétienne.

Dans ces considérations j'ai cherché à faire naître
chez tous ceux qui m'écoutent un intérêt personnel
pour le bien-être moral du pauvre. Je n'ignore pas,
cependant, qu'il en est beaucoup parmi vous qui ne
peuvent consacrer que peu de temps à cette œuvre.
Mais ce qu'ils ne peuvent faire par eux-mêmes, ils le
peuvent faire par d'autres, et c'est ce que je tiens pour
l'un des devoirs les plus sacrés du chrétien. Si nous
ne pouvons pas visiter souvent les pauvres, nous pouvons leur envoyer ceux qui sont qualifiés pour les servir mieux que nous. Nous pouvons entretenir des ministres pour étudier et appliquer les moyens qui peuvent éclairer, consoler, réformer et sauver les ignorants et les malheureux : tout homme que Dieu a
favorisé est tenu de contribuer à cette œuvre. Le ministère chrétien est un bienfait pour tous les hommes,
mais surtout pour les pauvres. Nous qui avons du
loisir et un intérieur tranquille, qui pouvons rassembler autour de nous les maîtres de tous les siècles,
nous pouvons plus facilement nous passer d'un maître
vivant, que les pauvres qui n'ont pas l'habitude d'apprendre dans les livres, qui ne sont pas accoutumés
aux efforts de l'esprit, qui ne peuvent s'instruire que
par les yeux et par l'oreille, par le regard bienveillant

et la voix pénétrante. Envoyez-leur les ministres de la
vérité et de la grâce divine.

Et ne croyez pas que cette mission puisse être remplie par le premier qui s'en charge. Il y en a, je le
sais, et beaucoup peut-être, qui s'imaginent que ce
ministère n'exige qu'une capacité ordinaire et qui,
par conséquent, inclinent à confier l'enseignement des
pauvres et des ignorants à des hommes insuffisants
pour un autre état. Loin de nous cette fâcheuse erreur!
S'il est une mission digne des anges, c'est d'enseigner
la vérité chrétienne. Le Fils de Dieu l'a sanctifiée en
s'y consacrant en personne : toutes les autres œuvres
s'abaissent devant celle-là. La royauté est de l'impuissance, une parade vulgaire, comparée à l'action profonde et vivifiante qu'un instituteur exerce sur l'âme
immortelle. Pour une intelligence élevée, un génie
créateur, une éloquence pénétrante, il n'est pas de but
plus haut, de stimulant plus considérable que d'étudier et de communiquer la vérité morale et religieuse,
que d'inspirer à d'autres esprits la sagesse et l'amour
qui nous ont été révélés en Jésus-Christ; et il viendra un moment où les plus grands esprits se consa-
creront avec joie à cette œuvre, comme à leur véritable vocation. Que le ministère des pauvres puisse
être exercé par un homme manquant de quelques-unes
des qualités que demande une Église, c'est chose vraie;
mais ce ministère a besoin de dons qui ne sont pas
communs : un jugement sain, une intelligence claire,
le sentiment de la nature humaine, l'esprit de recherche et de patience, le talent de faire ressortir la vérité
par des exemples familiers et frappants, un cœur ardent, un dévouement sincère au service de l'humanité.

Voilà les hommes qu'il nous faut trouver pour les pauvres si la chose est possible. Celui qui ne veut pas
contribuer à l'éducation morale et religieuse des misérables n'est pas digne de vivre dans la chrétienté :
il mérite d'être exclu de la lumière qu'il ne veut pas
répandre. Qu'il renie sa religion s'il le veut ; mais y
croire et ne point la communiquer à ceux qui ne peuvent avoir d'autre richesse, c'est jeter le mépris sur
l'excellence de cette religion et s'endurcir contre le
cri le plus sacré de l'humanité.

Ministère des pauvres.

Mes amis, c'est une grande consolation pour nous
qu'on ait déjà fait autant d'efforts à Boston pour
établir un ministère pareil. Ici on songe aux pauvres
plus que nulle autre part. La confrérie des Églises
devant laquelle je parle a pour cette œuvre trois ministres à son service ; on espère que ce nombre sera
augmenté, et tous nous savons qu'ils n'ont pas travaillé en vain. Nous avons des preuves de leur bonne
influence. Dieu a protégé cette institution de façon
signalée. Depuis son établissement, le ministère n'a
pas seulement porté l'instruction, les conseils, les
avertissements, l'espérance et la force morale chez
une foule d'hommes qui autrement n'eussent jamais
entendu de voix qui les encourageât, n'eussent jamais
rien vu qui leur rappelât les devoirs du chrétien ; il a
produit encore des effets plus heureux dans d'autres
rangs de la société. Il a rapproché le riche du pauvre, il lui a fait connaître sa véritable condition et
ses besoins, il a excité la sympathie des heureux du
monde, il les a intéressés au bien-être des misérables :

ce sont là des signes d'un progrès durable dans la société.

Ainsi, ce ministère n'a pas été un mécanisme sans vie; il a de la vitalité, du sérieux, de la force. Il ne reste pas enfermé dans le cercle d'un service routinier, mais il cherche de nouveaux moyens de parvenir jusqu'aux pauvres; il cherche surtout à agir sur les enfants. Non content de les rassembler dans les écoles du dimanche, il en forme des congrégations pour le culte et leur confie le détail du service de manière à fixer leur attention et à toucher leur cœur. Quel service inappréciable rendu à l'humanité! Autrefois ces enfants n'avaient aucune part au culte public, les parents ne les conduisaient jamais à la maison de prière; ils perdaient, ou faisaient plus que perdre le dimanche dans les rues; ce jour sacré était pour eux le jour des tentations et du crime. Tout en soignant les adultes, le ministre du pauvre s'occupe des enfants avec une attention particulière, et par l'enfant il arrive souvent au cœur du père. Grâce à ces efforts, les enfants qu'on avait élevés à mendier sont envoyés aux écoles publiques ou aux écoles du dimanche, et de cette manière plus d'un pied imprudent qui marchait à la ruine a été remis dans le sentier du devoir. On peut affirmer hardiment que, depuis l'institution récente de ce ministère, la mendicité des rues a diminué, malgré le rapide accroissement de la population. Heureusement que des hommes intelligents et de nobles cœurs sont prêts à entrer dans ce nouveau champ et qu'il faut de nouveaux travailleurs. Il est important que les ministres des pauvres ne s'occupent pas seulement des indigents, mais qu'ils

atteignent aussi les rangs où se recrute l'indigence, je
veux parler de cette classe d'ouvriers qui sont toujours au bord de la misère, qui vivent au jour le jour,
et qu'une courte maladie ou un manque de travail
réduit à la mendicité. C'est là que l'abominable in-
crédulité de nos jours choisit ses victimes, et c'est
pourquoi il faut que la charité chrétienne les visite
et leur porte la lumière de la vérité. Les attacher à
l'église, les engager à donner pour l'entretien du
culte une partie de ce qu'ils dépensent trop souvent
en plaisirs pernicieux, ce serait rendre un service essentiel aux mœurs et à la religion.

La pauvreté doit être étudiée sous tous les aspects.

L'œuvre du ministre des pauvres est très-étendue,
elle demande un esprit supérieur. Ces ministres
sont choisis, non-seulement pour secourir des individus, mais pour étudier la pauvreté sous tous ses aspects, dans toutes ses causes, pour suivre ses influences,
ses différentes formes, son progrès, son déclin, et
pour éclairer ainsi le législateur et le philanthrope
dans le grand travail qu'ils ont entrepris afin de prévenir ou de guérir la misère. Pour moi, ce ministère a
cet intérêt particulier, que je le considère comme le
commencement de mesures destinées à chasser de la
société ce qui en est le fléau et le remords et à changer la face du monde chrétien et civilisé. J'y vois l'expression d'une volonté qui grandit en·silence. Les
sociétés chrétiennes ne doivent pas rester toujours
déshonorées et défigurées par ces hordes misérables
de pauvres et d'ignorants; au sein de la civilisation
on ne doit pas trouver des hommes plus malheureux,

plus dégradés qu'on ne l'est dans la vie sauvage. Cet
horrible contraste de conditions, que présentent toutes
les grandes villes, a existé trop longtemps. Durera-t-il
toujours? Mes amis, comme tous les autres, nous
sommes restés cruellement insensibles à ce mal, le
plus terrible de tous ceux qu'éclaire le soleil. Une
longue habitude nous a endurcis. Nous avons vécu
dans l'aisance et le luxe, tandis qu'à quelques pas de
nous, il y avait de nos frères, des enfants de notre
Père céleste, aussi nobles que nous par l'origine et
les facultés, sur la face desquels on lisait l'ignorance
brutale, la misère sans espoir et la dégradation du
vice. Nous avons passé près d'eux dans la rue, je ne
dis pas sans verser une larme, mais sans leur donner
même une pensée. Oh! qu'il est rare que nos cœurs
aient été touchés à la vue de la ruine de nos frères!
Cette insensibilité sera-t-elle éternelle? est-ce qu'un
nouvel amour ne succédera pas à cette dureté de nos
cœurs? Ne dites pas que le mal est sans remède. Je
suis sûr que dans ce moment il y a chez nous assez
de pitié, de philanthropie et de moralité pour régénérer les classes pauvres si l'on pouvait employer
avec sagesse et persévérance des forces maintenant
dispersées et endormies. Déclinerons-nous cette entreprise? repousserons-nous l'œuvre la plus noble de
la philanthropie? S'il en est ainsi, il nous faut souffrir,
et nous méritons de souffrir. Oui, il faut que la société soit troublée, ébranlée, bouleversée même, jusqu'à ce qu'elle ait payé sa dette aux ignorants et aux
pauvres. Il y aura toujours des pauvres, sans doute,
mais il n'est pas nécessaire, il ne faut pas qu'il y ait
une caste dégradée et sans espérance. Il n'est pas né-

18

cessaire, il ne faut pas qu'ils soient retranchés de la
famille humaine. Il ne faut pas laisser à leurs enfants
l'héritage et le germe du crime et de la misère. Faire
disparaître cette classe, c'est la mission la plus élevée
de la philanthropie chrétienne. Me demandez-vous ce
qu'il faut faire? Je réponds : le christianisme a opéré
d'immenses révolutions ; nous savons ce qu'il peut
et ce qu'il doit accomplir. Rapprochons-le du pauvre :
envoyons des hommes imbus de son esprit l'annoncer
aux misérables, et surtout chargeons-les d'étudier la
pauvreté sous toutes ses formes, afin d'arrêter la peste
morale qui depuis trop longtemps ravage le monde
chrétien.

Puissance du christianisme pour le soulagement des pauvres.

Je vois devant moi les représentants de différentes
communions qui se sont unies pour soutenir le ministère des pauvres. Remercions Dieu de cette manifestation de l'esprit et de la force du christianisme.
Cette union, formée dans un seul but de charité chrétienne, qui ne cherche que le soulagement spirituel
de nos frères malheureux, et dont on ne peut abuser
pour un agrandissement de puissance ecclésiastique,
est le moyen le plus heureux qu'on pût imaginer pour
établir entre nos Églises une plus forte sympathie et
une amitié plus étroite, sans toucher le moins du
monde à ce principe d'indépendance et de libre gouvernement qui est leur vie. N'est-ce pas une vérité
manifeste que chaque communion ne doit pas seulement pourvoir aux besoins spirituels de ses membres,
mais qu'elle est tenue de se dévouer à la cause générale du christianisme et de répandre parmi les misé-

rables la lumière et les bienfaits de la religion? Par
cette fraternité nous nous acquittons, en partie, de
cette obligation. Puissions-nous la maintenir avec un
zèle croissant, une foi inébranlable, un glorieux succès !

La richesse doit représenter la bienfaisance divine.

Est-il nécessaire, mes amis, que je vous engage à
contribuer de votre fortune à l'œuvre dont je vous entretiens? Je parle aux heureux. Que la Bonté suprême,
à laquelle vous devez votre prospérité, vous enseigne
dans quel esprit vous devez user de votre richesse ou
de votre aisance. A quoi doit véritablement servir la
prospérité? Ce n'est pas à satisfaire les sens ou la vanité, ce n'est pas à élargir l'espace qui nous sépare des
malheureux, ce n'est pas à nous élever jusqu'au point
de dédaigner la multitude comme une race inférieure:
non, c'est à multiplier les liens qui nous unissent à
nos frères, c'est à étendre nos sympathies, c'est à
grandir notre sphère d'action, c'est à nous faire les
délégués et les représentants par excellence de la bienfaisance divine. Quel est pour une ville le véritable
emploi d'un accroissement de richesse? Ce n'est pas
d'élever des édifices plus magnifiques, mais de faire
que les maisons soient habitées par un peuple plus
vertueux et plus intelligent, que les institutions propres à exciter la vie morale et intellectuelle profitent
à la communauté tout entière; que l'individu soit dirigé vers son véritable bonheur et sa perfection, que
la société soit unie par des liens plus purs et plus
forts, et que les lois sévères des gouvernements de la
terre soient remplacées de plus en plus par la loi d'a-

mour. Si la richesse n'exerce pas une pareille influence, elle n'est qu'un piége et qu'une malédiction. Si notre prospérité ne doit servir qu'à répandre le luxe et l'égoïsme, à créer la classe frivole des gens à la mode, à rendre plus frappant le contraste de l'opulence insensible et de la misère abjecte, à corrompre les mœurs et à endurcir le cœur, mieux vaudrait pour nous que, par un juste jugement de Dieu, notre prospérité fût engloutie dans les abîmes de la mer Peu importe que la société soit plus polie et qu'il y ait dans la vie quelques agréments de plus. La seule question est celle-ci : Comprenons-nous mieux et sentons-nous plus fortement nos rapports avec Dieu et avec nos semblables? Sans cela cette civilisation dont nous sommes si fiers est un sépulcre blanchi, beau à la vue, mais « rempli intérieurement d'ossements et de pourriture. »

Mais je ne puis terminer ce discours par des avertissements. Vous méritez d'entendre des encouragements et la voix de l'espérance. Vous vous occupez d'une bonne œuvre, comme le prouve cet anniversaire. Vous avez soutenu une institution faite pour éclairer les ignorants et relever ceux qui sont tombés. Ne nous décourageons pas. Étendez-la, fortifiez-la, rendez-la durable ; rattachez-la aux institutions que vous maintenez dans l'intérêt de la religion, transmettez-la à vos enfants. Que vos fils apprennent, par votre exemple, à épouser la cause du Christ, des prophètes, des apôtres, des saints de tous les siècles, qu'ils concourent à régénérer la société et à étendre à toute la famille humaine la lumière et les bienfaits de la foi chrétienne !

DEVOIRS MORAUX

DES MUNICIPALITÉS

ÉLOGE DU DOCTEUR TUCKERMAN [1]

Objet de ce discours.

Il y a cinq ans que cette chapelle fut consacrée à
l'instruction morale et religieuse des pauvres de Boston. Cet événement ne fait pas de bruit dans l'histoire,
on trouvera peut-être qu'il ne mérite pas une attention particulière ; cependant il est des individus et des
familles qui se le rappellent comme le commencement
d'heureuses influences. En outre, ce n'est pas un événement isolé : cette chapelle est le signe d'un mouvement considérable qui ne s'arrêtera pas de sitôt. Nous
la devons aux travaux du fidèle serviteur de Dieu qui
a introduit chez nous le ministère des pauvres [2]. Elle
nous en rappelle la vie et les travaux ; aussi l'anniversaire de sa dédicace est-il une occasion naturelle de
payer un tribut à cette mémoire vénérée. Depuis la

[1] Discours prononcé dans la chapelle de Warrenstreet à Boston, le
31 janvier 1841.
[2] C'est le docteur Tuckerman, l'ami de Channing, et comme lui
ministre de l'Église unitaire. (*Édit.*)

18.

mort de cet homme de bien, j'ai toujours désiré exprimer mon respect pour son caractère et mon opinion
sur la grandeur de son œuvre : c'est sur quoi j'appelle
votre attention. Mais, avant d'aborder ce sujet, je me
propose d'en considérer un plus général, dont l'ami
que nous avons perdu s'entretenait souvent, auquel
il revenait constamment dans ses écrits, et de l'intelligence duquel dépend surtout la durée du ministère
des pauvres. Ce sujet, c'est l'obligation où est une
ville de donner ses soins à la santé morale de ses enfants, et surtout de veiller à la santé et à l'éducation
morale des classes les plus pauvres et les plus exposées.
La vie de l'ami qui nous a été enlevé était la preuve
et l'expression touchante de cette vérité ; nous en occuper, c'est une introduction naturelle à l'éloge de ses
vertus et de ses travaux, qui convient tout à fait à l'occasion qui nous rassemble.

L'union est la loi de la création.

Mes amis, pourquoi, dans les villes, sommes-nous
si près les uns des autres? C'est afin que le rapprochement éveille la sympathie ; que nos besoins multipliés nous unissent plus étroitement ; que nous com-
prenions nos souffrances et nos dangers mutuels ; que
nous agissions continuellement les uns sur les autres
pour notre bien commun. Pourquoi ne sommes-nous
pas créés pour la solitude et en état de satisfaire seuls
à nos besoins? Dieu a assez de place pour faire un univers habité par des êtres isolés et muets, vivants pour
eux-mêmes, sans jouissances partagées. Mais, dans la
nature entière, nous ne trouvons rien d'isolé, rien qui
reste seul. L'union est la loi de la création. La matière

elle-même est un emblème de la sympathie universelle ; car tous ses atomes tendent l'un vers l'autre, et
ses grandes masses sont unies en un système par une
attraction mutuelle. Combien la race humaine n'a-
t-elle pas été mieux faite encore pour une sympathie et
une aide réciproque ! Qu'il est visible que l'homme
est fait pour la société ! il naît dans les bras de l'amour,
c'est l'affection qui le fait vivre ; il est doué de la parole et mêlé à des frères dont les sentiments répondent
aux siens ; c'est dans leurs cœurs qu'il brûle de répandre son cœur ; leurs droits, leurs sentiments et
leurs intérêts, il les comprend et les respecte en vertu
d'une loi de justice et d'amour écrite en lui par une
main divine. Pouvons-nous demander pourquoi de tels
êtres sont réunis dans les cités ? N'est-ce pas pour obtenir un bonheur commun ? n'est-ce pas pour désirer
et chercher leur plus grand bien mutuel ?

Quelle est la cité la plus heureuse ?

Quelle est la société la plus heureuse ? quelle est la
cité que nous devrions choisir par-dessus toutes les
autres pour y établir notre foyer ? C'est celle dont les
membres forment un seul corps, où personne ne prétend au monopole de l'honneur ou du bien-être, où
nulle classe n'est la proie des autres, où il y a un désir
général de procurer à chaque individu l'occasion de
développer ses facultés. Quelle est la société la plus
heureuse ? Ce n'est pas celle où les biens sont entassés
dans un petit nombre de mains, où la propriété creuse
un abîme entre les différentes conditions, où une
partie des citoyens est gonflée d'orgueil tandis que
l'autre a l'âme brisée ; non, c'est la société où le tra-

vail est respecté, où les moyens de bien-être et de progrès sont libéralement répandus. Ce n'est pas une
communauté où l'intelligence est le privilége du petit
nombre, tandis que la majorité est livrée à l'ignorance, à la superstition, à la brutalité; c'est une communauté où l'esprit est tellement respecté dans chaque condition qu'on y procure l'éducation à tous les
hommes. C'est une société où la religion n'est pas employée à subjuguer les masses, mais est dispensée
même aux plus pauvres pour les soustraire à l'influence
dégradante de la pauvreté, pour leur donner des sentiments généreux et de nobles espérances, pour les
élever de l'état de brute au rang d'hommes, de chrétiens, d'enfants de Dieu. Une société heureuse est
celle où la nature humaine est honorée, où la sauver
de l'ignorance et du crime, la porter à la science, à la
vertu et au bonheur, est considéré comme la principale fin de l'union sociale.

Séparation trop profonde des diverses classes de la société
dans les grandes villes.

C'est le malheur des grandes villes qu'on n'y trouve
ni l'union ni la sympathie; la différence des conditions les partage en sociétés distinctes. On peut dire
que dans les grandes villes il y a deux nations qui se
comprennent aussi peu l'une l'autre que si elles habitaient chacune un pays étranger. Dans une cité comme
Londres, la distance de quelques rues vous fait passer
d'un état de civilisation à un autre, des excès de la recherche à la barbarie, des demeures de l'intelligence
à celles de l'ignorance brutale; de ce qu'on appelle le
bon ton à la grossièreté; et ces sociétés distinctes ne

se connaissent pas. Il nous arrive de Londres des voyageurs qui viennent pour visiter nos Indiens, mais qui
laissent chez eux une société tout aussi barbare que
celle qu'ils cherchent, et qui peut-être ont passé là
toute leur vie sans y faire attention. Pour ces voyageurs, une cabane, dans l'un des faubourgs qu'ils ont
quittés, serait un lieu aussi étrange que le wigwam de
nos forêts. Ce que souffrent des milliers de concitoyens,
les extrémités auxquelles ces malheureux sont réduits,
leurs moyens de vivre, tout cela ils le connaissent
aussi peu que le genre de vie des tribus sauvages. Que
de choses plus utiles ils apprendraient, que de sentiments plus saints s'éveilleraient en leur cœur, si au
lieu d'explorer le nouveau monde, ils pénétraient dans
les repaires de la misère, de la douleur et du crime,
qui sont à leur porte ! Et, ce que je dis de Londres, est
également vrai de Boston jusqu'à un certain point.
Il est ici plus d'une personne qui grandit et meurt sans
savoir comment vit et meurt la multitude qui l'entoure, sans être jamais descendu dans la cave humide
où l'enfance et la vieillesse passent la nuit et le jour,
l'hiver et l'été, sans être jamais monté dans cette man-
sarde qui contient entre ses murs étroits et nus, non-
seulement une, mais deux et même trois familles. On
voit les pauvres dans la rue, mais on ne les suit jamais
en pensée jusque dans leurs tristes réduits, on ne se
demande jamais comment ils occupent leurs longues
journées. On voyage, au moins en lisant, dans des
régions lointaines, chez des nations qui diffèrent de
mœurs et de langages, mais on est étranger à la condition et au caractère du peuple qui parle notre langue,
qui vit sous nos yeux et qui nous est uni dans un même

état social pour partager avec nous le bonheur ou la
peine. Cet éloignement qui rend l'homme étranger à
l'homme et qui fait qu'une classe ignore l'autre, est
un des traits les plus tristes des grandes cités. Cela
montre combien le véritable lien des sociétés est encore
imparfaitement connu.

Ce qui constitue une société heureuse.

Une société heureuse est celle dont les membres s'occupent les uns des autres, et où l'on prend un intérêt
particulier au progrès intellectuel et moral de tous. La
sympathie qui pourvoit aux besoins matériels de tous,
qui envoie des secours dans la maison du pauvre, est
un fruit béni du christianisme ; c'est un bonheur
quand elle prévaut dans une grande ville et y fortifie
l'union. Mais nous savons maintenant qu'on ne peut
pas secourir le pauvre d'une façon essentielle et durable
si l'on ne fait que soulager ses besoins physiques. Nous
comprenons que les plus grands efforts d'une société
doivent tendre moins encore à soulager l'indigence
qu'à en tarir la source, à pourvoir aux besoins moraux,
à répandre des habitudes et des principes plus purs,
à écarter les tentations de l'intempérance et de la paresse, à sauver l'enfant de la perdition morale, à mettre
enfin l'individu en état de se suffire à lui-même, en
réveillant en lui cet esprit et ces facultés qui font un
homme. La gloire et le bonheur d'une société consistent dans des efforts énergiques, inspirés par l'amour
et soutenus par la foi, afin de répandre dans toutes les
classes l'intelligence et le respect personnel, l'empire
sur soi-même, la soif de l'instruction et du progrès
moral et religieux. Voilà le premier but, voilà l'intérêt

suprême qu'une société doit se proposer, et dans celui-
là tous les autres sont renfermés !

Ce qu'il y a de plus grand dans la cité, c'est l'homme lui-même.

C'est une vérité évidente, et cependant trop peu comprise, que ce qu'il y a de plus grand dans la cité, c'est
l'homme lui-même : il en est la fin. Nous admirons
les palais, mais l'ouvrier qui les bâtit est plus grand
que les palais. La nature humaine, sous sa forme la
plus humble, dans le dernier des misérables, est plus
précieuse que tous les embellissements de la rue. Vous
parlez de la prospérité de notre ville, je ne connais
qu'une véritable prospérité. L'âme humaine grandit-
elle et prospère-t-elle ici ? Ne me montrez pas vos rues
où la foule se pousse ; car je vous demanderai qui la
pousse cette foule. Est-ce une cohue à l'âme vile,
égoïste, vouée au culte de l'or, méprisant l'humanité ?
Ces femmes que je rencontre sont-elles des prostituées
aux brillantes parures, ou des femmes à la mode, oi-
sives, prodigues, à charge à elles-mêmes et aux autres ?
vais-je y trouver ces jeunes gens qui étalent leur
jolie personne comme le chef-d'œuvre de la nature,
qui perdent les heures dorées de la vie dans la dissipation et l'oisiveté, et qui portent la débauche sur
leur visage et dans leurs regards ? vais-je y heurter
une foule rapace qui cherche à s'enrichir par la fraude
et la ruse ? une foule inquiète, et que la crainte du
besoin pousse à des moyens suspects pour gagner de
l'argent ? une foule insensible qui ne se soucie nullement d'autrui, pourvu qu'elle prospère et qu'elle
jouisse ? dans le voisinage de vos commodes et splendides demeures y a-t-il des retraites où habitent l'hor-

rible misère, le crime insouciant, l'intempérance brutale, l'enfance à demi morte de faim, l'impiété, la
dissolution, la tentation épiant la jeunesse imprudente?
est-ce qu'on voit ces repaires se multiplier avec votre
prospérité, dominer et neutraliser les influences de la
vérité et de la vertu? Votre prospérité alors n'est
qu'une parade. Le véritable usage de la prospérité,
c'est de rendre un peuple meilleur. La gloire et le
bonheur d'une cité n'est pas dans le nombre, mais
dans le caractère de sa population. De tous les beaux-
arts, le plus grand est l'art de former de nobles modèles de l'humanité. Les plus magnifiques produits de
nos manufactures ne sont rien auprès d'un individu
sage et bon. Une cité qui pratiquerait le principe que
l'homme est plus précieux que la richesse et le luxe,
serait bientôt à la tête de la civilisation ; une cité où les
hommes seraient élevés de manière à être dignes de
leur nom deviendrait la métropole de la terre.

Devoirs des bons citoyens dans la cité.

Dieu nous a fait prospérer et, je l'espère, nous fera
prospérer encore dans nos affaires ; montrons-lui
notre reconnaissance en cherchant pourquoi la prospérité nous a été donnée, et comment elle pourra
remplir la fin que s'est proposée son auteur. Servons-
nous-en pour donner un caractère plus noble à notre
cité, pour répandre dans tous les rangs des influences
pures et civilisatrices ; servons-nous-en pour multiplier
les bonnes influences parmi les classes les plus exposées
à la tentation. Employons-la pour empêcher le crime
de se propager du père à l'enfant ; employons-la en
faveur de ceux chez qui la nature humaine souffre le

plus, et qui, si on les abandonne, attireront probablement sur eux le bras de la loi. L'orgueil d'une cité
c'est la santé et la moralité des classes les plus exposées
au crime : c'est la meilleure preuve que les riches
sont sages, intelligents et dignes de leur fortune. Le
crime est à l'État ce qu'une maladie dangereuse est au
corps humain; le prévenir doit être pour la société un
objet de premier intérêt. Ce point est si important
que je ne puis le quitter sans appeler là dessus vos plus
sérieuses réflexions.

Il importe plus de prévenir le crime que de le punir.

Jusqu'ici la société a surtout employé sa force à
punir le crime. Il est bien plus important de le prévenir; et en disant cela je ne pense pas seulement à
ceux qui en sont les victimes, à ceux qui souffrent du
crime. Je parle aussi, je plaide surtout pour ceux qui
le commettent. Dans les moments où la pensée est
calme et lucide, je sens plus de pitié pour celui qui
fait le mal que pour celui qui l'éprouve. Dans un vol,
par exemple, le plus malheureux sans aucun doute
c'est le voleur et non pas le volé. Les innocents ne
sont pas perdus par la violence ou la fraude qui les
accable. On leur fait tort; mais ils sont innocents. Ils
ne portent pas le stigmate infâme du crime, et rien
ne peut exprimer l'importance de cette distinction.
Quand je visite la cellule d'un condamné, quand je
vois un homme déchu, rejeté par ses semblables, un
homme dont on ne peut plus prononcer le nom dans
sa demeure sans y faire verser des larmes, un malheureux qui a perdu la confiance de tous ses amis, qui a
perdu cette source de toute vertu et de tout effort :

19

l'estime publique, un coupable dont la conscience est chargée du poids d'un crime irréparable, et qui s'est rendu sourd à la voix de la religion et de l'amour, c'est là, mes amis, c'est là ce que j'appelle une ruine. Combien l'homme qu'il a volé ou frappé n'est-il pas plus heureux que lui? Aussi ce que je veux, ce n'est pas seulement que la société se défende contre le crime, c'est qu'elle fasse tout ce qu'elle peut pour préserver du crime ceux de ses membres qui y sont exposés, et cela dans l'intérêt de ces misérables autant que dans le sien. Elle ne doit pas souffrir que la nature humaine tombe aussi bas, et d'une manière aussi terrible, si la chute peut être évitée. La société ne doit pas nourrir de monstres dans son sein. Si elle ne veut pas user de sa prospérité pour sauver les ignorants et les pauvres du vice le plus horrible, si elle veut même exciter le vice par son égoïsme et son luxe, son culte de la richesse, son mépris de l'humanité, alors elle doit souffrir du crime, elle mérite sa souffrance.

La société est coupable du mal qu'elle aurait pu empêcher.

Je voudrais que, comme citoyens, nous pussions comprendre et sentir combien nous sommes coupables d'une grande partie des crimes et de la misère qui nous entourent et dont nous nous plaignons. N'est-ce pas une vérité reconnue, que nous sommes responsables de tout le mal que nous aurions pu, mais que nous n'avons pas voulu empêcher? Si la Providenc nous offrait un remède pour sauver la vie de l'homme qui se meurt à nos pieds, et que nous n'en fissions pas usage, ne serions-nous pas coupables? Ne sommes-nous pas complices de la mort de l'aveugle, qui, sous

nos yeux, s'approche d'un précipice, si nous ne l'aver-
tissons pas du danger? Par là même raison on peut
nous imputer une part considérable du crime et de la
misère qui nous environne. Pourquoi, dans une
grande cité, tant d'enfants sont-ils élevés dans l'ignorance et dans le vice? Parce que la cité les abandonne
à des influences funestes, auxquelles elle pourrait et devrait les soustraire. Pourquoi la mendicité est-elle si souvent transmise du père à l'enfant? Parce que le public,
et les individus ne font rien pour empêcher ce fatal héritage. D'où viennent les crimes les plus horribles? Du
désespoir, de l'abandon, de souffrances que la sympathie eût allégées. Si la sympathie humaine, si la
sympathie chrétienne pénétrait dans la demeure de
l'ignorant, du pauvre, de celui qui souffre; si elle
élevait la voix pour les encourager, les guider et les
consoler, si elle étendait les bras pour les soutenir,
quel monde nouveau ne créerait-elle pas? Dans quelle
cité nouvelle ne vivrions-nous pas? Combien de victimes de l'impitoyable justice deviendraient la preuve
vivante et heureuse de la force régénératrice que
possèdent la sagesse et la charité chrétiennes?

La pitié envers les criminels ne doit pas s'étendre jusqu'à leur
impunité.

Je viens d'exprimer ma sympathie pour les coupables; mais n'imaginez pas que je veuille les soustraire
au juste châtiment qui réforme le coupable et protége
la société. La pitié qui veut écarter les justes peines de
la loi, est, bien qu'à son insu, une véritable cruauté.
C'est comme ami des misérables que nous voulons
leur ôter l'espoir d'échapper au châtiment. Mais la so-

ciété ne doit pas s'arrêter là ; elle doit user de tous
les moyens en son pouvoir pour sauver ses membres
de la dégradation, de la misère, du crime et du sup-
plice. Surtout qu'elle protége l'enfant. C'est un devoir
de premier ordre qu'aucune société n'a encore rempli.
Si on laisse grandir l'enfant dans l'ignorance complète de ses devoirs, de son créateur, de ses rapports
avec la société, si on le laisse grandir dans une atmosphère d'impiété et d'intempérance, dans l'habitude du
mensonge et de la fraude, que la société ne se plaigne
pas du crime qu'il commettra. Elle est demeurée tranquille spectatrice, et l'a vu, d'année en année, s'ar-
mer contre l'ordre et la paix publique ; quand il frappe
le dernier coup, quel est donc le coupable ? Prendre
soin des ignorants et de ceux qui sont exposés aux
tentations, c'est un des premiers devoirs de la société.

Devoirs des citoyens envers leurs semblables.

Je sais ce qu'on objectera à cette obligation. « Nous
n'avons pas le temps de nous occuper des autres. Nous
remplissons notre devoir en nous occupant de nous et
de nos familles. Que chaque homme surveille son intérieur, la société sera paisible. » Je réponds, tout
d'abord que cette excuse n'est pas fondée. Il est très-
peu de personnes qui puissent dire sincèrement que
leur famille exige l'emploi de tout leur temps, et de
toutes leurs forces. Combien de temps dissipé, combien de pensées, de richesses, de forces sont perdues,
absolument perdues ! Si la volonté était égale à la puissance, si l'on portait un intérêt fraternel à ceux de nos
concitoyens qui tombent ou qui sont tombés, que d'é-
nergie on aurait à sa disposition pour délivrer la so-

ciété de ses terribles maux, et cela sans que la famille
en souffrit !

Mais bien plus, nous nous faisons tort à nous-mêmes
en négligeant l'état moral de la cité où nous vivons,
sous prétexte de nous occuper de nos familles. Que
vous servira, mes amis, le soin de votre intérieur, si
dans la rue voisine, au milieu des repaires du vice,
l'incendiaire, le voleur, l'assassin, apprennent le crime
et préparent leurs instruments de destruction ? A quoi
vous servira-t-il d'instruire laborieusement vos enfants, si autour de vous les enfants des autres sont
négligés, corrompus par les mauvais conseils ou les
passions impures ? Où nos fils reçoivent-ils souvent les
impressions les plus vives ? Dans la rue, à l'école, de
leurs camarades. Leur perte peut dépendre d'une jeune
fille élevée dans les repaires du vice. Leur premier
blasphème ne sera peut-être que l'écho des paroles
impies qu'ils ont entendu prononcer par les enfants
de quelque misérable. Quel est le grand obstacle à nos
efforts pour élever nos enfants ? C'est la corruption
qui nous entoure. Cette corruption se glisse dans notre
foyer et en neutralise l'influence. Nous espérons conserver la pureté de notre petit cercle au milieu de
l'impureté générale ; c'est comme si nous essayions de
préserver notre maison quand la contagion sévit autour de nous. Si, dans notre voisinage, un amas de
boue exhalait une odeur infecte et des vapeurs pesti-
lentielles, dirions-nous, pour n'y pas toucher, que nous
avons assez à faire de préserver notre maison d'un

pareil foyer d'infection? Certes, pour ne l'avoir point causée, la maladie ne nous respecterait pas davantage. Eh bien, la contagion du mal moral est aussi dangereuse que celle de la peste. Nous avons donc un intérêt personnel au triomphe général de l'ordre et des bons principes. Dès que souffre un des membres du corps social, il faut que tous les autres souffrent avec lui. C'est l'ordonnance de Dieu, et une ordonnance pleine de miséricorde. C'est ainsi qu'il nous somme de veiller au bien de notre frère. Dans cette cité, où les enfants reçoivent presque tous leur instruction dans les écoles publiques, tous les parents ont un motif particulier pour demander l'amélioration de toutes les classes de la société.

Ces devoirs sont dans l'éducation chrétienne.

Qu'il me soit permis de répondre encore à l'excuse dont on se sert pour négliger ses semblables, excuse tirée de la nécessité où nous sommes de nous occuper de nos familles. Oui, nous devons soigner notre famille; mais quelle est la grande fin de l'éducation que nous donnons à nos enfants? Est-ce de les élever pour eux seulement? De les renfermer dans leurs plaisirs? De leur donner une science qui ne serve qu'à leur intérêt personnel? Notre premier soin ne devrait-il pas être de leur inspirer l'esprit du christianisme? de faire naître en eux un généreux intérêt pour leurs semblables? de les préparer à vivre et à mourir pour leurs frères? N'est-ce point là la véritable éducation? Et pouvons-nous donc mieux les élever qu'en leur apprenant par notre exemple comment on doit s'intéresser à ceux qui sont moins heureux que

nous? Est-ce que nos conversations ordinaires ne devraient pas éveiller en eux la sympathie pour le pauvre,
pour l'ignorant, pour celui qui est tombé? Est-ce que
les influences du foyer domestique ne devraient pas
les préparer à être un jour les bienfaiteurs de leur
race? Voilà l'éducation chrétienne! Elle vaut toutes
les sciences. Donnez à la société des enfants généreux
et désintéressés, vous lui aurez payé votre dette avec
intérêt. Heureuse la maison où sont formés de pareils
chefs de famille, et d'où sortiront quelque jour ces
pures influences! Sous ce rapport notre éducation est
très-défectueuse. Pendant que nous payons avec pro-
fusion pour acquérir à nos enfants des talents superfi-
ciels, nous ne faisons presque rien pour inspirer à la
jeunesse un esprit noble, héroïque et prêt au sacrifice.

Le progrès rapproche l'homme de Dieu.

Pour répondre à ces remarques, le scepticisme qui
voit tout en laid s'écriera : « Pourquoi toute cette
peine? On ne peut pas améliorer la société. On ne peut
pas en détruire les maux. » Mais ce cri de corbeau ne
signifie rien pour celui qui croit au Christ, le régéné-
rateur divinement envoyé au monde, ni pour celui
qui, à la lumière de l'histoire, compare le présent
avec le passé. Appuyé sur ces autorités, je soutiens
que la société *peut* être améliorée. Je suis convaincu
que cette ville deviendrait une place nouvelle une
nouvelle création, si les hommes intelligents, les gens
de bien, cherchaient sérieusement à y propager l'intelligence et la vertu. Nous avons tous les moyens d'o-
pérer une immense révolution, si nous voulons en user
courageusement. J'ajouterai, que si Dieu permet le

mal, c'est précisément pour qu'on le combatte et qu'on en vienne à bout. L'intention de Dieu est que le monde devienne meilleur et plus heureux, non par son action immédiate, mais par les travaux et les peines de la charité. Le monde est, jusqu'à un certain point, livré à la puissance du mal, afin qu'il devienne un monument, un trophée de la puissance de la vertu. La grandeur de ses crimes et de ses malheurs n'est pas un motif de désespoir, mais un appel à des efforts plus grands. Ici-bas le philanthrope divin a commencé à faire la guerre au mal. Sa croix est élevée pour réunir les combattants, la victoire est écrite dans son sang. L'esprit qu'inspire Jésus-Christ s'est déjà montré assez puissant pour cette lutte. Combien n'a-t-il pas déjà fait pour réprimer la férocité chez les nations chrétiennes, pour purifier la vie domestique, pour abolir ou adoucir l'esclavage, pour préparer des asiles à la maladie et à la misère? Ce ne sont là que ses premiers fruits. Les progrès que le monde a déjà faits sous son influence, nous apprennent que la société n'est pas destinée à se répéter continuellement, à rester à tout jamais immobile. Nous savons que les grandes cités ne sont pas condamnées à être toujours des sentines de corruption. Celui-là n'a pas compris le caractère de notre âge qui ne voit pas les moyens et les matériaux d'un vaste et heureux changement dans la société. La révolution que nous devons seconder a déjà commencé. La marque distinctive de notre époque, c'est une propagation de l'intelligence, de la civilisation, de l'esprit de progrès dans une sphère beaucoup plus étendue qu'autrefois. Les classes moyennes et les classes ouvrières ont des moyens d'action aux-

quels on n'eût jamais songé autrefois ; pourquoi s'arrêter là? Pourquoi ne pas augmenter ces moyens
chez ceux qui en jouissent déjà? Pourquoi ne pas les
étendre à ceux qui ne les possèdent pas encore? Pourquoi une portion de la société serait-elle privée des
lumières, des sympathies, des secours qui l'élèveraient
au bien-être et à la vertu?

De la vraie prospérité des grandes villes.

Dans ce moment, il est plus que déraisonnable de
douter ou de désespérer des progrès de la société. La
Providence met sous nos yeux, en pleine lumière, le
succès des efforts qu'on fait de toutes parts pour l'amélioration de l'humanité. Je pourrais m'en référer au
changement qu'a produit chez nous en quelques années l'union des gens de bien pour détruire l'intempérance, le vice qui semblait le plus enraciné, celui qui,
plus que tous les autres, propage la misère et le crime.
Mais cette révolution morale dans notre pays n'est plus
rien quand on la compare à l'œuvre étonnante, in-
croyable, qui s'accomplit maintenant de l'autre côté
de l'Océan. Si on nous avait demandé, il y a quelques
années, quel était le pays le plus dégradé, le plus misérable, le plus écrasé entre tous par l'intempérance,
nous aurions nommé l'Irlande. Là hommes et femmes,
vieillards et jeunes gens, étaient tous emportés par ce
qui semblait le torrent irrésistible. L'enfance était
baptisée dans l'ivrognerie. Eh bien! dans le court espace de deux ou trois ans, ce vice, qui avait duré des
siècles, a été presque déraciné. Au point de vue moral,
l'Irlande des temps passés a disparu. Une nouvelle
Irlande est née. Trois millions d'hommes se sont en-

gagés par serment à une abstinence totale, et la violation de ce serment est on ne peut plus rare. Les
grands anniversaires nationaux, où toute la population
ouvrière avait coutume de se perdre dans les excès,
sont maintenant des occasions de plaisirs innocents.
L'impôt des boissons a diminué de près d'un demi-mil-
lion sterling. L'histoire ne connaît point de révolution
pareille. C'est le grand événement du jour. Le père
Mathew, le chef de cette révolution morale, est bien
plus grand que les héros et les hommes d'État du
siècle. Comme protestants nous rions de l'Église catholique avec ses vieilles légendes ; mais voici quelque
chose de plus grand, et de vrai. Nous pouvons douter
de ses saints d'autrefois, elle a un ministre vivant qui,
si l'on peut le juger d'après une de ses œuvres, mérite
d'être canonisé, et de voir son nom placé dans le ca-
lendrier, non loin de celui des apôtres. Est-ce donc
un âge où il soit permis de douter d'un changement
radical de la société, où on puisse nier qu'il soit possible de tirer le peuple de l'ignorance brutale et du
vice plus brutal encore ?

Ces observations sont nécessaires aujourd'hui. Notre
cité grandit, et nous désirons pour elle un accroissement rapide, comme si l'étendue et le nombre étaient
le bonheur. Nous brûlons d'augmenter en population.
Ne vaut-il pas la peine de nous demander quelle espèce
de population il nous faut réunir ? Sommes-nous
assez aveugles pour vouloir sérieusement recommen-
cer l'expérience des autres cités ? Désirons-nous seulement accroître notre bien-être physique, notre richesse
matérielle ? Ne savons-nous pas que les grandes cités
ont jusqu'ici attiré les gens perdus de vices ? qu'elles

ont engendré une horde de pauvres, ignorants, dé-
bauchés, criminels? qu'elles ont été défigurées par
l'horrible contraste du luxe et de la faim, de la splendeur et de la misère? Ignorons-nous que, chez les
classes indigentes et laborieuses des grandes villes, la
mortalité est effrayante en comparaison de celle des
campagnes, résultat qu'il faut attribuer à l'atmosphère
pestilentielle que respire l'ouvrier, à la malpropreté,
à l'obscurité et à l'humidité de sa demeure, à la souffrance et aux privations de ses enfants, et enfin aux
vices grossiers qu'engendrent l'ignorance et la misère?
Est-ce l'avenir que nous rêvons pour notre chère et
honorable métropole? Vous ne me soupçonnez pas
d'être l'ennemi de ce qu'on appelle le progrès. Que
notre cité s'agrandisse; que les chemins de fer la rattachent à l'Ouest lointain; que le commerce l'unisse
aux États les plus reculés de l'Est; mais pendant que
sa richesse et sa population augmentent, faites aussi
qu'elle croisse encore plus vite en intelligence, en
vertu, en bonnes mœurs, en union fraternelle. In-
quiétons-nous davantage du progrès moral que du progrès matériel. Que Dieu arrête notre prospérité, si elle
n'est animée, sanctifiée, ennoblie par l'esprit public,
par une éducation meilleure, et par l'intérêt toujours
croissant que les heureux du monde et les gens éclairés témoigneront aux pauvres et aux ignorants. Si la
prospérité doit rétrécir nos sentiments, nous endurcir, nous partager en hautes et basses classes, corrompre les riches à force d'excès ou d'orgueil, et créer
une classe de pauvres plus abandonnés, que Dieu nous
préserve d'une pareille prospérité ! Mais abuser de la
prospérité n'est pas nécessaire. On peut en user no-

blement. Elle peut faciliter le bien, multiplier le nombre de ceux qui enseignent la vérité et la vertu. Elle peut faire fleurir comme la rose les déserts de la société. Consacrons à cet objet notre prospérité. Rendons ainsi grâces à l'auteur de tout bien !

Devoirs des ministres chrétiens envers les pauvres.

Comment accomplir la noble tâche à laquelle nous sommes appelés, je n'ai point le temps de le dire, j'appelle seulement votre attention sur un moyen d'améliorer notre cité, moyen que recommande naturellement l'occasion qui nous rassemble. Je veux parler du ministère des pauvres. Les motifs de cette institution sont trop visibles pour qu'il soit besoin d'une longue explication. Qui ne voit, qui ne reconnaît combien les classes de la société qui jouissent le moins des avantages de l'éducation ont besoin de l'enseignement et de la voix d'un maître? Qui ne sent combien ceux que leurs habitudes, leur condition et leurs besoins excluent, de fait, de nos églises, ont besoin d'être visités dans leur demeure par les ministres du christianisme? Si nous-mêmes, avec tous les moyens d'éducation qui sont à notre portée, nous avons besoin du ministère chrétien, que dirons-nous des pauvres? N'est-ce pas un devoir, et ne devrions-nous pas nous réjouir d'envoyer des hommes pieux et éclairés, fortifier ceux que des influences impures écartent fatalement du devoir, guider ceux qui n'ont pas de conseillers, avertir et encourager ceux qui sont exposés aux tentations les plus violentes, réveiller l'esprit de ceux qui ont presque perdu la conscience de leurs facultés intellectuelles, inspirer de la fermeté à ceux

qui souffrent, découvrir un monde meilleur à ceux
pour qui cette terre est sombre, et par-dessus tout
arracher les enfants à leur perte, sauver cette jeunesse
qui semble née pour recueillir un héritage de misère
ou de crime?

Le ministère des pauvres est une institution sage,
noble et chrétienne. Vous êtes appelés ce soir à contribuer à son soutien. Faites-le avec joie. Vous n'êtes
pas invités à exécuter un plan de charité douteuse, ou
à envoyer des missionnaires dans des régions lointaines; il n'est pas besoin d'un travail pénible de plusieurs années pour que les fruits paraissent sur un sol
nouveau et ingrat. On vous invite à seconder une institution placée au cœur de la cité, et qui, vous le savez, répand la vie dans notre population. Ses chapelles, ses écoles du dimanche, ses bibliothèques, sont
au milieu de vous. Les portes où les ministres vont
frapper pour porter des consolations et des conseils,
sont près des vôtres. Vous voyez le résultat de son influence dans ces enfants ici rassemblés. Le but du ministère est de faire disparaître le trait le plus affligeant
de notre civilisation : la profonde corruption des grandes cités; et dans l'énergie qu'on y déploie maintenant, nous trouvons l'assurance d'une ère plus heureuse, où la société pourra prospérer sans le terrible
sacrifice d'un si grand nombre de ses membres. Puisse
cette bonne œuvre continuer et s'étendre, puissent
les générations futures nous bénir de leur avoir épar-
gné quelques-uns des plus terribles maux qui attristent
notre époque!

J'ai terminé mes remarques sur le sujet que sug-
gérait notre réunion. Mais l'œuvre du ministère pour

les pauvres rappelle à mon esprit des pensées tendres
et solennelles, que vous ne jugerez pas, j'en suis sûr,
étrangères à notre réunion, et dont l'expression sera
un soulagement pour mon cœur. Ici le ministère des
pauvres a dû surtout son origine et son établissement
à l'un de mes premiers, de mes plus chers amis, qui,
il y a peu de mois, fermait les yeux sur une rive
étrangère. Permettez-moi de payer un tribut à sa mémoire, permettez-moi en même temps de parler avec
la franchise de l'amitié. Je n'ai pas rassemblé des matériaux pour une biographie complète de cet homme
distingué; je crois être plus juste envers sa mémoire, en rappelant notre longue amitié qu'en racon-
tant une suite d'événements. J'exprimerai avec simplicité tout ce qui se présentera à mon souvenir, j'espère que l'image pure que je porte en moi, image de
mon ami qui n'est plus, pourra passer dans le cœur
de ceux qui m'écoutent.

JOSEPH TUCKERMAN, sa jeunesse.

Il y a environ quarante-sept ans que je fis la connaissance de Joseph Tuckerman, et depuis lors nous
avons vécu en frères, échangeant nos pensées, nos sentiments, nos critiques, nos encouragements, avec une
sincérité qui a été rarement surpassée. Je pense à lui
avec un charme particulier; car il fut peut-être, parmi
tous ceux que j'ai connus, l'exemple le plus remarquable du progrès, le modèle d'un homme qui sur-
monte les obstacles et s'améliore malgré les désavantages de sa position. Lorsque je le vis pour la première
fois au collége, il avait l'innocence de l'enfance; il
était sensible, généreux, sans un seul des vices aux-

quels la jeunesse est exposée, mais il ne semblait pas
prendre la vie au sérieux. Trois ans passèrent comme
un jour de fête, sans qu'il s'intéressât à ces études
sévères, se laissant aller naturellement à des plaisirs
innocents sans doute, mais qui consumaient les heures du travail. Que de fois il m'a parlé avec douleur
et repentir de sa jeunesse perdue ! Pendant sa dernière
année de collége, on vit commencer en lui un changement, et souvent il en racontait la cause avec une
vive sensibilité. Sa mère, comme il le répétait, était la
meilleure des femmes. Elle lui avait inculqué les vérités de la religion avec l'amour d'une mère, tempéré
par une sagesse peu commune. La semence était jetée
dans une bonne terre. La religion, qui n'avait été pour
lui qu'un frein contre le mal, commença à le porter au
bien ; ce fut à elle qu'il dut la perfection et la grandeur de sa vie. En quittant le collége, il se consacra
au ministère chrétien ; mais, avec l'étourderie de la
jeunesse, il s'en imposa les devoirs sans être assez préparé. De là une suite d'humiliations, pénibles dans le
moment, mais dont plus tard il parlait comme d'un
châtiment miséricordieux. C'est ainsi qu'il commença
tristement une carrière où il devait être si utile et dé-
ployer tant d'énergie.

Par un décret bienveillant de la Providence, il fut
placé dans une petite et obscure paroisse qui n'offrait
rien pour satisfaire l'ambition ou dissiper l'esprit. Il
passa plusieurs années dans cette vie monotone, mais
qui était faite pour lui donner le calme et la solidité
dont il avait besoin. Là il se mit à étudier, à étudier
avec soin et avec conscience, acquit beaucoup de lumières, et consacra beaucoup de temps aux sujets

épineux de la théologie. Ce que sa première éducation
avait de défectueux fut ainsi réparé, ses facultés ga-
gnèrent en force et en pénétration.

Il n'était pas fait cependant pour user sa vie dans
de pareilles occupations. Sa force n'était pas dans les
études abstraites S'il s'y était abandonné, il ne serait
jamais arrivé à des vues grandes et nouvelles. Le
cœur, chez lui, était la grande puissance. C'est surtout à ses sentiments moraux, religieux et bienveillants
qu'il dut l'expansion de son intelligence. Une fois que
l'étude lui eut donné une base solide, un instinct, qui
ne le trompait pas, lui dit que l'étude n'était pas sa
vocation ; son cœur demandait une vie active. Il fut
de plus en plus touché des misères et des crimes du
monde. Quand il était assis dans son cabinet solitaire,
la pensée de ce que les hommes souffraient sur terre
et sur mer l'arrachait à ses livres. Il se sentait attiré
de façon irrésistible vers ses semblables par leurs souffrances, et plus encore par le sentiment qu'il y avait
quelque chose de grand sous leur misère, par une
sympathie pour leurs besoins moraux. La fenêtre de
son cabinet donnait sur la mer ; la voile blanche qui
sillonnait l'horizon lui rappelait l'ignorance et les dangers moraux du marin ; aussi fut-il le premier qui,
dans ce pays, tenta d'améliorer et d'instruire ces pauvres gens. L'association qu'il établit pour cela ne répondit pas à ses espérances, car il connaissait mal
ceux qu'il désirait servir, et la société n'avait pas pris
à cœur, comme maintenant, l'œuvre de la réforme.
Mais un échec ne pouvait décourager l'esprit qui s'a-
gitait en lui. Il se livra bientôt avec ardeur à la cause
des missions. Il pensa, parla et écrivit sur ce sujet

avec une énergie caractéristique; et si des liens de famille ne l'eussent retenu, je crois qu'il se serait dévoué à la conversion des idolâtres.

Pendant qu'il était tourmenté par cette passion de
combattre le mal, sa santé s'affaiblit, et il put craindre
pendant quelque temps, de ne plus pouvoir être utile.
Mais cette Providence pleine de bonté qui avait ordonné avec une bienveillance signalée les événements de son existence, le guidait par cette pénible
transition vers la grande sphère, le grand but de sa
vie. La maladie le rendit incapable de parler comme
l'exige la chaire; il sentit qu'il devait cesser la
prédication régulière; que lui restait-il à faire?
Dans un moment de grâce, la pensée de se dévouer au service des pauvres entra dans son esprit;
il reçut une réponse intérieure qui avait le caractère d'un avertissement divin. Il me consulta, et moi,
obéissant à une conviction depuis longtemps enracinée
dans mon cœur, convaincu que la société a besoin de
nouveaux ministères, de nouveaux moyens d'action
pour se sauver, et que des hommes prêts à se sacrifier
pour cette rédemption sont le présent le plus précieux
que Dieu ait fait à la terre, je l'encourageai dans sa
foi et dans son espérance.

Il se dévoue au service des pauvres.

D'abord il entra presque en tremblant dans la maison du pauvre où il était étranger, pour offrir sa sympathie et son amitié. Mais « la brebis reconnut la voix
du pasteur. » Les pauvres reconnurent instinctivement leur ami, et, dès le premier moment, il s'établit
entre eux des rapports d'une confiance et d'une affec-

tion particulières. Je me rappelle bien cette partie
de sa vie, car souvent il venait confier à mes oreilles
et à mon cœur ses expériences et son succès. Je me
souviens de l'effet produit sur son âme par le contact
des pauvres. Il les avait aimés lorsqu'il les connaissait peu, quand c'était l'imagination qui lui peignait
leurs misères ; mais il était la preuve que nulle
théorie, nulle imagination, ne peut accomplir l'œuvre
de l'expérience. La sympathie que les pauvres exci-
taient en lui était si profonde, l'intérêt qu'ils lui inspi-
raient était si vif, qu'il semblait qu'une nouvelle source
d'amour eût jailli dans son cœur. Jamais favori de la
fortune n'a couru au palais où les rayons de la faveur
royale se concentrent sur lui, avec une ardeur plus
grande, d'un pas plus rapide que notre ami ne courait
au séjour de la misère, dans les plus sombres ruelles
de notre cité. Combien de fois je me suis humilié devant la charité profonde qu'il exhalait dans ces libres
entretiens où presque seul j'étais appelé ! Je ne puis
oublier un soir où, causant avec le docteur Follen et
moi des besoins des pauvres et de la froide dureté de
la société, non-seulement il nous émut profondément,
mais nous remplit d'étonnement par la force de ses
sentiments et l'énergie de sa parole, et je ne puis non
plus oublier comment, lorsqu'il nous quitta, le docteur Follen, bon juge en fait de grandeur, me dit :
Voilà un grand homme !

Ce vif amour de ses semblables n'était pas chez lui
un enthousiasme extravagant ; il avait sa source dans
une idée nette et réfléchie de la nature spirituelle, de
la destinée immortelle de tout être humain. Quiconque discerne vraiment et sent profondément la gran-

deur de l'humanité, le rapport de l'âme à Dieu, doit
passer pour un enthousiaste au temps où nous vivons ;
car notre état social est trop souvent la négation des
droits les plus sacrés, des titres les plus nobles et de
la destinée même de l'homme.

Ce fut cet amour des pauvres qui donna aux travaux de notre ami leur efficacité, qui fit de son ministère une chose vivante et lui assura la perpétuité. Cet
édifice et nos autres chapelles doivent leur fondation à
sa charité. Rien ne pouvait l'éloigner des pauvres. Le
froid, les orages, la maladie, des douleurs aiguës, rien
ne pouvait le retenir chez lui. Les liens de famille seuls
l'empêchaient d'aller habiter au milieu des indigents.
Il disait parfois que si, en quittant ce monde, il pouvait choisir sa destinée, ce serait celle d'un esprit consacré au service des pauvres, et si les âmes des gens
de bien reviennent visiter notre monde, on retrouve-
rait la sienne, je n'en doute pas, dans les repaires de
la misère et de la douleur. Chez lui, comme je l'ai
déjà dit, il n'y avait pas un enthousiasme aveugle. Il
voyait clairement les vices habituels du pauvre : la
ruse, la paresse et l'ingratitude. Il remplissait les fonctions de son ministère au milieu de la saleté et de l'a-
bandon qui accompagnent ordinairement l'indigence.
Il était entouré de tous côtés des réalités les plus
grossières. Ce n'était pas là un spectacle propre à
faire un enthousiaste. Mais au travers de tout cela il
apercevait, tantôt de faibles signes, tantôt les triomphes d'une vertu divine. Son bonheur était de racon-
ter des exemples de patience, de désintéressement, de
piété, offerts au milieu des plus cruelles souffrances.
Ces exemples lui disaient que dans les plus pauvres

réduits, il se trouvait au milieu d'êtres immortels, sa
foi dans ce que l'âme a de divin lui faisait trouver
le bonheur dans son ministère.

Il a fait de la charité une œuvre vivante.

Le docteur Tuckerman a été quelquefois appelé le
fondateur du ministère des pauvres. Si par là on veut
dire que le premier il conçut et établit un ministère
distinct pour les pauvres, l'expression n'est pas juste.
Avant lui il y avait eu des hommes qui s'étaient con-
sacrés exclusivement et sincèrement à l'instruction religieuse de ceux qu'on ne peut réunir dans les lieux
ordinaires du culte. Son mérite est d'avoir donné une
vie nouvelle à cette œuvre, et montré ce qu'elle pouvait produire, de l'avoir élevée de l'abandon où elle
était tombée à l'un des premiers rangs parmi les
moyens de régénérer le monde, et d'avoir éveillé une
fois encore l'espoir d'améliorer ce qu'on regardait
comme l'élément désespéré de la société. Les plus
grands bienfaiteurs de l'humanité sont moins ceux qui
découvrent ou inventent des moyens nouveaux et inconnus, que ceux qui s'emparent des moyens ordinaires et
en font des forces nouvelles. Notre ami était à peine
entré dans ce ministère qu'il découvrit tout ce qu'on
en pouvait tirer. Il y vit des ressources auxquelles on
n'avait pas songé. Avec une foi prophétique il y jeta
toute son âme, son exemple et son succès excitèrent
chez d'autres personnes la même confiance et la même
conduite. C'est ainsi que l'on peut dire, et ce sens a
de l'importance, qu'il établit ce ministère. Grâce à lui
on y a cru. L'œuvre a passé dans d'autres mains avec
toute l'énergie qu'il lui a communiquée ; on voit,

on sent qu'elle mérite de prendre place parmi nos
institutions durables. Ce succès fut dû, en grande
partie, sans doute, à la simplicité de son cœur ; mais
il le fut aussi à sa connaissance profonde des principes de la nature humaine, qui rendent les pauvres
accessibles à l'influence de la vertu, et des moyens
par lesquels on peut le mieux les approcher.

Cette œuvre est devenue une association de bienfaisance entre
diverses églises.

Dans l'accomplissement de ce grand travail le docteur Tuckerman ne fut pas seul. Il reçut un secours
puissant des amis qui sympathisaient avec lui. Il commença ses travaux sous le patronage de l'Association
unitairienne d'Amérique. Plus tard, pour assurer la
durée du ministère des pauvres et pour étendre son
action, on forma une Union, ou, comme on dit, une
Confrérie de diverses églises, chargée du soin et de la
direction de cette œuvre importante. On en était venu
à sentir que toute Église chrétienne est établie non-
seulement pour l'édification de ses membres, mais
aussi pour la cause générale du christianisme ; et
qu'elle est tenue d'étendre les moyens d'instruction
morale et religieuse aux familles ou aux individus de
son voisinage, que la pauvreté ou tout autre motif
prive des bienfaits du culte et de la religion. C'est d'a-
près cette idée que la Confrérie a été établie sur un
plan simple, mais qui devait réussir. Dans chacune
des églises disposées à coopérer au soutien du ministère des pauvres, on a formé une association, dont les
membres contribuent à l'œuvre générale suivant leurs
moyens ou leur dévouement, et chacune de ces asso-

ciations est représentée dans un comité central, auquel est confié le ménagement de l'entreprise. Par cet arrangement on a atteint plus d'un but utile. Le ministère des pauvres s'est trouvé rattaché à nos églises, et l'on peut espérer qu'il aura la durée du ministère régulier. Les églises diverses sont unies par un nouveau lien, non pas par un lien de symbole, de juridiction, ou d'organisation ambitieuse, mais par le lien sacré de la charité ; et de plus elles sont amenées à reconnaître d'une manière manifeste et pratique l'obligation où elles sont de porter leurs regards plus loin qu'elles-mêmes, et de travailler à la propagation de la vérité et de la vertu chrétienne.

L'association ne donnait qu'un faible salaire au docteur Tuckerman, mais il ne désirait rien de plus que ce qui était nécessaire pour ne pas s'endetter ; cela il le désirait. Il était sur ce point d'une susceptibilité particulière, et sa biographie serait imparfaite si l'on omettait ce trait de son caractère. Il reculait devant le plus léger embarras pécuniaire comme devant un mal insupportable. « Ne dois rien à personne » était un précepte qu'il ne perdait jamais de vue dans ses arrangements domestiques ; et par sa stricte économie et sa sage prévoyance, il put passer une longue vie et élever une nombreuse famille sans anticiper une seule fois sur son revenu, et sans contracter une seule dette. Pour quelques-uns de ses amis, d'habitude plus relâchés, ses conseils et son exemple étaient, sous ce rapport, une critique et une leçon de sagesse.

Quant aux grandes idées qui le dominaient et qui le guidaient dans son ministère, quant au détail de ses travaux, on les trouvera dans les Rapports qu'il avait

l'habitude de présenter aux sociétés sous le patronage
desquelles il agissait. Il est vrai qu'il a publié un volume sur ce sujet ; mais c'est à peine s'il est digne de
son talent ou de la cause qu'il servait. Il l'avait préparé lorsque la maladie l'accablait, lorsque sa constitution était tellement épuisée par l'excès du travail
qu'il était obligé de renoncer à tous les devoirs qui
l'appelaient hors de sa demeure. Il le composa avec
une impatience maladive, comme s'il craignait de
mourir avant d'avoir pu le donner au monde. Il ne
faut considérer ce travail que comme une improvisa-
tion. On se pressa de l'imprimer, pendant que les amis
de l'auteur, consultés par lui, espéraient qu'il soumet-
trait son livre à une patiente révision. Ainsi composé
à la hâte, le livre est naturellement diffus, c'est le défaut des ouvrages même auxquels il apporta le plus de
soin. On eût pu le réduire de moitié ; aussi, comme
on devait s'y attendre, à peine imprimé fut-il oublié.
Le docteur supporta avec une grande égalité d'âme
cette pénible épreuve, mais il la ressentit profondément. Les paroles les plus tristes que je lui aie entendu
prononcer dans sa maladie étaient celles par lesquelles
il exprimait le regret d'avoir précipité cette publication.

C'est surtout dans ses Rapports qu'il faut étudier
l'histoire de son ministère. Pour qui veut agir avec
sagesse sur les pauvres, ils sont un véritable trésor.
Ce sont les annales d'une expérience qui s'est exercée
de mille manières. Ils montrent une connaissance profonde des tentations, des dangers, du cœur des indigents et des malheureux, et tout en dévoilant leurs
erreurs et leurs fautes, ils respirent une sympathie tou-

jours prête. Il est aisé d'y voir que le grand principe
qui animait son ministère c'était une foi inébranlable
dans la miséricorde de Dieu pour les pauvres. Leur
condition ne lui parut jamais établir une séparation
entre eux et leur Créateur. Au contraire il sentait la
présence de Dieu dans l'étroite et misérable demeure
de l'indigent comme il ne la sentait nulle autre part.

Profond amour de Tuckerman pour les malheureux.

Son estime perpétuelle pour la nature morale,
immortelle des pauvres donnait à toutes ses relations
avec eux un caractère d'amour et de respect. Il leur
parlait avec franchise, avec hardiesse, mais toujours
comme aux enfants du même Père infini. Il avait confiance dans la nature morale de l'homme, quelque brisée et écrasée qu'elle fût ; il était sûr qu'aucun cœur
ne pourrait lui résister, s'il pouvait seulement le con-
vaincre de l'intérêt fraternel et sincère qu'il lui portait. La règle qu'il observait si naturellement qu'à
peine peut-on dire que ce fût une règle, c'était de leur
parler toujours d'une manière encourageante. Il sentait que la sévérité du guide spirituel ne devait pas
aggraver le poids sous lequel succombait déjà l'esprit
du malheureux. Toute sa force était dans son amour ;
c'était pour lui comme une armure divine. On ne peut
trop en dire sur ce point. Boston a l'honneur, entre
toutes les cités, d'être la preuve de ce qu'on peut
accomplir, par une parole, par des actes généreux et
pleins d'amour, chez ces classes de la société qu'on ne
suppose sensibles qu'à la menace, à la dureté et à la
terreur. Le docteur Tuckerman et ses successeurs,
dans leur commerce avec les pauvres, et le révérend

M. Taylor dans sa mission près des marins, nous ont
appris que les hommes dans les conditions les moins
favorables, doivent toujours être traités comme des
hommes ; que sous la veste grossière, et même sous
les haillons, on peut trouver de nobles et tendres
cœurs ; et que le plus endurci répond toujours
à la voix d'un ami véritable, et d'un frère. L'horrible
pensée, que certaines portions de la société ont besoin
d'être maintenues par la superstition et la crainte, a
reçu ici une réfutation qui doit être un sujet de joie
pour les amis de l'humanité. Le docteur Tuckerman
portait chez les pauvres les plus hautes idées de la
religion, et souvent il me parlait de l'empressement
avec lequel elles étaient accueillies. Il était trop sage
sans doute pour les énoncer sous forme abstraite, ou
dans un langage technique. Elles avaient passé par son
cœur avant d'arriver à ses lèvres ; et coulant de cette
source, toutes nouvelles et brûlantes, elles étaient bues
comme des eaux vivifiantes par l'âme altérée du pauvre.

Le grand secret du succès qu'obtenait le docteur
Tuckerman, c'était le vif intérêt qu'il portait aux individus. Il n'était pas dans sa nature d'agir sur les
masses par des moyens généraux ; il mettait toute son
âme dans chaque affaire. Le malheureux qu'il visitait
semblait éveiller en lui une affection et un intérêt
unique. Je me rappelle le langage dont il se servait en parlant d'un homme qui s'était perdu dans de
grands égarements. Il me disait avec une émotion profonde : « J'ai besoin de l'âme de cet homme ; il *faut*
que je le *sauve*. » Il faisait sentir aux plus corrompus
qu'ils avaient un ami, et par l'intérêt qu'il prenait à
eux il les rattachait de nouveau à leurs semblables.

20

En tout homme il cherchait quelque chose à aimer.

Qu'il me soit permis de donner encore une explication de son succès. En tout homme il cherchait quelque chose à aimer. Il s'emparait de tout ce qui pouvait rester de bon dans une âme déchue, de toute affection domestique, de tout sentiment généreux qui avait échappé au naufrage. S'il pouvait toucher quelque faiblement que ce fût, une seule corde d'amour, s'il pouvait éveiller un tendre souvenir de famille, un sentiment de honte ou de regret, il se réjouissait et prenait courage, comme le bon médecin qui, penché sur un noyé, sent un mouvement du pouls, ou le plus léger signe de vie. Dans de pareils moments ses espérances s'exaltaient ; et ses paroles faisaient naître un espoir semblable chez celui qui était tombé. « Il ne « foulait pas aux pieds le roseau brisé, il n'éteignait « pas la mèche qui fume encore. »

Influence salutaire de sa parole.

Il commença avec l'idée d'accomplir sa tâche par les visites et la conversation, et il considéra toujours ce moyen comme le plus utile et le plus important. Mais il sentit bientôt qu'on ne pouvait se passer du culte en commun, que c'était un besoin de la nature humaine, que les pauvres, rien qu'en laissant leurs demeures, et en se réunissant avec des habits décents pour adorer Dieu, recevaient une impression salutaire, et qu'ainsi on pouvait les amener de la manière la plus efficace à agir les uns sur les autres pour leur bien mutuel. Il reprit donc la prédication, malgré l'insuffisance de ses forces. Cette situation nouvelle éveilla

en lui une éloquence remarquable. Dans ses sermons
écrits pour un auditoire ordinaire, il n'avait jamais été
entraînant ; mais ses discours familiers, improvisés,
pleins de chaleur, attiraient autour de lui une foule
de pauvres suspendus à ses lèvres, et les heureux du
siècle n'étaient pas moins touchés de ses pieux discours. L'idée qu'il s'était faite de la prédication subit
alors un grand changement. Tandis qu'en public il
évitait de se plaindre, il gémissait en particulier sur
ces discussions sans vie de la chaire, qui trop souvent
rendent l'église aussi froide que la tombe.

Sa passion pour les enfants des pauvres.

L'influence qu'il exerçait sur les pauvres s'augmentait de la variété des formes qu'il lui donnait. Ce n'était
pas seulement un guide spirituel. Il était versé dans
les détails de la vie ordinaire, excellent économe, sachant beaucoup de choses sur les métiers et les travaux qui occupent le pauvre, indiquant les moyens
de diminuer la dépense et d'accroître le bien-être ;
c'est par ces talents d'intérieur qu'il acquérait la confiance des malheureux. Il comprenait leurs moindres
besoins et leurs moindres peines, et en se faisant leur
conseiller pour les choses terrestres, il parvenait à
leur faire goûter les vérités d'en haut. Au moment
même où, pour quelques-uns, il n'était qu'un enthousiaste, il enseignait la direction d'un ménage à une
pauvre femme, cherchait de l'occupation pour le mari,
et trouvait une place pour l'enfant.

Ceci me rappelle une branche de ses travaux à laquelle il prenait un intérêt particulier. Il aimait pas-
sionnément les enfants du pauvre. Dans la rue comme

dans les demeures de l'indigence, ils occupaient habituellement son âme. Il avait coutume de s'arrêter pour demander au petit mendiant quelle était sa demeure et son histoire. Il se rendait au marché et au quai pour y découvrir les enfants qui perdent la journée dans la fainéantise, et prennent leurs premières leçons dans le métier du vol. Il était infatigable dans ses efforts pour placer ces malheureux dans des écoles ; des multitudes d'enfants lui doivent leur salut moral et l'éducation qui les a préparés à une vie honorable. Bon nombre de ceux qui s'étaient soustraits à l'autorité de leur famille, et qui étaient entrés dans le sentier glissant du crime, furent, par ses soins, envoyés à la maison de réforme ; c'était pour lui un bonheur de rencontrer ceux qui par son influence avaient été rendus à la vertu ; c'était sa joie d'en parler. C'est à l'intérêt qu'il excita en faveur des enfants pauvres sans protection, que nous devons l'établissement de la ferme-école. Si quelque sujet occupa particulièrement sa pensée et son cœur, ce fut le devoir que la cité est appelée à remplir envers ces enfants, qui, si la société ne les adopte, grandissent pour le crime, la honte et le châtiment. Si jamais sa bonté s'emporta en reproches amers, ce fut quand il parla de l'insensibilité générale pour l'enfant délaissé, élevé par ses parents dans la mendicité et la ruse, accoutumé à respirer les vapeurs de l'intempérance, et à considérer le vice comme son élément naturel. Telle fut l'action qu'il exerça, que la mendicité des rues diminua d'une manière visible au milieu de nous, ce qui indique une influence dont il est difficile de comprendre l'étendue.

Pour montrer toutes ses vues généreuses à l'endroit des pauvres, je dirai que pendant quelque temps il rassemblait une fois par semaine, l'après-midi, les enfants pour leur apprendre l'histoire naturelle. Il aimait beaucoup cette branche des connaissances humaines, et il avait amassé un grand nombre de faits, qui étaient autant de preuves de la sagesse et de la bonté de Dieu dans la création. Il avait coutume d'expliquer ces faits, il charmait ainsi la curiosité et fixait l'attention de son jeune auditoire, qui le lui prouvait du reste en lui consacrant une partie du temps de ses jeux. Sa faiblesse, qui l'obligea de renoncer à la chaire, le força aussi, après un court essai, de cesser cet enseignement.

Il mettait toute l'ardeur de son âme au service des malheureux.

Je rapporte ces différents essais comme autant de preuves du large esprit qu'il apporta dans l'exécution de sa tâche. Son grand objet était le progrès de la religion, mais la religion n'était pas seule dans son esprit. Il sentait les rapports qu'elle a avec la culture intellectuelle, avec la bonne tenue d'un ménage, avec la politesse et la convenance des manières, et surtout avec l'accomplissement des devoirs paternels; on peut dire que dans ses pieuses occupations il embrassait toutes les branches de la vie sociale. Le fait est que son cœur était dans son œuvre. Il ne la considérait pas comme la tâche d'un jour, ou de quelques années, mais de sa vie entière. Il voulait y vieillir et y mourir. Le monde dans ses diverses professions ne lui présentait rien de plus honorable, de plus divin. Son ambition, et il en avait aussi sa part, et ses convictions désintéressées

et religieuses, tout était là ; de sorte qu'il agissait avec
une énergie entière et de toute son âme. C'est ainsi
qu'il devint fécond en expédients, découvrit de nouveaux modes d'influence, arriva heureusement et par
des voies indirectes à son but, et parvint à tirer parti
de tout. Quelquefois, il est vrai, on s'est plaint qu'il
apportait ses pauvres dans toutes les compagnies et
dans toutes les conversations. Mais nous devons apprendre à supporter les faiblesses d'une âme ardente
et à pardonner un amour plus vif que le nôtre, quand
bien même on manquerait de ce tact social qui fait le
succès des esprits indifférents et légers.

Sa haine de l'ivrognerie principale source de la misère.

Il y avait un sujet sur lequel le docteur Tuckerman
partageait l'opinion et les sentiments de tous ceux qui
visitent les pauvres ou se consacrent à leur service.
Il reconnaissait que chez nous la pauvreté est due surtout à l'intempérance, qui augmente infiniment les
malheurs d'une triste condition. Une famille indigente
où ce vice n'avait pas pénétré, était à ses yeux une
famille privilégiée. La pauvreté sans l'ivrognerie lui
semblait à peine un mal, comparée à celle qu'enfante
l'ivrognerie. S'il y eut un de nos concitoyens qu'il ho-
nora, comme étant éminemment l'ami des pauvres,
ce fut ce philanthrope infatigable, qui, ouvrant son
cœur et ses mains à toutes les misères, s'est consacré
tout entier à la cause de la tempérance[1]. L'âme du
docteur Tuckerman gémissait sous les maux de l'intempérance comme les anciens prophètes gémissaient

---

[1] M. Moïse Grant.

sous le poids des douleurs qu'ils avaient mission
d'annoncer. Les fumées d'une distillerie étaient, pour
sa délicatesse, plus malsaines et plus mortelles que
les exhalaisons de la putréfaction et de la peste. Il
regardait la boutique où se débitaient des liqueurs
spiritueuses comme il eût regardé une trappe s'ouvrant sur l'enfer. A la vue des hommes, qui au milieu
des lumières qui n us éclairent, s'enrichissent en répandant ces poisons dans le pays, il entendait s'élever
contre eux les malé lictions de ceux qu'ils ont perdus,
les gémissements des femmes et des enfants qu'ils
ont ruinés. Je le sais, car j'ai vu la véhémence avec
laquelle il abordait les intempérants, et souvent il me
parla de ses efforts persévérants pour les sauver. S'il
avait pu léguer ses onvictions à la partie saine et chrétienne de cette cité et de cette république, ce vice
disparaîtrait bientôt ; la sanction de l'autorité publi-
qué ne serait plus accordée à ces infâmes repaires ;
on tarirait l'une des principales sources des misères
de notre civilisation.

L'influence de ses travaux se répand au dehors.

L'influence des travaux du docteur Tuckerman n'a
pas été bornée à cette cité ou à ce pays. Ses rapports
parvinrent en Europe, et y firent naître des efforts
semblables. Lorsque sa mauvaise santé l'obligea de
traverser l'Océan, il y a quelques années, il fut cordialement reçu en Angleterre par les esprits qui sympathisaient avec lui. Sa société fut recherchée par les
hommes vertueux et distingués, et son expérience lui
assura une attention pleine d'un respect profond. Il
eut le bonheur de trouver dans ce pays Rammohun

Roy[1]. J'appris d'un ami, qui assista à leur entrevue, que ce sage et noble Indou, qui recevait tout le monde avec une courtoisie orientale, distingua encore notre concitoyen par le respect affectueux avec lequel il l'accueillit. En France, il fut reçu avec beaucoup de bienveillance par le baron de Gérando, philosophe et philanthrope distingué, que ses nombreuses et profondes recherches sur la pauvreté et sur les moyens de la prévenir ou d'y remédier, laissent sans rival dans le présent comme dans le passé. Cet homme vertueux, dont le seul nom suffit pour justifier la France du reproche qu'on lui adresse quelquefois d'être indifférente à la cause de l'humanité, a témoigné dans ses lettres particulières et dans ses écrits toute sa considération pour le caractère et les travaux de l'ami qui nous a quittés.

C'est ainsi que l'influence exercée par le docteur Tuckerman se fait sentir aujourd'hui des deux côtés de l'Océan; son nom, uni comme il l'est au ministère des pauvres, est du petit nombre de ceux qui passeront à la postérité. Pour inscrire son nom dans l'avenir il n'est pas de monument plus durable qu'une institution de bienfaisance fondée sur les principes de la nature humaine, et qui doit agir sur une nombreuse portion de la société. Les plans des politiques, les accumulations de puissance, et presque tous les écrits d'un siècle disparaissent. Les hommes qui font le plus de bruit dans le monde passent et se perdent comme le son de la trompette. Mais les institutions enrrées

---

[1] C'était un savant et riche bramine indien qui parcourait l'Europe pour y étudier la civilisation et en faire profiter ses compatriotes. (Édit.)

dans les habitudes d'un peuple, et surtout incorporées
au christianisme, cette vérité immortelle, ce règne
éternel, traversent les siècles. Notre ami a laissé un
nom qui vivra; non pas qu'un nom vaille la peine
qu'on s'en occupe, mais il est bon de rappeler aux
ambitieux qui prennent le bruit d'un jour pour la
renommée, qu'un nom est la récompense de ces
hommes qui travaillent dans des sentiers obscurs, et
auxquels ils daignent à peine accorder un regard en
passant. Le docteur Tuckerman n'était pas tout à fait
au-dessus de la gloire; qui de nous l'est entièrement? Mais son œuvre lui était bien plus chère que
la renommée; il travailla pendant des années sans
songer à la réputation qu'il lui devrait; et dans ce
siècle de petites choses il avait coutume de dire que
si les riches et les grands qui lui prêtaient leur appui
pouvaient comprendre la dignité et le bonheur de sa
mission, ils l'ambitionneraient pour eux-mêmes, et
voudraient partager la peine qu'ils laissaient à autrui.

Parmi les témoignages rendus à l'utilité de son entreprise, il en était un qui lui faisait un sensible
plaisir : c'était la sympathie des chrétiens de communion différente. S'il se mêlait aux pauvres, ce n'était
pas pour servir les projets d'une secte, mais pour leur
inspirer l'esprit et leur porter les espérances de Jésus-
Christ ; aussi trouva-t-il partout des hommes qui dési-
raient cordialement le succès de son œuvre, et peut-
être qu'il ne laissa chez aucun de nous une impression
aussi vive de sa piété que chez ceux dont il partageait
le moins la croyance.

Son profond chagrin de la mort de sa femme.

En parlant de ce qu'il y a eu d'heureux dans la vie
du docteur Tuckerman, je ne dois pas omettre ses liens
de famille. Il se maria deux fois, et dans chacune de
ces alliances, il trouva une amie inappréciable. J'ai
connu particulièrement sa seconde femme, avec laquelle il passa une grande part de sa vie, je m'estime
heureux de rendre hommage à son mérite. Sa modestie
et son exquise délicatesse cachaient la beauté de son
caractère. Elle était peu connue au dehors, mais dans
son intérieur elle répandait sans bruit cette douce et
pure lumière dont on ne sent tout le prix qu'après
qu'elle est éteinte. La Providence pleine de bonté,
qui proportionne ses bienfaits à nos besoins, s'était
montrée d'une manière visible en donnant à notre
ami une telle compagne. La sagesse calme et bienveil-
lante de sa femme, sa douce humilité, son amour,
qui, bien que tendre, était trop pur pour troubler la
netteté de ses idées, tout la disposait instinctivement,
et sans qu'aucun des deux en eût conscience, à agir
sur cette âme plus vive et plus ardente. Elle était véritablement un esprit bienfaisant, répandant le calme
sans qu'on s'en aperçût, et par cela même de la façon
la plus sûre. Le coup qui l'enleva fit à son époux une
blessure que le temps ne put cicatriser. S'il avait eu
assez de force pour quitter la maison de deuil et visiter ses pauvres, il eût échappé pendant une bonne
partie du jour au sentiment de sa solitude. Mais quelques minutes de promenade dans la rue le forçaient
de rentrer chez lui fatigué. Cet œil plein d'amour qui
brillait naguère à son arrivée, n'était plus là pour jeter

sur lui son doux rayon. La voix qui chaque jour s'in-
quiétait de ses travaux, et qui, comme une seconde
conscience, lui murmurait tout bas une douce approbation, était muette. L'affection qui d'une tendre main
lui soutenait sa tête souffrante, et par des soins ma-
ternels retardait l'heure de l'épuisement et de la maladie, il ne la trouvait plus. Il n'était pas seul, il est
vrai, car l'amour et le respect filial ne se lassaient pas
de lui prodiguer leurs consolations ; mais quoiqu'il
en sentît et qu'il en reconnût tout le prix, rien ne pouvait remplacer ce qu'il avait perdu.

Cette grande perte n'amena point chez lui des éclats
de douleur. C'était un chagrin muet, profond, le sentiment d'un vide immense, le dernier fardeau dont
l'âme puisse se débarrasser. Dès lors son attachement
à la vie déclina sensiblement. Dans ses heures d'atten-
drissement, il appelait la mort. Il avait sur lui le por-
trait de l'amie qui l'avait quitté, et plus d'une fois il
me parla du soulagement qu'il trouvait à contempler
cette image, avec une chaleur que, plus heureux que
lui, je ne pouvais comprendre. Il entendait sa voix
dans l'autre monde, et le désir de ce monde meilleur,
toujours ardent chez lui, devenait alors plus vif et
plus touchant.

Remarques sur son caractère.

Nous en avons assez dit pour faire connaître les
vertus extraordinaires du docteur Tuckerman. Il est
vrai cependant que, dans ses rapports accidentels avec
les étrangers, il ne produisait pas une impression aussi
favorable qu'on eût été en droit de l'espérer. Pour ceux
qui le voyaient rarement, il semblait trop pénétré de

sa valeur. Son tempérament, facile à exciter, le pous-
sait à une certaine exagération de paroles. Parfois ses
sentiments l'emportaient sur son jugement. Il ne savait pas découvrir le point au delà duquel la sympathie
de l'auditeur ne pouvait plus le suivre, de sorte que
quelquefois il semblait exiger une attention à laquelle
il n'avait pas droit. Le fait est que la nature humaine,
même chez les hommes vertueux, est inégale et imparfaite. Nous nous étonnons quelquefois de la réunion
d'éléments opposés dans le même caractère. Mais est-il
parmi nous quelqu'un d'assez parfait pour ne pas connaître par expérience les contradictions de l'âme humaine ? Il est consolant de penser combien notre confiance dans une bonté supérieure est peu affaiblie par
ces nuages. Personne peut-être ne vit plus clairement
que moi les imperfections de cet homme de bien.
Mais ma foi dans ses grandes vertus était aussi ferme
que s'il eût été sans défaut. Il y avait une pureté dans
son amour, dans son désintéressement, dont je ne dou-
tais pas plus que de son existence. Si jamais homme
se consacra sincèrement au service de ses frères, ce
fut celui-là.   *

J'ai fait ces remarques parce qu'il y a longtemps que
je doute qu'il soit moral et sage de louer sans restric-
tion les morts, comme il est de mode aujourd'hui. Je
crains que nous ne rendions suspects les portraits de
nos amis en leur donnant les couleurs d'une perfection
qui n'existe pas. Je regarde comme indigne d'être
loué tout homme dont on ne peut pas dire ce qu'il
était, et qui, lorsque ses plus grands défauts ont
été mis à découvert, ne peut inspirer ni respect, ni
amour.

Sa piété éclairée.

J'ai parlé du docteur Tuckerman dans ses rapports avec ses semblables, ce serait lui faire tort que de ne point parler des rapports plus élevés qu'il avait avec Dieu. C'était là que la beauté de son caractère était le plus visible pour ceux qui pénétraient le plus profondément dans son cœur. D'autres admiraient sa philanthropie ; sa piété faisait plus d'impression sur moi. Elle participait de l'ardeur de sa nature, mais elle était plus calme, plus sage, plus pure que ses autres sentiments. Elle était simple, généreuse, toujours présente, elle s'exprimait sans affectation, elle colorait ses pensées et ses sentiments les plus ordinaires, et donnait de la force et de l'élévation à toutes ses vertus. C'était une piété telle qu'on devait l'attendre de son enfance, une piété venue des lèvres et du visage rayonnant d'une mère.

Sa religion était du caractère le plus large et le plus libéral. Le christianisme même était trop étroit pour lui. Il s'intéressait aux témoignages que la nature rend à Dieu, et aux efforts des anciens philosophes pour parvenir à la vérité divine. Mais le christianisme était son rocher, sa citadelle, sa nourriture, sa vie. C'est l'amour qui lui faisait comprendre le caractère de Jésus et sentir le besoin de la « bonne nouvelle. » Il avait beaucoup étudié l'Ancien Testament, et avait même songé à un ouvrage sur les antiquités juives. Mais son respect toujours croissant pour le Nouveau Testament lui fit établir une différence immense entre ce dernier et les anciennes Écritures. A l'une des époques de son ministère, quand les

21

besoins pressants des pauvres le forçaient de renoncer
entièrement à l'étude, je me rappelle qu'il me mon-
tra une Harmonie grecque des quatre Évangiles, en
me disant que c'était là sa bibliothèque, que l'histoire du Christ était sa théologie, et que le matin il
dérobait un moment pour le consacrer à cette lecture,
n'ayant plus de temps pour nulle autre chose.

Sa confiance en Dieu.

La religion ne se manifeste pas de la même façon
chez tous les hommes. Chez lui elle brillait surtout
par la foi ou la confiance filiale et la reconnaissance.
Sa foi en Dieu était sans borne. Jamais elle ne chan-
cela, jamais il n'y eut d'éclipse. Je l'ai vu sous le
poids d'une affliction qui, en quelques jours, fit sur
sa personne le ravage de plusieurs années ; sa confiance était inébranlable, sa soumission entière. Malgré les crimes et les misères de la vie, jamais il ne
douta des desseins miséricordieux de la Providence.
Il voyait un rayon de la bonté divine sortir des événements et des épreuves les plus sombres. Sans doute
son amour pour les pauvres lui aidait à comprendre,
mieux que personne, combien Dieu les aimait. Toute
la création lui parlait de la bonté paternelle et de la
gloire infinie de son auteur. Cette piété filiale excitait
en lui des facultés qui autrement seraient demeurées
endormies. La nature avait mis en lui peu d'élément
poétique. Il avait peu de goût pour la musique ou
pour les beaux-arts, il ne prenait pas grand plaisir
aux œuvres d'imagination. Mais sa piété, qui lui faisait ouvrir les yeux, l'oreille et le cœur aux manifes-
tations de Dieu dans ses œuvres, lui révélait la beauté

dont il était entouré, et de cette manière devenait
pour lui une source de joies élevées. Les controverses
religieuses ne pouvaient occuper un pareil esprit. Il
était au-dessus d'elles ; c'est à peine s'il semblait
en connaître l'existence. Il comprenait ce qui pénètre,
calme et élève les âmes de tous les chrétiens ; et dans
la vie active qui lui faisait quitter son cabinet, il ne
voulait pas en savoir davantage.

Son caractère heureux.

Sa reconnaissance était aussi ardente que sa foi. En
ce point, son tempérament le favorisait. Il était naturellement heureux. Dans sa nature, il n'y avait aucun
germe de tristesse ou d'ennui. Sa vie, au début, fut
brillante, joyeuse, sans nuages ; c'est à cette raison
qu'il faut surtout attribuer la légèreté de sa jeunesse.
Comme l'aimant cherche et attire à lui le métal dis-
persé pour lequel il a de l'affinité, de même son esprit
choisissait les idées qui lui présentaient la Providence sous l'aspect le plus riant, et s'y attachait par
instinct. Dans une nature pareille, la piété prenait
naturellement la forme de la reconnaissance. Son esprit s'exhalait ordinairement en actions de grâce.
Son sort lui paraissait un des plus heureux de la terre.
Il n'avait pas besoin d'un froid et pénible calcul pour
se rappeler les bienfaits qu'il avait reçus. Ils se présentaient d'eux-mêmes et paraissaient devant lui, brillant d'une lumière céleste, parce qu'il les rapportait
à la bonté qui l'en avait comblé.

Sa piété lui donnait des espérances de gloire, de
progrès, de bonheur futurs, plus certaines que je
n'en ai jamais rencontrées. On dit ordinairement que

l'autre monde répand son éclat sur celui-ci. Chez lui c'était le présent qui éclairait l'avenir. Son expérience constante de la bonté de Dieu l'assurait d'une bonté plus grande encore dans l'autre vie. Il parlait, avec un cœur plein d'émotion et le langage le plus vrai, de l'immortalité, du ciel, d'une nouvelle manière d'approcher Dieu. De vrai son langage était tel que beaucoup d'hommes vertueux ne pouvaient pas toujours le suivre. Le sentiment de notre indignité couvre de nuages notre éternel avenir. Chez lui jamais de nuage ; non pas qu'il n'eût la conscience de son indignité, non pas qu'il songeât à approcher de la Pureté infinie par ses mérites ; jamais pareille idée ne lui traversa l'esprit. Mais il était si naturellement heureux, il sentait si vivement la bonté de Dieu ; il connaissait si bien par expérience la vérité des promesses du Christ, qu'il voyait le ciel ouvert devant lui, sans l'effort qu'exigent ordinairement la foi et l'espérance de la plupart des hommes.

Ses derniers jours.

Dans sa dernière maladie, son caractère parut dans toute sa beauté. Il n'avait pas entièrement perdu l'amour naturel de la vie. Parfois, lorsque des symptômes funestes semblaient disparaître, il usait avec confiance des moyens qui pouvaient rétablir sa santé. Mais en général il sentait qu'il était près de mourir, que sa tâche était remplie, et qu'il n'avait plus rien à faire avec le monde que le quitter. J'ai regretté de n'avoir pas recueilli quelques-unes de ses conversations. Parler était dangereux pour lui, car la moindre émotion augmentait la fièvre qui le dévorait ; mais lorsque j'entamais

un sujet intéressant, une foule de pensées se pres-
saient dans son esprit, et il était obligé de les exprimer.
L'autre monde l'occupait naturellement ; ses idées de
la vie et du progrès de l'âme, dans ses nouveaux et
plus étroits rapports avec Dieu, avec le Christ, avec
les justes devenus parfaits, semblaient le transporter,
pendant un moment, bien loin de la tristesse et des
douleurs de son état. Ses idées ne se ressentaient en
rien de la maladie ; ses goûts et ses sentiments habituels s'y mêlaient continuellement. Dans les courts
moments de repos que lui laissaient l'épuisement et la
souffrance, il parlait avec intérêt des événements du
jour, et se récréait avec les livres qui autrefois l'a-
vaient charmé. C'était le même homme que dans l'état
de santé ; il n'y avait rien de forcé ni d'artificiel dans
l'élévation de sa pensée. Il avait toujours lu avec délices les moralistes de l'antiquité, et le dernier livre
peut-être que je mis entre ses mains, furent les *Tus-
culanes* de Cicéron, qu'il lut avec avidité. L'étendue
de son esprit était telle, que pendant que le Christ
était son espérance, et la perfection chrétienne son aspiration, il se réjouissait encore de découvrir un respect si profond pour la majesté de la vertu chez le
grand Romain, pour qui la vérité chrétienne n'avait
pas encore lui. On devait s'attendre « à ce que sa passion dominante fût forte dans la mort ; » jusqu'au
dernier moment où je le vis, les pauvres furent dans
son cœur. Comme il leur avait consacré sa vie, la
mort même ne put l'en séparer.

Il nous reste à faire une réflexion touchante. Le docteur Tuckerman a été martyr de sa cause. On ne peut
douter que ses jours n'aient été abrégés par l'excès de

ses fatigues. Ses amis l'en avaient prévenu. Lui-même vit le danger, et résolut plus d'une fois de diminuer ses travaux; mais quand il s'éloignait des pauvres, ils le suivaient chez lui, et il ne pouvait résister à leur voix et à leurs regards suppliants. A mes sérieuses remontrances il répondait que son ministère pouvait avoir besoin d'une victime, que des travaux au delà de ses forces étaient peut-être nécessaires pour montrer ce qu'on pouvait attendre de l'institution, et qu'il était prêt à souffrir et à mourir pour une telle cause. Vivant ainsi, il vieillit avant l'âge. Ses promenades devinrent de moins en moins longues; puis il fut emprisonné chez lui. La prostration des forces fut suivie d'une toux pénible et d'une fièvre brûlante. Comme nous l'avons vu, sa dernière maladie fut un brillant témoignage rendu à sa piété. Mais sa fin fut triste. Par un décret mystérieux de la Providence, la souffrance persiste souvent, tandis que la raison et les affections semblent décliner; il en fut ainsi chez lui. Dans les derniers moments de notre ami, le corps sembla dominer la pensée; il mourut dans des souffrances épouvantables; il passa dans un meilleur monde au milieu d'une agonie terrible. Enfin, son martyre cessa; et qui de nous peut exprimer ou concevoir la béatitude de l'esprit, passant des ténèbres épaisses d'ici-bas à la lumière du ciel?

Beauté de sa vie et de son œuvre.

Tel fut le fondateur du Ministère des pauvres dans Boston. C'était un homme que j'ai connu parfaitement, un homme dont je ne pouvais ignorer les imperfections, car elles étaient à la surface de son caractère;

mais il avait un grand cœur, mais il fut la victime volontaire de la cause qu'il avait épousée par amour et
crainte de Dieu ; mais après lui il a laissé comme souvenir, non pas seulement le tribut passager de l'amitié, mais une institution qui durera toujours, et qui le
met au rang des bienfaiteurs de cette ville et du
monde. Lorsqu'il commença son œuvre, il ne pré-
voyait pas qu'il exercerait une telle influence et acquer-
rait un tel honneur. Il croyait se dévouer à une vie
obscure. Il ne s'attendait pas à ce que son nom sortît
jamais de la maison du pauvre ; il était heureux
de penser qu'un individu, une famille recevrait de
son ministère un peu de force, de lumière et de consolation. Mais peu à peu l'idée lui vint qu'il commençait un mouvement destiné à lui survivre et à détruire
de plus en plus les grands maux de la civilisation. Il
vit de plus en plus clairement que le Ministère des
pauvres, uni à d'autres moyens d'action, changerait
l'aspect d'une grande part de la société. Ce devint sa
conviction réfléchie, et une conviction qu'il exprimait
souvent, qu'il n'était pas nécessaire que les grandes
cités fussent des repaires de vice et de misère ; que
chez nous il y avait maintenant assez d'intelligence, de
vertu et de piété, pour donner, si on les faisait agir
de concert, une nouvelle vie morale et intellectuelle
aux classes négligées de la société. C'est dans cette foi
qu'il agit, travailla, souffrit et mourut. Jamais il ne
cessa de remercier Dieu de l'avoir envoyé dans ce
champ de labeurs. Bien des semaines avant qu'il nous
quittât pour ne jamais revenir, j'étais presque le seul
ami qu'il eût la force de recevoir ; et c'était un bonheur pour moi de voir son visage pâle et amaigri

briller de reconnaissance à la pensée de l'œuvre qu'il
lui avait été donné d'accomplir, à l'espoir qu'elle dure-
rait et grandirait quand lui serait endormi dans la
poussière. D'une telle vie et d'une telle mort apprenons à aimer nos frères pauvres et souffrants ; et,
autant que nous le pourrons, envoyons-leur des
hommes dévoués et actifs, dont l'amour, les conseils,
les prières soulagent la douleur, éveillent la conscience, touchent le cœur, guident la jeunesse, soutiennent la vieillesse et sur les sombres sentiers de
cette vie répandent l'éclat de la vie à venir.

FIN.

www.ingramcontent.com/pod-product-compliance
Lightning Source LLC
Chambersburg PA
CBHW072005270326
41928CB00009B/1549